el poder de la enseñanza oportuna

Aprovecha las experiencias diarias para enseñarles a tus hijos de Dios

jim **weidmann** y marianne **hering**

Publicado por
Editorial Unilit
Miami, Fl. 33172
Derechos reservados

© 2009 Editorial Unilit (Spanish translation)
Primera edición 2009

© 2004 por Focus on the Family,
Colorado Springs, CO 80995, USA.
Originalmente publicado en inglés con el título:
The Power of Teachable Moments por Jim Weidmann y Marianne Hering,
por Tyndale House Publishers,
Wheaton, Illinois, 60189, USA.
Todos los derechos reservados.

Traducción: Gabriela De Francesco de Colacilli
Diseño de portada e interior: Ximena Urra
Fotografía de la portada: DigitalVision. Alexander Shalamov, Alexpi.
Usadas con permiso de Shutterstock.com.
Fotografías interior: Alexpi, Iralu. Usadas con permiso de Shutterstock.com.

A menos que se indique lo contrario, las citas bíblicas se tomaron de la Santa Biblia,
Nueva Versión Internacional. © 1999 por la Sociedad Bíblica Internacional.
Las citas bíblicas señaladas con LBLA se tomaron de la Santa Biblia, *La Biblia de Las
Américas.* © 1986 por The Lockman Foundation.
El texto bíblico señalado con RV-60 ha sido tomado de la versión Reina Valera © 1960
Sociedades Bíblicas en América Latina; © renovado 1988 Sociedades Bíblicas Unidas.
Utilizados con permiso.

Producto 495426
ISBN 0-7899-1372-0
ISBN 978-07899-1372-2
Impreso en Colombia
Printed in Colombia

Categoría: Vida cristiana/Relaciones/Crianza de los hijos
Category: Christian Living/Relationships/Parenting

Para Janet, el amor de mi vida, a quien valoro muchísimo.
Gracias por estar siempre para atrapar los «momentos»
de la vida para nuestros hijos y por grabar
las verdades de Dios en sus corazones.
¡Joshua, Jacob, Janae y Joy te llaman bienaventurada!
J.W.

Para los que viven, se ríen y aman conmigo:
Doug, Danielle, Justin y Kendrick.
mkh

contenido

reconocimientos

Me gustaría agradecer a las personas sabias y maravillosas que me ofrecieron una parte de su vida. En especial, les agradezco a los escritores profesionales que me dieron sus «gemas», su medio de vida, sin cobrarme. Le doy gracias a Lara Weeden por la oportunidad de aprender acerca del arte de confeccionar un libro no ficticio; le agradezco a Jim Weidmann por ser un ejemplo de padre amoroso, comprensivo y temeroso de Dios. Le doy gracias a Peggy Wilber por su pasión, su amistad y humildad, y por enseñarme lo valiosas que son las relaciones.

Sin el apoyo de mi familia, no habría tenido la oportunidad de escribir este libro, le agradezco sus sacrificios. Le agradezco a Danielle por prepararse el almuerzo y por hacer los deberes de la escuela sin que nadie se lo dijera; le doy gracias a Doug por todas las noches en las que acostó a Justin y a Kendrick para que yo pudiera continuar trabajando, y por sus valiosas críticas de los primeros borradores. Les doy gracias a la adolescente-maravilla Nicole Shughart y a los abuelos Lottie y Karl Hering por todas las horas que pasaron cuidando a los gemelos a fin de que estuvieran en un ambiente afectuoso y seguro. También les doy gracias a Justin y a Kendrick por no quemar la casa mientras grababa por teléfono las entrevistas no programadas.

Quiero reconocer que todo lo que es verdad o tiene valor en este libro es obra del Espíritu Santo. Cualquier cosa que carezca de virtud se debe a que no escuché ni respondí a lo que apuntaba el Espíritu. Disculpen esos errores.

mkh

introducción

Ni a Stephen King se le ocurrió una peor pesadilla: El 20 de agosto de 2002, mi hija empezó la escuela secundaria. La escuela secundaria *pública*.

Nunca pensé que me sucedería. Verás, en 1996 renuncié a mi trabajo como editora para la revista *Clubhouse* de Enfoque a la Familia para estar con Danielle, que tenía cinco años. Quería ser una madre a tiempo completo, que enseñara a sus hijos en casa, que pudiera hornear pan y quedarse en el hogar, también conocida como «Súper mamá cristiana». Pues bien, la horneada de pan solo duró un día, pero en verdad pensaba que iba a poder arreglármelas con la escuela en casa durante un largo tiempo, hasta terminar los estudios de medicina, si era necesario.

Durante tres años viví en una luna de miel con la escuela en casa. Me encantaba pasar cada día con Danielle. Leía los libros que ella leía. Elegía sus amigos y determinaba el tiempo que pasaba con cada uno. Decidía cuáles versículos de la Biblia aprendía y cuáles no (tales como los de las hijas de Lot). Memorizábamos los libros de la Biblia, seguíamos el programa de estudio en casa y orábamos juntas todos los días.

La escuela en casa implicaba control de los padres. Implicaba una intensa exposición a los principios bíblicos. Era mi versión del cielo en la tierra.

Entonces el 10 de julio de 1998, la frase «¡ea, ea!» comenzó a definir la siguiente etapa de mi vida. Fue la frase amable y sensible que usó la enfermera en la oficina del gineco-obstetra al ver la imagen de mi útero en la ecografía. «¡Ea, ea!»: dos palabras, dos pequeños bebés.

Esos bebés crecieron, crecieron y crecieron, y al final nacieron el 26 de febrero de 1999. Aunque doy gracias por tener dos hijos saludables, desde entonces no he dejado de decir «¡ea, ea!».

Danielle estaba justo en medio del segundo grado cuando nacieron sus dos hermanos gemelos. Pronto me di cuenta de que si continuaba quedándose en casa a estudiar, lo único que aprendería era que la caca de bebé viene en tecnicolor. En el otoño siguiente, entró a tercer grado en la escuela primaria pública que quedaba a la vuelta de nuestra casa.

Adelantemos tres años y unos once mil pañales. Danielle se va a la escuela secundaria a eso de las ocho y quince de la mañana. Después que terminan todas sus actividades extracurriculares, llega a casa a las seis de la tarde, o en el caso de ser uno de los días de práctica de fútbol, a las siete. Después vienen los deberes, mientras sirvo un plato de cereales (ejem, quiero decir, mientras proveo una cena saludable, nutritiva y rica en vitaminas). Luego suena la trompeta, literalmente, mientras practica para la banda. Pronto llega la hora de acostar a los gemelos. Luego de bañarlos, leerles toda la serie de cuentos de *Jorge el Curioso*, tener una guerra de almohadas, cantar varios estribillos de una de sus canciones favoritas, orar por ellos y darles el beso de las buenas noches, hace ya una hora que Danielle está dormida.

Mi esposo, Doug, se las arregla para guiar a la familia a través de un estudio de los Salmos, aunque no con tanta constancia como quisiéramos. También ayuda a Danielle con sus deberes cuando no tiene que dar clases nocturnas en una universidad de la zona. Casi todas las semanas llegamos a la iglesia con quince minutos de retraso y mandamos a Danielle a la Escuela Dominical, pero aun así no es suficiente. ¿Qué aprende con exactitud mientras cantamos coros de alabanza en el extremo opuesto del edificio?

Entonces pienso que no podría reconocer a su compañera entre varias niñas en fila. No puedo hablar con ella en el auto porque usamos el servicio de transporte colectivo. Tampoco puedo hablar con ella en la mañana porque los gemelos están despiertos y gritan pidiendo sus tostadas francesas. No tengo idea de lo que está aprendiendo en la escuela. Tampoco tengo idea de quiénes son sus amigos. No he visto los libros de estudio porque no se pueden traer a casa. No recuerdo la última vez que estudiamos juntas la Biblia. No recuerdo haber estado tan desconectadas.

Hasta luego, súper mamá cristiana. Hola, «¡ea, ea!».

Más o menos en la época en que Danielle entró a la escuela secundaria, me llamó por teléfono un amigo y ex compañero de trabajo, Larry

Weeden. Me preguntó si me interesaría escribir un libro junto con Jim Weidmann, el gurú de las noches familiares, acerca de un método infalible para formar niños temerosos de Dios.

Casi digo que no porque en sí escribo «cosas cortas»: trabajos para gente bajita (niños) o artículos cortos para revistas, que puedo escribir en poco tiempo. Es más, el último libro que pude terminar desde que nacieron los gemelos es uno de lectura fónica de solo cien palabras. También produzco mucha literatura de ficción y el libro propuesto tenía que pertenecer al mundo real.

Sin embargo, me cautivó el concepto de la enseñanza oportuna. Me pareció que el método podía ser mi respuesta para la situación de «¡ea, ea!» en la que me encuentro: la misma situación en la que se encuentran muchos padres. A pesar de que a través de los años usé la enseñanza oportuna de vez en cuando, de ninguna manera lo hice en forma metódica y confiable de formación espiritual.

Con todo, luego de captar la visión de Jim Weidmann, me di cuenta de que se podían organizar los momentos de enseñanza a fin de promover el crecimiento espiritual de Danielle y que necesitaba que sucedieran más a menudo. También me di cuenta de que aunque no podía pasar con ella el tiempo que quería, aun así podía aprovechar esos momentos que tenía con Danielle para impartir una herencia espiritual significativa. Podía aprender a construir una relación mejor que ayudara a hablar de temas más profundos, podía asegurarme de que entendiera los valores centrales de la vida cristiana. Las ideas también me hicieron pensar en cómo ser más deliberada en la enseñaza de los gemelos, que todavía no están listos para una formación formal de la Biblia.

Así que comencé a investigar y a escribir este libro, recogiendo ideas perspicaces de Jim Weidmann y Kurt Bruner (de *Heritage Builders*), y también de viejos y nuevos amigos. Y quién lo hubiera dicho, terminé pensando: Hasta luego, «ea, ea». Hola esperanza.

Marianne K. Hering, 28 de septiembre de 2002

Advertencia

Las familias e historias que aparecen en este libro son verdaderas. Sin embargo, no representan toda la verdad. La mayoría de los ejemplos presentados son historias de victoria, de padres a los que el Señor ha bendecido con algo parecido al éxito en la crianza de sus hijos. Los padres a los que se cita en este libro han cometido errores a lo largo del camino, pero los fracasos no son de interés, ¡y tampoco nos alcanzan los volúmenes para imprimirlos todos!

A los padres que aparecen aquí les gustaría que los recordaran por sus ejemplos positivos, de la misma manera que los personajes del deporte quieren que los recuerden por sus éxitos. En 1927, Babe Ruth encabezaba la liga con sesenta jonrones, pero también la encabezaba con un total de ochenta y nueve ponches. La gente no acudía en masa al estadio de los Yankees para ver ponchar a Babe Ruth. Pagaban para verlo anotar jonrones.

capítulo uno

¿Qué es el momento de enseñanza oportuna?

John Benge sabía que el lugar estaría desolado. Los bomberos le dijeron que la casa estaba en ruinas. Sin embargo, no estaba preparado para el impacto físico que le causaría ver lo que fuera su hogar durante veintidós años desplomado y convertido en un montón de escombros carbonizados. Le faltó el aliento; se le cerró la garganta; le corrían las lágrimas. Lo único que quedó intacto eran cinco sillas de plástico y la manguera del jardín, que colgaba de la llave de agua, como si fuera un fantasma.

Mientras John inspeccionaba el terreno con su hijo de diecisiete años, Austin, ya no podía negar la verdad: A su familia no le había quedado ni un solo tesoro terrenal... ni los autos antiguos restaurados, ni las pinturas al oleo del hogar de la familia inglesa, ni uno de los dibujos de su hija de cuando cursaba el preescolar. Todo lo de valor sentimental y monetario lo destruyó el caprichoso infierno llamado el fuego Hayman, que en el año 2002 consumió más de cincuenta y cinco mil hectáreas del bosque de Colorado, incluyendo el lote de John y su cabaña de troncos.

Padre e hijo se sentaron en los escalones de piedra que solían conducir a la cabaña, escalones donde muchas veces hablaron y miraron las estrellas. Ahí habían hablado de los profesores, de las muchachas, de los autos, del futuro, de Dios; en esos escalones meditaban en los misterios del universo y juntos habían encontrado paz.

Ahora el misterio que consideraban era por qué Dios había permitido que se consumiera su hogar mientras que las cabañas vecinas ni siquiera se habían chamuscado. ¿Cuál era el propósito de su pérdida?

Sentado sobre los conocidos escalones, Austin jugaba de manera distraída con una roca floja que estaba metida en una de las esquinas de un escalón. Debajo había una nota.

> Solo quería que sepan que están en nuestros pensamientos y oraciones. Lo sentimos de corazón y lamentamos la pérdida con ustedes. Filipenses 4:13: «Todo lo puedo en Cristo que me fortalece». En el amor de Cristo, Doug, un bombero de Alaska.

Esa nota era lo que necesitaban para confirmar que la mano de Dios estaba en toda la situación. «Supongo que todavía tenemos todo lo que es importante: la familia, los amigos y a Dios», dijo John.

«Siempre tendremos a Cristo», dijo Austin. «Nada más permanece». En ese momento, John supo que la fe de Austin se había probado por el fuego y que había pasado la prueba.

Los padres cristianos a través de Norteamérica quieren saber cómo formar una fe duradera en sus hijos, una fe capaz de resistir las pruebas y las tentaciones de este mundo. Preguntan: «¿Qué puedo hacer para estar seguro de que mis hijos permanezcan en la fe, de que pasen la prueba?».

Por supuesto, no hay ninguna fórmula mágica, pero hay algunas cosas que pueden hacer para ayudar al desarrollo de hijos fuertes. Muchos padres saben que el mejor aprendizaje de la fe se produce en el contexto de la vida real, porque es la vida real la que prueba la fe. John y Austin recordarán lo que sucedió después del incendio y las lecciones que aprendieron por mucho más tiempo de lo que recordarán cualquier sermón dominical de tres cuestiones. Esos preciosos minutos en los escalones de su cabaña quemada representan un principio de aprendizaje de fe que se llama «momento de enseñanza oportuna».

Captar una momento de enseñanza oportuna es uno de los métodos más sencillos para capacitar a tu hijo en asuntos espirituales.

Son momentos en los que estás con tu hijo y ocurre algo que brinda una oportunidad para enseñar algo acerca de Dios. Es tan sencillo como prestar atención al mundo que te rodea y presentarlo desde un punto de vista piadoso.

Por ejemplo, si ves un hermoso árbol que crece cerca de un lago o río, puedes señalarlo y decirle a tu hijo: «¿No es espléndido? Dios dice que los que creen son como ese árbol. Los árboles se mantienen fuertes porque crecen cerca del agua. La gente se mantiene fuerte cuando crece cerca de Dios. ¿Qué otras cosas buenas suceden si creces cerca de Dios?».

O si estás en la tienda de comestibles y el cajero te da cambio de más, le señalas el error a tu hijo, diciendo: «Dios quiere que seamos personas íntegras. ¿Tengo que devolver este dinero extra o me lo llevo?».

Si eres como la mayoría de los padres, has de querer que tus hijos aprendan principios bíblicos y que tengan una conciencia espiritual de lo que Dios hace en sus vidas. Además, ya has de saber que los sermones no dan resultados, la Escuela Dominical establece buenos cimientos, pero no siempre se recuerda ni cambia la vida, y el tiempo de devocional familiar se transforma en el tiempo deprimente familiar si el material no es divertido y relevante.

Sin embargo, una vez que descubras el poder de los momentos de enseñanza oportuna, tendrás un método para causar un impacto espiritual que cambie vidas a través de los hechos cotidianos. El momento de enseñanza oportuna provee el recurso para hacer que la Biblia sea relevante para tu hijo hoy, ahora mismo, en este instante.

El momento de enseñanza oportuna lleva tres ingredientes muy sencillos. El primero es una buena relación entre padre e hijo. La mayor parte del aprendizaje positivo ocurre en el marco de un lazo afectuoso. En segundo lugar, el momento de enseñanza oportuna requiere un catalizador como los ejemplos que dimos antes del fuego, del árbol hermoso o del cambio de más. Un catalizador sirve para iniciar una conversación, es la razón por la que ocurre la enseñanza oportuna en ese instante y lugar en particular. Incluso puedes diseñar tu propio catalizador para enseñarle a tu hijo una verdad específica. En tercer lugar, el momento de enseñanza oportuna requiere una verdad bíblica. La verdad quizá sea un hecho bíblico, una verdad acerca del carácter de Dios o el discernimiento para vivir una vida de fe.

Los momentos de enseñanza oportuna se pueden usar para afirmar, alentar, corregir o equipar a tu hijo en asuntos espirituales. Es la forma perfecta de sorprender a tu hijo haciendo algo bueno. Por ejemplo, si la maestra dice que tu hijo se lleva bien con otros, más tarde puedes decirle: «Estoy orgulloso de ti por colaborar en la escuela. La Biblia dice que Jesús se llevaba bien con los demás cuando era joven. Tú estás siguiendo los pasos de Él al tratar a otros con respeto y amabilidad».

Los momentos de enseñanza oportuna son perfectos para el padre soltero que no tiene alguien que le ayude a transmitir un legado espiritual. Se pueden incorporar a cualquier rutina familiar, sin importar cuán ocupados estén. El momento de enseñanza oportuna no requiere de manuales, guías de discusión, ni preparación. Es más, dan mejor resultado cuando te estás divirtiendo con tus hijos.

Un tema candente

Durante el verano de 2002, los incendios forestales devastaron la parte oeste de los Estados Unidos. El incendio de Hayman tuvo sus equivalentes en toda la zona de Colorado, Arizona, California y otros estados. Pensé que nuestra casa en las afueras, con su césped verde, estaba a salvo; hasta que un viernes de julio por la noche se incendió el enebro de nuestro vecino. En cuestión de segundos, el árbol de seis metros de altura ardía como la antorcha olímpica y con rapidez prendió fuego al garaje y a los arbustos cercanos. Solo la rápida respuesta de los vecinos impidió que se quemara la casa hasta los cimientos y que el fuego se extendiera a nuestra casa. Mi hija, Danielle, presenció el incendio, y la imagen y el olor de las llamas están sellados en su memoria.

Hacía meses que ardían los incendios forestales. Cuando había viento, la ceniza inundaba la atmósfera y los atardeceres tenían un resplandor de un color naranja oscuro por el humo en el aire. Sin embargo, nunca pensé que usaría esos incendios como un recurso para enseñar, hasta que un incendio pequeño sucedió

Toma solo un momento

Austin Benge no se transformó de repente en la clase de persona que solo confía en Dios ante una catástrofe. Su padre había cultivado con sumo cuidado la vida espiritual de su hijo al punto de que Austin estaba listo para responder a la pérdida de sus posesiones con paz en lugar de amargura. John había construido una relación con Austin y a lo largo de la vida de su hijo le había enseñado acerca de la naturaleza amorosa de Dios. Habían disfrutado pasatiempos, incluyendo la restauración de autos británicos antiguos, y habían pasado muchas horas juntos trabajando, jugando y conversando. El fuego se llevó los autos, pero no pudo tocar la relación especial que se había construido entre padre e hijo, ni pudo dañar la relación entre Austin y su Padre celestial. La fe de Austin se había construido momento a momento con su padre, y con esos momentos del aprendizaje de la fe, y la suma de todo esto, le producirán una eternidad en el cielo con Cristo.

cerca de casa. Luego de examinar la destrucción del incendio, le leí a Danielle estos versículos de Santiago 3:5-6: «¡Imagínense qué gran bosque se incendia con tan pequeña chispa! También la lengua es un fuego, un mundo de maldad. Siendo uno de nuestros órganos, contamina todo el cuerpo y, encendida por el infierno, prende a su vez fuego a todo el curso de la vida».

Cuando Danielle entre a la escuela secundaria, sé que verá muchos incendios forestales sociales atizados por las palabras de amigos y compañeros de clase. Usé este incendio cercano como ejemplo de lo que pueden hacer las palabras crueles y de cómo el pecado es difícil de controlar, una vez que se enciende. Ahora tenemos una anécdota y una base bíblica para hablar y ocuparnos del chisme inevitable que tendrá que enfrentar. Debido a esa conversación, tiene una base bíblica para sus principios personales de conducta. Nunca habríamos tenido esa conversación si el incendio no hubiera despertado nuestro interés en las Escrituras.

mkh

Puedes tener el mismo tipo de influencia espiritual en tus hijos. Los capítulos de este libro te permitirán descubrir el impacto de los momentos de enseñanza oportuna y la manera de forjarlos. Lograrás entender la dinámica del momento de enseñanza oportuna y la manera de reconocer esas excelentes oportunidades cuando surjan. Por último, este libro te dará los recursos y las ideas para crear tus propios momentos de enseñanza oportuna. Sabrás *qué* enseñarles a tus hijos, *cuándo* hacerlo y *cómo* hacer que esos momentos tengan valor espiritual.

Esperamos que estas páginas te inspiren a hacer que el desarrollo espiritual de tus hijos sea una prioridad absoluta. Como consecuencia de usar los momentos de enseñanza oportuna que Dios provee cada día, la relación con tus hijos será fuerte y rica en lo espiritual. Queremos que captes y disfrutes el gozo que Dios tiene para tu familia cada momento de tu vida.

Jim Weidmann
Marianne K. Hering

capítulo dos

La disponibilidad: Un asunto de prioridades

Los niños crecen a la velocidad de la luz. En un instante le temes a esa alimentación de medianoche, te inquietas por el costo de los pañales y entonces *zas*... estás en otra galaxia. La niñez pasó y estás en medio de una venta de garaje, vendiendo los arcos para *hockey* sobre ruedas, las camas literas y seis cajas de muñecos de peluche.

¿Adónde se fue el tiempo? ¿No fue solo ayer que te enredabas con el asiento del auto y los ayudabas a atarse los zapatos?

Fíjate en este soliloquio de apertura tomado de la película *El padre de la novia* (1991). El personaje George Banks expresa su pérdida solo horas después de la boda de su hija: «Recuerdo cómo su manito cabía dentro de la mía. Cómo le gustaba sentarse en mi regazo y apoyar su cabeza contra mi pecho [...] Yo era su héroe [...] Antes de darte cuenta, estás sentado en una enorme casa vacía, con arroz en tu esmoquin y preguntándote qué le pasó a tu vida».

De los abuelos, que tienen una perspectiva adquirida por la experiencia, podemos aprender el valor de pasar tiempo con los niños. Ellos saben cuán precioso es cada momento con un niño y tienen una habilidad especial para encontrar maneras de desarrollar relaciones íntimas con sus nietos. Nancy Parker Brummet, conocida como «Grancy» por sus nietos, nos cuenta acerca de la relación íntima con su nieta Francesca:

Cuando nació mi primera nieta, mandé a hacer un collar muy especial para conmemorar el acontecimiento. Era una cruz de oro con un diminuto diamante en el centro. Mi plan era usarlo hasta que cumpliera los veintiún años y luego dárselo como una joya de familia.

Cuando Francesca era solo un bebé, tomaba la cruz que colgaba de mi cuello, se la ponía en la boca y la babeaba por todos lados. Al ir creciendo, se sentaba en mi falda y buscaba la cadena a fin de sacar la cruz del interior de mi blusa y mirarla. «Algún día esta será mi cruz, ¿no es así, Grancy?», me decía. ¡Mi plan para construir la joya de familia marchaba de maravillas! Es decir, hasta el verano previo a que Francesca cumpliera seis años. Fui a visitarla a ella y a su familia. Estábamos de visita en Creede, Colorado, cuando me di cuenta de que el collar ya no colgaba de mi cuello. El cierre de seguridad se debe haber roto. Estaba desconsolada. «Pero, Grancy, se suponía que esa iba a ser mi cruz», dijo Francesca mientras buscábamos por las aceras camino al lugar en el que estacionamos el auto. Pensé que se me iba a romper el corazón. Sin embargo, cuando vi que su desilusión iba en aumento cada vez que me miraba, me di cuenta de que le enviaba un falso mensaje. Después de todo, la cruz era especial, pero seguía siendo un objeto. Al final, nos sentamos en un banco frente a una tienda rústica en Creede.

—Compraré otra cruz para darte, mi amor —le dije.

—¿Tendrá un diamante, Grancy? —preguntó entusiasmada.

—No, no creo —le contesté luego de recibir la inspiración del Espíritu Santo—. Ahora sé que tú eres mi joya preciosa, así que no necesito una que tenga un diamante. ¿Y sabes otra cosa? Mientras nos tengamos la una a la otra, no tendríamos que estar tristes porque se perdió la cruz. La Biblia dice que las personas son más importantes que las cosas.

Esa conversación y un par de conos de helado nos hicieron sentir mucho mejor. Cuando volvíamos a casa, me di cuenta de que mi dolor inicial cuando perdí la cruz, y en verdad fue una profunda pena, no se debió a su valor, sino a la ilusión que tenía de dársela a Francesca. En Hechos 20:35, Pablo cita a Jesús, que dijo: «Hay más dicha en dar que en recibir». Sabemos que es cierto por el gozo que experimentamos cuando damos. Espero poder darle a Francesca más que un simple collar que algún día se perderá o arruinará; espero ayudar a transmitir una herencia espiritual que perdure por la eternidad.

Ya era hora...

Hace algunos años, la revista *Clubhouse* le pidió a los niños que enviaran ideas de inventos útiles para darles a sus papás. Los editores esperaban recibir algunas sugerencias descabelladas para hacer aparatitos de golf o pinzas automáticas para sacarse el vello de la nariz, pero lo que entró a montones fueron ideas para máquinas que hicieran el trabajo de papá a fin de que pudiera estar más a menudo en casa. Lo que comenzó como una pregunta despreocupada, reveló que el corazón de los lectores estaba apesadumbrado. Los niños anhelaban pasar más tiempo con sus padres.

Britney, de ocho años, de Bumpass, Virginia, escribió: «Con esta máquina de carpintería, mi papá se puede tomar el día libre y enviar este robot a trabajar». El hijo de once años de un médico dijo: «Inventaría un robot cirujano que ayude a mi papá a hacer su trabajo mucho más rápido, para que pueda volver a casa más temprano». Y la más conmovedora de todas: «Como no estoy ahí para abrazar a mi papá, crearía un aparato que lo abrazara y lo hiciera sentir bien».

Las cartas eran de niños que quizá se parezcan mucho a los tuyos, niños cristianos que solo querían más atención. Paige, de once años, que vive en Cranston, Rhode Island, escribió: «Mi papá es pastor, así que está muy ocupado los sábados preparando el sermón. Le haría un invento que escriba los sermones por él». Las respuestas que recibió *Clubhouse* apuntaban a los papás porque era el número del Día de los Padres, pero los niños también necesitan a sus mamás. Debido a que alrededor de un setenta y dos por ciento de las madres que tienen hijos menores de dieciocho años trabajan fuera del hogar, podemos suponer que los niños crearían inventos reductores del trabajo similares para que mamá también pueda pasar más tiempo en casa.

Nuestros hijos necesitan y quieren pasar tiempo con sus padres. ¿Estás allí cuando te necesitan? A fin de evaluar tu puntuación inicial de disponibilidad, realiza esta pequeña prueba acerca de las actividades familiares que tuvieron durante los últimos siete días. Si eres un padre con un trabajo que requiera viajar, o un padre divorciado con custodia parcial, modifica el tiempo de modo que refleje la última semana que viviste con tu hijo, o el último mes, si es que solo lo ves los fines de semana.

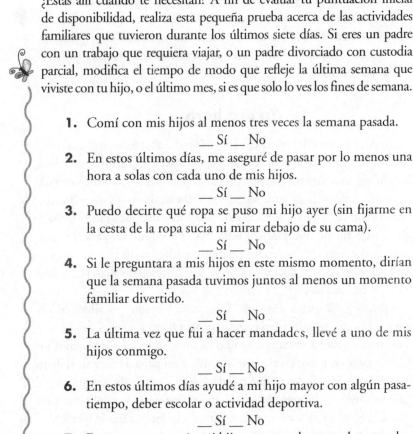

1. Comí con mis hijos al menos tres veces la semana pasada.

   __ Sí __ No

2. En estos últimos días, me aseguré de pasar por lo menos una hora a solas con cada uno de mis hijos.

   __ Sí __ No

3. Puedo decirte qué ropa se puso mi hijo ayer (sin fijarme en la cesta de la ropa sucia ni mirar debajo de su cama).

   __ Sí __ No

4. Si le preguntara a mis hijos en este mismo momento, dirían que la semana pasada tuvimos juntos al menos un momento familiar divertido.

   __ Sí __ No

5. La última vez que fui a hacer mandados, llevé a uno de mis hijos conmigo.

   __ Sí __ No

6. En estos últimos días ayudé a mi hijo mayor con algún pasatiempo, deber escolar o actividad deportiva.

   __ Sí __ No

7. Esta semana arropé a mi hijo menor en la cama al menos dos veces.

   __ Sí __ No

8. Tuve una «cita» con uno de mis hijos la semana pasada.

   __ Sí __ No

9. En el transcurso de los últimos siete días, les hice al menos tres cumplidos a cada uno de mis hijos.

   __ Sí __ No

10. Mis hijos saben de nuestra próxima actividad familiar programada y la anhelan.

    __ Sí __ No

11. Sé los nombres de los «mejores» amigos de mis hijos de esta semana y de la gente con la que almorzaron.
__ Sí __ No

12. Sé los nombres de los maestros de la Escuela Dominical de mis hijos, así como los de sus maestros de la escuela.
__ Sí __ No

13. La semana pasada abracé a cada uno de mis hijos todos los días.
__ Sí __ No

Cuenta los «sí» y revisa tu puntuación.

0 a 4: ¿Será un indicio de que tal vez no estés pasando suficiente tiempo con tus hijos?

5 a 9: Es probable que pases suficientes horas en casa, pero quizá necesites desarrollar las relaciones entre padre e hijo en forma intencional. Presta especial atención a la sección titulada «Las preguntas son mejores que las respuestas» en el capítulo 4.

10 a 13: Estás allí, haces lo que debes. Buen trabajo.

Presta atención a las «P» y las «C»

Si quieres causar un impacto espiritual en tu hijo, necesitas conocer la respuesta a la vieja adivinanza: **Pregunta:** ¿Cómo se deletrea amor? **Respuesta:** T-I-E-M-P-O».

Como vimos en las cartas de *Clubhouse*, todos los niños necesitan cierta cantidad de tiempo para sentirse conectados con sus padres. Sin embargo, hay otra «C» a considerar: calidad. Esta palabra de moda en la crianza ha estado dando vuelta hace varios años, remordiendo a los padres que están en casa, pero que no interactúan con sus hijos. El quid del concepto es que no importa en realidad cuánto estén los padres en casa mientras que el tiempo que pasen con sus hijos sea de «calidad»; es decir, que padres e hijos se dediquen a actividades para entablar la relación. Los padres aplicados pueden planear ese tiempo de calidad especial y espectacular con sus hijos, sin tener que preocuparse luego si no pueden ayudar con los deberes escolares.

Sin embargo, en algún momento el sentido común debe decirte que el concepto de «calidad» se rompe si no se invierte suficiente cantidad de tiempo y esfuerzo en la relación con tu hijo. Por supuesto, pueden planear unas vacaciones de dos semanas e ir a Orlando, Florida, pero eso no significa que puedes olvidar el concierto del grupo de instrumentos de vientos ni de los compromisos para ver juegos de *hockey*.

Al otro lado de la pregunta con «C» aparece la cuestión de si la cantidad puede sustituir la calidad. La respuesta es no. Dejar que tus hijos miren televisión durante horas mientras navegas en la Red tampoco es el enfoque adecuado. La crianza de los hijos es una función diaria y eres el personaje principal del reparto. Para entablar una relación saludable con tu hijo, en especial una relación espiritual saludable, necesitas proveer tiempo de calidad en cantidades sustanciales.

En su libro *El corazón del hogar*, el Dr. James Dobson, fundador de Enfoque a la Familia, da esta ilustración:

> Supongamos que todo el día has estado esperando para ir a comer a uno de los restaurantes más finos de la ciudad. El camarero te trae el menú y ordenas el bistec más caro del lugar. Sin embargo, cuando llega la comida, ves un pedacito de carne de unos dos centímetros de grueso en el medio del plato. Cuando te quejas por el tamaño del bistec, el camarero te dice: «Señor, reconozco que la porción es pequeña, pero es la carne de vaca de campo de mejor calidad que se puede comprar. Nunca probará un bocado de carne que supere al que le servimos esta noche. En cuanto a la porción, espero que entienda que lo que importa no es la cantidad, sino la calidad».
>
> Protestarías, y con mucha razón. ¿Por qué? Porque tanto la calidad como la cantidad son importantes en muchas esferas de nuestras vidas, incluyendo la manera de relacionarnos con nuestros hijos. Ellos necesitan nuestro tiempo, el mejor que tengamos para darles.
>
> Me preocupa que el debate en torno a la cantidad en contra de la calidad sea una racionalización mal disfrazada para no darles a nuestros hijos ninguna de las dos.

La clave para lograr un equilibrio entre las palabras con «C» es la «P» de prioridad. Si para los padres sus hijos no son una prioridad absoluta en tiempo o esfuerzo, esto se pondrá en evidencia a la larga. A menudo, los primeros en darse cuenta de que algo anda mal son los mismos niños. Se dan cuenta de lo que sucede cuando un padre les obsequia una tarde en la cancha de golfito, pero no se toma el tiempo para aparecer en sus juegos de béisbol, ni para ayudarlos con la tarea de ortografía. Aunque una madre les compre ropas y juguetes caros, sus hijos sienten que no le importa en realidad, si no está disponible cuando están tristes o cuando necesitan hablar con alguien. La ausencia de los padres que están en la casa, pero absortos en sus propios intereses en lugar de los de sus hijos, se pondrá de manifiesto cuando los hijos se resientan o se distancien en la esfera emocional.

Lección láser

Tuve una excepcional tarde de sábado libre. Mi hija tenía un boleto excepcional para el salón de juegos con láser de la zona.

«Por supuesto, me encantaría jugar al duelo de láser contigo», le dije a Danielle. Mientras pronunciaba esas palabras, me di cuenta de que las decía de verdad, a pesar de que también quería dejar algunas cosas hechas o ir a montar en bicicleta.

Luego del juego de duelo con láser y de repasar mi tarjeta de puntuación, me dijo:

—Mira, mamá, estás a solo 180 puntos del hombre que tiene el primer lugar. Tal vez la próxima vez pases a estar entre los primeros diez.

Danielle se había colocado en el tercer lugar, entre 28 jugadores.

—¿Crees que ganaré alguna vez? —le pregunté.

—Vamos, mamá. Nunca podrás llegar al primer lugar si yo juego en tu contra.

No, pensé, ya tengo el primer lugar. Mientras quieras pasar tiempo conmigo, ya gané el juego.

mkh

¿Cuánto tiempo es suficiente? ¿Cuánta interacción necesitan los niños en realidad? ¿Por qué no les preguntamos? Al igual que los lectores de *Clubhouse*, te dirán si necesitan más tiempo o atención.

¡Huy! ¿No tienes esa clase de buena relación con tus hijos? ¿No te hablarían al respecto? Tal vez necesites considerar entrar en su mundo y ver las cosas desde su perspectiva. Pasa tiempo con tus hijos y averigua lo que es importante para ellos. Quizá te enteres de que tienen más en común de lo que pensabas.

Estilo familiar

A mi esposo, Doug (Marianne), lo echaron de su trabajo de financiero con un promotor de software justo treinta y dos días antes del 11 de septiembre de 2001, cuando el corazón y la economía de nuestro país recibieron un golpe. Tuve que abrirme paso y volver a trabajar a fin de ayudar a pagar las cuentas. Esto fue un ajuste para mí debido a que, antes de ese momento, mis hijos y mi esposo consumían la mayor parte de mis recursos emocionales. No sabía cuánto trabajo podía realizar sin restringirlos.

Como soy escritora, tengo que hacer malabares con mi tiempo entre las fechas de entrega y las exigencias de la familia. Si cobro suficiente dinero por un proyecto, «compro» tiempo familiar saliendo a comer fuera más a menudo y contratando alguien para que limpie la casa. La mayoría de los días limito el número de horas que mis gemelos preescolares pasan en la guardería a tres. Aun así, por muy temprano que me levante o hasta qué hora me queme las pestañas trabajando, de vez en cuando tengo que trabajar más horas durante el día de las que me gustaría.

Tengo un indicador que me dice si estoy demasiado absorta en el trabajo: la cama. Lo más tarde que a mis hijos se les permite estar levantados es las nueve de la noche. Si a las nueve y media solo hay almohadas y sábanas en mi cama, sé que mi esposo pudo mandarlos al país de los sueños. Muchas veces, sin embargo, subo las escaleras y encuentro mi cama ocupada por pequeños visitantes. Mi hija está envuelta en las sábanas o los gemelos están en medio de una guerra de almohadas.

Por una u otra razón, papá no logra que se calmen y se vayan a dormir. Necesitan más de mamá y no pueden relajarse sin su «dosis».

Entonces van al lugar en el que es más probable que me encuentren por la noche. Por lo general, mi hija quiere hablar acerca de su día o de sus amigos. Casi siempre necesita saber que quiero escuchar. Un hijo siempre necesita los abrazos y besos de mami. El otro tiene una pregunta candente que solo yo puedo contestar, como por ejemplo: «¿A los gatitos les gustan los espárragos?».

Esas noches me quedo con ellos hasta que se duermen y luego los llevo a sus camas. Quizá al día siguiente pase tiempo extra con los gemelos haciendo manualidades o asegurándome que yo sea la que ayude a Danielle con su tarea de matemática. Hago ajustes.

Otro cambio que tuve que hacer fue programar citas con Danielle. Como sus hermanos tienen siete años menos, nuestras actividades familiares se orientan al escenario preescolar. Las películas más sofisticadas que alquilamos para ver en familia son los grandes tradicionales de Disney como *Cupido Motorizado*. Danielle disfruta esos momentos, pero preferiría hacer cosas más adecuadas para su edad. A decir verdad, todos necesitamos algo de tiempo lejos de los pequeños. Su alto nivel de energía vuelve a todos un poquito locos, por no decir que su constante parloteo hace que sea difícil tener una conversación profunda.

Comienza el programa: Una vez por semana, Doug o yo nos comprometemos a sacar a Danielle para algún tipo de invitación a comer y a realizar alguna actividad. Puede ser cualquier cosa: desde un paseo en bicicleta hasta un concierto cristiano. Ahora bien, Danielle incluso planea y programa nuestras salidas. Sabe cuándo y a dónde vamos y nos lo recuerda para que no lo olvidemos. Lo que comenzó como una prioridad nuestra, ahora también es su prioridad.

No pongas excusas

El tiempo familiar significativo es una prioridad para la mayoría de los niños, incluso para los adolescentes, aunque algunos no lo demuestren. Ayudar a los adolescentes a descubrir su dinámica familiar es un asunto habitual que se trata en las revistas dirigidas a ellos. Tomemos un momento para entrar a ese mundo y ver la vida familiar desde su perspectiva. En un número reciente de una revista secular para adolescentes, los editores clasificaron distintos tipos de padres y les pidieron a los lectores que buscaran los que correspondían a sus familias. La siguiente lista de estilos de crianza se basa en ese artículo y es una adaptación del mismo.

- **La billetera:** el padre que nunca está, pero que siempre tiene mucho dinero por todas las horas extras que trabaja.

- **El fantasma:** nunca sabes cuándo ni dónde aparecerá este padre.

Recuerdos de momentos de enseñanza oportuna #1

- «Mi mamá y yo teníamos muchas conversaciones sentadas en mi cama hasta tarde en la noche. No temía responder ninguna de mis preguntas, y ninguna inquietud ni frustración era demasiado tonta para ella. Reía y lloraba conmigo, me hacía sentir valiosa solo por querer estar conmigo. Estos momentos pusieron los cimientos de confianza que me hicieron querer preguntar acerca de asuntos más espirituales».

- «Cuando estaba en el instituto, mi papá, mi hermano y yo salíamos a desayunar juntos por lo menos una vez a la semana. No siempre teníamos una conversación seria, pero era agradable saber que tendríamos ese tiempo juntos para hablar o incluso solo para reírnos».

- «Aunque mi papá no siempre fue una gran influencia espiritual mientras crecía, recuerdo las pocas veces en que contribuyó de manera positiva. Cuando estaba alrededor del segundo grado, teníamos una tienda campestre en medio de la nada. Para tener a mano el periódico del domingo por la mañana para los clientes, mi papá tenía que salir a buscarlos a eso de las cuatro y media de la madrugada. En diferentes ocasiones, nos pedía a cada uno de nosotros que fuéramos con él, y luego nos llevaba a desayunar».

- «Mi papá siempre me hablaba de hombre a hombre cuando íbamos juntos en el auto, incluso cuando estábamos a solo seis minutos de la casa».

- **La raqueta de tenis:** este padre se asegura que se satisfagan sus necesidades personales. Como resultado, va tras su enriquecimiento personal y deja pobres a sus hijos en lo emocional.

- **El banco de iglesia:** el padre que tiene tiempo para ayudar en cada reunión de la iglesia y asistir a ella, pero nunca tiene tiempo para ayudar en casa.

- **La fiesta:** este padre tiene tantos amigos, reuniones y funciones sociales que no tiene tiempo para ser amigo de sus propios hijos.

Esta lista representaba a los padres que necesitaban hacer algo con respecto a sus habilidades para manejar el tiempo. (En la lista se incluían algunas opciones más saludables, y conoceremos esos padres en el capítulo 5). Es triste que los adolescentes puedan ver por encima esta lista y sin dudar siquiera declaren: «Ese es mi papá» o «Mi mamá es igual a "la raqueta de tenis"».

Sí, esta lista es cínica y un tanto superficial. En realidad, los niños no pueden explicar la vida desde una perspectiva madura, y es por eso que necesitan de tu tiempo y tu dirección. Los niños no pueden evitar volverse cínicos si sus padres no quieren esforzarse en la relación, pero hay algo que puedes hacer si reconoces tu forma de actuar en la lista anterior y quieres tener un mejor vínculo con tu hijo.

Tú puedes cambiar tus prioridades.

Bobbie Lemieux, madre soltera y presentadora de radio, nos cuenta acerca de su reciente cambio de «estación»:

Amo la profesión que elegí, la radiodifusión, pero amo aun más a mi hija. Luego de ser reportera del tránsito por doce meses, conseguí un trabajo como presentadora matutina en la estación de radio cristiana de la zona. En el campo de la radiodifusión, estaba alcanzando mis metas profesionales y conocía a gente fascinante e influyente. Llegué a ser una especie de celebridad, y me parecía que tenía un trabajo ideal. Entonces, ¿por qué no estaba «en la gloria»?

Después de más o menos un año, llevar a casa un sueldo de locutora de radio ya costaba demasiado caro. Los horarios eran espantosos, tenía que salir de casa a las cuatro y media de la mañana y a menudo debía trabajar todo el fin de semana. Como madre soltera, sentía que pasaba demasiado tiempo lejos de mi hija, Martha. Además, la tensión de un ámbito de trabajo tan exigente me dejaba sin mucha energía. Estar en el aire consumía los pocos recursos emocionales que tenía. El momento decisivo vino cuando la maestra de primer grado de Martha rechazó una tarea mal hecha, tarea que yo había supervisado. ¡Eh, no hay duda de que no estoy funcionando a plena capacidad! Tengo un título universitario de periodismo, ¿puede ser que ni siquiera logre resolver una hoja de ejercicios de artes del lenguaje de primer grado? Necesitaba otro trabajo.

Luego de orar y de buscar un poco, uno de los anunciantes de la estación de radio me ofreció un trabajo como corredora hipotecaria. La transformación en una «experta» en negocios no estaba en absoluto dentro de mi campo de experiencia. Además de comprar mi propia casa, nunca había considerado vender préstamos de vivienda; me parecía que estaba tan lejos de mi competencia como ser neurocirujano. Además, el trabajo se pagaba por comisión; ¿qué sucedería si no vendía ningún préstamo? Sin embargo, el Señor me mostró que era la trayectoria profesional a seguir en ese momento. El tiempo de preparación era corto, las horas de trabajo eran flexibles. Me podía quedar durmiendo los sábados y pasar el día con Martha.

Pronto comencé a vender suficientes préstamos como para mantenerme a flote en lo económico sin hundirme en lo emocional. En menos de un año de dar este paso de fe para estar más en casa con Martha, Dios me trajo de vuelta a la radiodifusión como presentadora matutina en otra estación de radio. Sin embargo, esta vez trabajaba menos horas y el trabajo era menos exigente. Vuelvo a casa fortalecida en lugar de agotada. En mi vida, solo me quedé con las cosas esenciales: el trabajo y Martha. Dios ha sido maravilloso. Se ocupó de todos los detalles. ¡Incluso Martha aprobó primer grado!

El rompecabezas de las veinticuatro horas

Dios creó iguales a todos los padres. Todos tienen veinticuatro horas al día. Los padres de todas las personas famosas que fueron temerosas de Dios que puedas imaginarte, desde Timoteo hasta la madre Teresa, todos esos padres tenían la misma cantidad de tiempo para criar a sus hijos. Dios sabe lo que necesitas para equipar a tus hijos y lo proveerá con fidelidad. La Escritura dice: «Dios les proveerá de todo lo que necesiten, conforme a las gloriosas riquezas que tiene en Cristo Jesús» (Filipenses 4:19). Eso incluye el tiempo necesario.

Un mantra del siglo veinte era: «Necesito encontrar tiempo para...». Todos querían «encontrar» tiempo para estar en casa con los niños, hacer ejercicio, leer más, aprender a cocinar comida china, buscar mejores inversiones en el mercado de acciones, jugar al golf o construir una casa de ensueño en las montañas. Un padre puede comprar tiempo de vez en cuando, pero nadie lo encuentra siquiera... tienes que hacerlo. El tiempo se parece mucho al dinero: Una vez que lo gastas, se fue, pero si lo inviertes con sabiduría, producirá dividendos en el futuro.

Aquí tienes algunos «ladrones del tiempo» comunes que te arrebatan los recursos que pueden pertenecer a tus hijos.

• **La casa hermosa:** Sí, necesitas mantener tu casa en orden a fin de crear una atmósfera positiva. No, no tienes por qué competir con una decoradora profesional cuando tus hijos viven en casa. Algunas personas, en especial las mujeres, sienten que su casa es un reflejo de lo que son, y si la casa no es «perfecta», siguen esforzándose por lograrlo. ¡Suelta la casa y conviértela en un hogar! Esfuérzate por alentar a tus hijos a que reflejen a Cristo y busquen la perfección en las cosas espirituales. A la larga, traerá a tu hogar más honor que crear una casa parecida a las que aparecen en la portada de una revista.

• **Los deportes:** Según 1 Timoteo 4:8: «Aunque el ejercicio físico trae algún provecho, la piedad es útil para todo, ya que incluye una promesa no solo para la vida presente sino también para la venidera». Levántate temprano para hacer ejercicio, antes de que se despierten los niños, o aléjate de tus adicciones con el físico: al final del maratón de la vida no valdrán la pena, pero criar a tus hijos sí. A no ser por prescripción médica, reduce tu tiempo de entrenamiento deportivo a un nivel como para mantener una buena salud. Para que no te conozcan como «la raqueta de tenis», puedes retomar los deportes una vez que tus hijos sean lo suficiente grandes como para disfrutarlos contigo o cuando ya no estén; la división de expertos y las ligas de la tercera edad esperarán por ti.

• **Los pasatiempos:** En este momento, el mejor pasatiempo que puedes tener es el que puedas disfrutar con tus hijos. A menos que tu hijo pueda participar, reduce el tiempo que pasas con modelos de trenes, desconecta la Internet y guarda los pinceles... por ahora. Puedes dedicarte a esos pasatiempos más adelante, cuando los chicos estén en la escuela o en la universidad. Joe White, experto en adolescentes y director de campamentos, les recomienda a los fanáticos de los pasatiempos que «hagan de sus hijos su pasatiempo».

• **El trabajo:** ¿Eres «la billetera»? Si no puedes reducir la cantidad de horas que trabajas, llama a un cazador de talentos y busca una nueva trayectoria profesional. Algunos padres que son el sostén familiar, en especial los padres solteros que no obtienen manutención por los

Lleva siempre a un niño contigo

«**O**ye, Jake. Ponte los zapatos. Ya nos vamos».
«Está bien, papá».

Es sábado, día de diligencias para papá. La camioneta necesita un cambio de aceite. También hay que ir a la ferretería a comprar tornillos, tubos y aparatos para el proyecto más reciente de mejoras para el hogar: el momento perfecto para un mano a mano con uno de los niños.

Mi papá me enseñó eso. «Nunca vayas a ningún lado sin un hijo», me dijo. Y tiene razón. Llevando a uno de los niños lejos de sus hermanos, obtengo toda su atención y el niño obtiene la mía. Mientras establezco momentos espontáneos, entablo la relación. En estos momentos la vida presenta preguntas mías o de mi hijo, y las respuestas provienen del punto de vista de nuestra fe. El principio es que debo desarrollar la relación, pues esta me da la capacidad para expresar la verdad espiritual.

J.W.

hijos, se sienten atados a sus empleos porque representan el único medio de sustento económico. Esos padres necesitan orar pidiendo que Dios intervenga y provea una manera de ganar más dinero y de estar en casa cuando es necesario. Para otros, el problema no es el dinero. Alimentar y vestir a tus hijos es una causa noble, pero seamos sinceros: Algunos van mucho más allá del llamado del deber. ¿Puedes reducir tu trabajo sin que peligre el sustento? Lleva este asunto al Señor en oración. Busca su dirección en esta decisión tan importante, escucha y obedece si te dirige a un cambio.

• **El ministerio:** «[El obispo] debe gobernar bien su casa y hacer que sus hijos le obedezcan con el debido respeto; porque el que no sabe gobernar su propia familia, ¿cómo podrá cuidar de la iglesia de Dios? El diácono [...] debe gobernar bien a sus hijos y su propia casa» (1 Timoteo 3:4-5, 12). Este pasaje explica que los creyentes que quieren estar a cargo o tener responsabilidades ministeriales tienen que ser personas con una buena familia. Lo que aprendes al ser un buen padre, como por ejemplo, a entablar relaciones y a dirigir prioridades, se transfiere al ministerio. Si quieres servir bien a Dios, comienza sirviendo bien a tu familia. A su tiempo, Dios te mostrará cuándo y dónde debes velar por otros. Hay varias posibilidades ministeriales que pueden incluir a toda la familia. Durante esta etapa de tu vida, ¿por qué no vas tras estas? De otro modo, quizá te pegue el mote de «el banco de la iglesia».

• **Cosas y más cosas:** Reduce tu nivel de vida para aumentar el nivel de la crianza de tus hijos. Simplifica. Simplifica. Simplifica. Si puedes arreglártelas con menos cosas, tendrás más para tus hijos en forma de tiempo para la relación. Una casa grande requiere grandes cantidades de energía en reparaciones, trabajo en el jardín, dolores de cabeza y tensión emocional. ¿O acaso gastas mucho tiempo y energía emocional contemplando el mercado de acciones? Consolida tus inversiones y deja que tu dinero se ocupe de ti, no al revés. Deshazte de las posesiones materiales que consumen tus recursos relacionales. Ten cuidado de que lo que les compras a tus hijos no los consuma. Lucas 12:15 dice: «La vida de una persona no depende de la abundancia de sus bienes». ¿De qué quieres que dependa la vida de tu hijo?

• **Las actividades sociales:** ¿Eres una mariposa social que necesita volver al capullo? Tener relaciones adultas es bueno y saludable, pero considera encontrarte con tus amigos a almorzar en lugar de pasar toda la tarde con ellos. También puedes realizar excursiones con otras familias; de esa manera todos pueden hacer vida social juntos. ¿Quieres unirte a una organización profesional? Quizá logres encontrar alguna que tenga compromisos mensuales en lugar de semanales. De esa manera no te conocerán como «la fiesta». Si eres una persona extravertida, pasa tiempo con tus hijos y sus amigos. Recibe a todos en tu casa. Si encuentras formas de estar con los amigos de tus hijos y conocerlos, podrás adquirir un discernimiento especial para entender su mundo.

El sacrificio no siempre es fácil. Cuando mis hijos (de Jim) tenían menos de cinco años, participaba mucho en las actividades de la iglesia. Mis horarios no contemplaban las actividades de mi familia. Estaba a cargo del desayuno para hombres, ayudaba como ujier, participaba en los estudios bíblicos para hombres y estaba en el equipo de béisbol de la iglesia.

Descansa en paz

Cuando Alfred Nobel tenía cincuenta y cinco años, se despertó una mañana y se encontró con su obituario en el diario. (Su hermano Ludwig había muerto y el diario sacó el obituario del Nobel equivocado). Este brillante científico, que inventó usos prácticos para la dinamita y la nitroglicerina, leyó que era un «comerciante de la muerte», un hombre que había amasado una inmensa fortuna desarrollando y vendiendo «armas para la destrucción». Se horrorizó de que el mundo lo viera de esa manera, que su vida pudiera resumirse en una oración despectiva.

Nobel se había equivocado al creer que si se creaban armas de destrucción masivas se acabaría la guerra. Especuló con el hecho de que si los líderes mundiales podían producir amenazas comprobables de aniquilación, se asustarían entre sí hasta llegar a una negociación pacífica. Es lamentable para el Sr. Nobel que sus esfuerzos le explotaran en la cara, en forma literal y figurada, y sus inventos produjeran muchas más muertes de lo que su conciencia podía aceptar.

Sin embargo, cuando mi hijo mayor, Joshua, cumplió cinco años, comenzó a florecer su vida fuera de la casa. Era parte de una división de los niños exploradores y tenía práctica de béisbol. A medida que crecía su vida social, disminuía la mía. La pérdida más dolorosa fue renunciar al equipo de béisbol; era el lanzador estrella y justo habíamos ganado el campeonato de la liga. Fue difícil aceptar que era tiempo de retirarme.

Las actividades de los niños también se hicieron sentir en el tiempo de descanso de mi esposa; estaba todo el día en casa con ellos, y tener que hacer mandados a la tarde también se hizo agotador. Cuando entraba por la puerta para cuidar a los niños, salía ella.

—¿Adónde vas? —le preguntaba.

—A cualquier parte —me decía.

—¿Cuándo regresas a casa?

—No sé...

A menudo, fracasaba de manera lamentable porque mi propia agenda tenía atados mis recursos, y sé que mi esposa tuvo que

Luego de leer el prematuro obituario, Nobel decidió hacer algo para cambiar su reputación y forjar un mundo con la paz que tanto deseaba y que para él era una verdadera prioridad. Después de su verdadera muerte unos ocho años más tarde, su testamento dio origen al concepto y a los medios para los premios Nobel de la paz. El Sr. Nobel hizo más que anhelar la paz; hizo algo al respecto.

Al igual que Alfred Nobel, toda persona viva tiene tiempo para cambiar su obituario. Si el hombre que tenía la patente de la nitrocelulosa explosiva puede llegar a conocerse como un pacificador, los padres también pueden cambiar sus prioridades a fin de reflejar su verdadera y sincera pasión: sus hijos. Puedes cambiar la manera en que te ven tus hijos si cambias tus acciones. Aunque tus buenas intenciones y esfuerzos anteriores te hayan «explotado» en la cara, con la ayuda de Dios puedes hacer que la pasión por tus hijos se transforme en una prioridad práctica. No es demasiado tarde.

mkh

renunciar a muchas de las actividades que disfrutaba. Sin embargo, luego de apartar tiempo para Dios y nuestro matrimonio, formamos un equipo a fin de asegurarnos que los niños estuvieran primero en esa etapa de nuestras vidas. Todo lo demás podía esperar.

Una buena conversación

Perfecto, ya apartaste tiempo para estar con tus hijos; es más, muchos de ustedes se las han arreglado para juntar bastante tiempo. De acuerdo con los investigadores de la universidad de Michigan, el niño estadounidense promedio que tiene entre tres y doce años pasa alrededor de treinta y una horas a la semana con su madre y veintitrés horas con su padre. Son más o menos cuatro horas y media al día con mamá y unas tres horas con papá. ¿Qué harás con todo el tiempo que separaste? ¿De qué hablarán? ¿De qué quieren hablar tus hijos? ¿Qué conversaciones importantes quiere Dios que tengas con tus hijos?

En un estudio de 2001 titulado «Grading Grown-Ups», la *Lutheran Brotherhood*, junto con el instituto de investigación, establecieron que «a pesar de que el 75% de los adultos dice que es importante tener conversaciones significativas con niños y jóvenes, solo el 34% tiene de seguro este tipo de conversaciones». Con el deseo no basta; los padres tienen que hacer que las conversaciones significativas sean una realidad. Entonces, ¿cómo?

Deuteronomio 6:6-7 dice: «Grábate en el corazón estas palabras que hoy te mando. Incúlcaselas continuamente a tus hijos. Háblales de ellas cuando estés en tu casa y cuando vayas por el camino, cuando te acuestes y cuando te levantes». En esencia, toda la vida es una oportunidad para perfeccionar el punto de vista o el modo de pensar espiritual de tus hijos.

Tal vez digas que no es posible y es probable que parezca oneroso. Aun así, con solo un poco de esfuerzo, la mayoría de los padres pueden acercarse mucho más al blanco de lo que piensan. Captar el poder de enseñar en el momento preciso te permitirá incluir a Dios con naturalidad en las conversaciones de todos los días. Los momentos de enseñanza oportuna son divertidos, sencillos y son maneras eficaces de imprimir en tus hijos la verdad de Dios. Pueden usarse de forma práctica en cualquier lugar: en la cocina, en el auto, en las vacaciones o en el centro comercial. Es hora de aprovechar el estímulo de los momentos de enseñanza oportuna que se presenten.

A veces los niños experimentan un arranque de crecimiento espiritual en acontecimientos grandes, monumentales: una concentración de *Young Life*, una cruzada de Billy Graham, una semana en el campamento de la iglesia, un viaje misionero corto con el grupo de jóvenes. Por supuesto, pueden ser momentos poderosos para fortalecer el compromiso con Dios. Sin embargo, el crecimiento ocurre con más frecuencia en momentos menos significativos y más triviales de la vida cotidiana, cuando mamá y papá están presentes para hablar acerca de la fe y de las cosas esenciales de la vida a medida que se desarrolla.

Si queremos ayudar a que nuestros hijos crezcan de forma coherente, tenemos que aprovechar esas oportunidades del día a día: en el auto camino a la escuela o a la práctica de fútbol, al trabajar juntos en la casa, al comer pizza en casa un viernes por la noche, al jugar en el parque o limpiar las canales del tejado de algún vecino mayor. En momentos de enseñanza como estos, podemos hablar con nuestros hijos acerca de la vida y del amor, de la fe y del futuro.

Justo de esto hablaba el autor de Deuteronomio, y este concepto es tan importante que se repite casi en forma textual solo unos capítulos más adelante (véase 11:19).

¿Estos momentos triviales y al parecer insignificantes de edificación de la fe son determinantes en realidad? Escucha lo que dicen tres estudiantes universitarios acerca de lo que influyó en sus vidas durante la adolescencia:

Bridgette, 21 años de edad

«Siempre fui la nena de papá y era la única que podía despertarlo para ir a la iglesia. Cuando era pequeña, lo sacudía con suavidad y le hacía cosquillas. Al ir creciendo, me metía en la cama a su lado y usaba ese tiempo para contarle lo que había en mi corazón. Todos se apuraban para prepararse, pero papá y yo nos quedábamos allí durante un largo tiempo, hablando, conectándonos e intercambiando nuestras esperanzas y sueños. Esos momentos me ayudaron a entender muchos aspectos del amor, la aceptación, la dulzura y la compasión de mi Padre celestial.

»A mi mamá no le gustaba mucho cocinar, pero cuando lo hacía, iba a la cocina con ella y hablábamos. Nos contábamos muchas cosas acerca de nuestras vidas, hablábamos con franqueza y nos relacionábamos como amigas. Esto comenzó a suceder en mi adolescencia y pude apreciar todo lo que me había dado y aceptarla sin condiciones».

James, 20 años de edad

«Debido a que no tenía mi propio auto durante el instituto, mis padres me llevaban a todas partes: al grupo de jóvenes, a la práctica de béisbol, a las casas de los amigos. Recuerdo que en verdad trataron de usar ese tiempo para hablar, ya sea que fueran cinco minutos o una hora. Podrían haber puesto la radio y escuchado las noticias o algún partido, o haberse quedado en su propio mundo como a veces hago yo cuando manejo. Sin embargo, siempre se esforzaron para preguntarme cosas y hacer que me mostrara un poco más comunicativo. Si volvía a casa desde el estudio bíblico, mamá decía: "¿Qué aprendiste? ¿Qué te pareció?". Si volvía a casa de la escuela, papá decía: "Cuéntame algo de tus amigos" o "¿Hay algo por lo que pueda orar por ti?".

»Hace poco, les pregunté a mis viejos acerca de esas conversaciones mientras íbamos en el auto, y me contestaron: "Decidimos con antelación que si íbamos a pasar horas llevándote en auto de aquí para allá todas las semanas, iba a ser un tiempo bien invertido". Y fue así. Me mantuve en contacto con mis padres al hablar durante todas esas horas en el auto».

Heidi, 21 años de edad

«Mi papá siempre ha estado ocupado con el trabajo, no por elección, sino por necesidad y por la naturaleza de su empleo. Sin embargo, para nuestros cumpleaños, siempre nos llevó a cada uno de los cuatro hijos a desayunar afuera. A medida que crecíamos, mi hermana y yo iniciamos los "desayunos con papá" más de una vez al año. Son momentos atesorados en los que hablamos acerca de la vida, de Dios, del futuro. Los recuerdos se construyen temprano por la mañana en tranquilas cafeterías.

»Crecer en la parte norte de Minnesota fue una aventura. Calentábamos la casa con leña, para lo cual teníamos que cortar árboles y recoger leños cuando llegaba el otoño. Mi papá junto con mis tres hermanos y yo trabajábamos lado a lado y nadie nos decía que era un trabajo duro y que no podía ser divertido. Llenábamos el carro de leños, íbamos arriba de la pila y cantábamos canciones de alabanza camino a casa. Todos forjamos recuerdos y aprendimos el valor del trabajo duro sin saberlo siquiera».

Lo que dijo Heidi: «Los recuerdos se construyen temprano por la mañana en tranquilas cafeterías», no solo es poético, sino que también es una verdad profunda. Cada día presenta oportunidades para explorar asuntos relacionados con la fe y entablar la relación con tu hijo. Toma y aprovecha cada oportunidad que puedas.

capítulo tres

Crianza de los hijos con propósito

El 30 de octubre de 1920, el doctor Fred Banting *sintió* la cura para la diabetes antes que pudiera poner la idea de esto en palabras. Su método de investigación sería usar el páncreas de perros saludables a fin de mantener vivos a los perros diabéticos. Todos sus colegas pensaron que estaba loco por buscar una cura para la «enfermedad del azúcar», la cual mataba poco a poco de inanición a cientos de miles de personas. A los eruditos e investigadores más doctos ni siquiera se les había ocurrido una teoría indiscutible de las causas de la enfermedad. Nadie creía que Banting tuviera alguna esperanza de encontrar un antídoto; era solo un cirujano y, aparte, un cirujano de granja, y no era muy exitoso. No tenía dinero, ni animales de laboratorio, ni siquiera un tubo de ensayo. Nunca había estudiado el sistema digestivo ni la bioquímica. En esencia, era un hombre terco que tenía cierta habilidad con el bisturí de cirujano y también fe en una idea.

Cuando por fin consiguió una donación, fue para diez perros, un asistente y ocho semanas en un laboratorio de química. Con eso, y solo eso, estaba intentando resolver uno de los misterios más desconcertantes de la medicina de la época. Tuvo que vender los muebles de su oficina y su instrumental médico para sobrevivir. Era un investigador autoproclamado, sin título y en completa quiebra, pero estaba decidido y tenía un método.

Lecciones de una papa

Si no estás seguro de cómo enseñarle de manera formal a tus hijos acerca de la Biblia, anímate. Hay muchos métodos disponibles para transmitir tu fe. *The Parent's Guide to the Spiritual Mentoring of Teens* les sugiere a los padres que consideren la humilde papa. Si la única forma en que sirvieras las papas fuera hervidas o en puré, sin nada de sal, pimienta, mantequilla o salsa de carne, tu familia se cansaría muy rápido de comerlas. Aunque, si te fijas en los recetarios, es probable que encuentres una manera diferente de servir las papas cada noche de la semana, quizá durante varias semanas seguidas, para que tu familia nunca se canse de comerlas. Podrías hacer papas fritas; ensalada de papas; papas asadas con crema agria, cebolletas y pedacitos de tocino; incluso tortitas de papa. Usarías el mismo ingrediente básico cada noche, las papas, pero las diferentes especias que les agregas y la variedad de presentaciones mantendrían las papilas gustativas de la familia rogando por más.

De manera similar, la preparación espiritual tiene algunos ingredientes básicos (lectura bíblica, enseñanza, discusión, oración) y un solo propósito (desarrollar cristianos maduros). No obstante, así como existen infinidad de maneras de servir las papas, también hay infinidad de maneras donde los ingredientes de la preparación de fe se pueden combinar con otros elementos y presentarse de tal manera que cada sesión sea desafiante, emocionante y gratificante para todos. Quizá sea hora de cambiar tu «receta» de capacitación espiritual y de contemplar formas nuevas, placenteras y emocionantes de preparar a tus hijos en la fe cristiana.

En parte, el problema quizá sea tu zona de comodidad espiritual: la sensación de que las cosas espirituales deberían presentarse en una forma seria y solemne, parecida a la que se usaba en la Escuela Dominical mientras crecías. Cuando tengas que elegir qué métodos y modelos usarás con tu familia, asegúrate de decidir sobre la base de lo que vaya de acuerdo con tu familia y dé resultados en ella, no sobre lo que esté de acuerdo con lo que has hecho antes ni lo que entre en tu zona de comodidad.

Busca recursos que te ayuden a realizar la tarea (véase la lista provista en el apéndice). Hay muchos libros que contienen ideas de cómo enseñarles a tus hijos. Con todo, también hay vídeos, *software*, sitios Web y casetes de audio y música de todo tipo. Varía tus recursos y tu enfoque.

Usa la creatividad de tus hijos. Incluso después de elegidos un método y un plan, mantente accesible a sugerencias creativas e ideas alternativas. Dales opciones y pregúntales cómo les gustaría encarar el aprendizaje de un tema en particular o el aprendizaje durante el tiempo familiar. Tal vez sugieran algunas cosas descabelladas, como aprender de la guerra espiritual jugando al duelo con láser. Si les sigues la corriente, nunca olvidarán la experiencia ni la lección. Nunca olvides que Dios nos ha dado los regalos del humor y la risa. Sin importar lo seca que sea la actividad o la lección, reduce la marcha y relájate lo suficiente como para dejar que haya algo de bromas en el ambiente, un poco de lucha o cosquillas con los pequeñitos y tal vez algún cuento gracioso para los mayores. A veces, es probable que termines en un tema diferente por completo, pero el tiempo que pasan juntos y la sabiduría que les brindas no pasarán al olvido.

Si tus hijos tienen dones musicales, ¿por qué no dejar que usen la música en su crecimiento espiritual? Haz que escriban una canción acerca del amor de Dios o de algún aspecto de su relación con Él y que la toquen en una noche familiar. Si son artísticos, ¿por qué no alentarlos a que traten de expresar el perdón de Dios con un dibujo en papel o una escultura de arcilla? Estas cosas formarán una conexión entre los talentos de tus niños y las cosas del Espíritu.

Júntense, hablen y compartan ideas con otros que son intencionales en la instrucción espiritual.

Comenzó con un fracaso absoluto. Sus equivocaciones y errores de cálculo le fueron costosos, pero poco a poco mejoró su habilidad y su método llegó a ser más seguro. Su investigación avanzó con lentitud al mantener vivos sus especímenes de perros diabéticos mucho más de lo que se creía posible en la medicina. Cuando la comunidad médica asintió despacio en aprobación y reconoció los resultados, el doctor Banting inyectó a su primer paciente humano, él mismo, con la salvadora «isletina», ahora conocida como insulina.

Cada padre necesita enfrentar la crianza de los hijos como Fred Banting lo hizo con la diabetes. La tarea de criar hijos piadosos requiere una gran idea, pasión por la labor y un método. No importa si no tienes las aptitudes adecuadas. No importa si todos piensan que fracasarás. No importa si no tienes mucho dinero ni el equipo necesario. Lo único importante es que tengas fe en Dios, un compromiso sincero y una forma de llevarla a cabo.

La gran idea

La idea, o principio de fe, detrás de una crianza piadosa se puede encontrar en las Escrituras. Démosle una segunda mirada a Deuteronomio 6:6-7: «Grábate en el corazón estas palabras que hoy te mando. Incúlcaselas continuamente a tus hijos. Háblales de ellas cuando estés en tu casa y cuando vayas por el camino, cuando te acuestes y cuando te levantes». Este llamado es para los padres, no para los pastores, los maestros de Escuela Dominical, ni para las personas que trabajan con jóvenes. Es para mamás y papás, y es para cada día y para cada lugar.

Este mandamiento tiene una parte informal y una formal. El aspecto de enseñanza formal en nuestra cultura incluye devocionales familiares, un plan de estudio, la Escuela Dominical, las reuniones de jóvenes o clubes bíblicos y la memorización de versículos de la Biblia. El aspecto informal tiene muchas facetas, y uno de los métodos para la capacitación informal es el tema principal de este libro: los momentos de enseñanza oportuna. Son divertidos, espontáneos, sencillos y forman vidas.

En las Escrituras podemos encontrar el poder del impacto que cambia vidas causado por un momento de enseñanza oportuna. La Biblia es lo que da origen al aprendizaje de la fe. Segunda de Timoteo

3:16-17 nos recuerda que «toda la Escritura es inspirada por Dios y útil para enseñar, para reprender, para corregir y para instruir en la justicia, a fin de que el siervo de Dios esté enteramente capacitado para toda buena obra». No significa que debes conocer el libro y el versículo exacto de donde provienen tus momentos de enseñanza oportuna. Significan que las verdades espirituales tienen el poder de repercutir en el alma de tus hijos de una manera en la que otras enseñanzas no hacen. Por ejemplo, la verdad de que Jesús ama a tus hijos y estuvo dispuesto a morir por ellos tiene un impacto espiritual mucho mayor que enseñarles la verdad de que la tierra gira alrededor del sol. Cuando usas los momentos de enseñanza oportuna con el propósito de edificar la fe, las verdades de Dios actúan como un compañero invisible que te ayuda en la tarea.

Tu función es la de presentar el material con el mejor método para el momento, pero del Espíritu Santo depende que esto se afiance. Las verdades de Dios tienen vida y cumplen sus propósitos. Isaías 55:10-11 declara:

Así como la lluvia y la nieve descienden del cielo, y no vuelven allá sin regar antes la tierra y hacerla fecundar y germinar [...] así también la palabra que sale de mi boca: No volverá a mí vacía, sino que hará lo que yo deseo y cumplirá con mis propósitos.

Mamá y papá, esto les quita la presión de encima. Tu tarea es la de presentar las verdades bíblicas; la de Dios es «fecundar y germinar». Si cometes errores o no ves resultados, no importa mientras estés en obediencia y perseveres. Los primeros esfuerzos del Dr. Banting ni siquiera se acercaron a generar un frasco de insulina, pero esos errores moldearon su forma de pensar y a la larga lo ayudaron a descubrir el camino para aislar la cura. De la misma forma, es posible que no todo momento de enseñanza produzca resultados que cambien vidas, pero el método en general es sólido, y con la bendición de Dios, los momentos de enseñanza oportuna producirán resultados con el transcurso del tiempo.

El peor momento de enseñanza que yo (Jim) recuerdo haber presentado fue una sección familiar nocturna centrada en el concepto de «¿Está bien enojarse con Dios?». La lección falló. Fracasó. Mientras hablaba, mis hijos permanecían sentados en el sofá, con los ojos grandes como rosquillas glaseadas. Traté de sacar de mi mente la lección.

Tres años después, el 12 de septiembre de 2001, Jacob me hizo esta pregunta: «Papá, ¿está bien enojarse con Dios?». Ahora bien, con Jacob he aprendido que es mejor dejarlo explicar primero, ya que tiene una muy buena comprensión de cuestiones teológicas. A veces este tipo de preguntas es una prueba, y si sospecho que no la pasaré, digo antes de contestar: «Bueno, Jacob, ¿tú que piensas?».

Esta vez, cuando le pregunté qué pensaba, me volvió a enunciar los tres puntos de la noche familiar «fracasada». Él había estado pensando en la lección que yo había tratado de dejar atrás, y estaba esperando el día para aplicarla.

Pasión por la tarea

A los padres con pasión por la Biblia les es más fácil capacitar a sus hijos porque esa pasión es contagiosa y ayuda a mantenerlos motivados. El doctor Banting tenía una pasión por su meta y se dedicaba a ella sin descanso, aun cuando implicara una pérdida económica. Fred

Una pérdida difícil

A menudo encuentro comparaciones entre el mundo de los deportes y el mundo espiritual. Parte de la razón por la que apoyo las actividades atléticas de mis hijos es porque los deportes los ayudan a identificar lecciones de fe y a aprender de ellas.

Un buen ejemplo es la primavera pasada. Mi hijo de once años de edad, Doug, realizó el último *out*, un ponche, en un juego de béisbol muy reñido, y lo tomó muy mal porque sentía que había defraudado al equipo. Doug es un buen atleta y casi siempre sobresale en todos los deportes donde participa. Sintió que su ponche demostró que jugaba mal al béisbol.

Hablé con Doug al otro día del partido (estaba más dispuesto a escuchar en ese momento porque había pasado la crisis) y le expliqué que un fracaso inesperado como este quizá señalara algo que necesitaba mejorar. No era una declaración de que era un fracaso.

Banting no es famoso por lo que no hizo en cuanto a la diabetes, se le recuerda por lo que hizo.

Cualquier persona en la calle estaría de acuerdo con esta declaración: «Un buen cristiano debería seguir los Diez Mandamientos». Es casi sentido común. Y una interpretación cotidiana de esa idea se parecería a esto: «Soy un buen cristiano. No robo ni mato, y ni siquiera pienso en cometer adulterio, al menos no demasiado». Al parecer, le decimos a Dios que estamos bien si no hacemos ciertas cosas.

Sin embargo, escucha las palabras de Jesús cuando un saduceo le preguntó cuál era el mandamiento más importante: «"Ama al Señor tu Dios con todo tu corazón, con todo tu ser y con toda tu mente" —le respondió Jesús—. Este es el primero y el más importante de los mandamientos"» (Mateo 22:37-38).

De acuerdo con Jesús, el objetivo de una vida piadosa no se trata de lo que no haces: se trata de lo que haces para Dios. De manera similar, el objetivo de la crianza es amar a tus hijos con todo tu corazón y demostrarles ese amor en formas concretas.

No tienes que ser misionero, pastor, evangelista o incluso maestro de Escuela Dominical para poder comunicar una pasión por Dios.

Esto es similar a la manera en que a menudo respondemos al pecado en nuestra vida. A veces Dios trae a la luz un pecado del que no éramos conscientes. Después de descubrir la dura realidad de que hemos pecado o hemos fallado, se nos cae el ánimo. Después de descubrir la dura realidad de que pecamos o fracasamos, tocamos fondo. Entonces podemos elegir ser duros con nosotros mismos o negar lo sucedido. O en lugar de eso, podemos ser humildes y tomarlo como una oportunidad para identificar nuestra debilidad y dedicarnos a mejorar en esa esfera.

Durante un tiempo, Doug y yo intentamos mejorar su forma de batear antes del próximo juego, y la práctica extra surtió efecto. Doug dijo que la práctica realmente lo había ayudado en el juego, y se había dado cuenta de que mejoró como jugador al reconocer sus debilidades y al hacer algo al respecto.

Mi oración es que en la competencia de la vida, Doug acepte cada fracaso como un desafío.

anónimo

Los momentos de enseñanza oportuna son una manera fácil, pero eficaz, para que les demuestres a tus hijos que tienes pasión por Dios. A través de ellos, tus hijos pueden ver que amas a Dios y piensas en Él, y estarán dispuestos a hablar sobre Él. Exponerlos a esto ayuda a asegurar que recuerden que Dios es una prioridad en tu hogar.

Hay dos aspectos en los resultados positivos que se obtienen durante los momentos de enseñanza oportuna. En primer lugar, si quieres que tus hijos hablen de su fe, debes hablar acerca de la tuya. A la larga, los farsantes se ponen de manifiesto: ¿Recuerdas a las empresas *Enron*, *WorldCom* y *Adelphia*? Pudieron inflar sus activos durante mucho tiempo antes que las descubrieran, y luego de una inspección, el público se enteró de que no tenían nada real con qué responder a los inversionistas.

Tus hijos sabrán si en verdad eres rico en lo espiritual o si estás en bancarrota. Si amas a Dios, cuando usas momentos de enseñanza oportuna tendrás credibilidad, y es mucho más probable que tus hijos se dediquen a cuestiones espirituales.

El segundo resultado positivo que proviene de usar momentos de enseñanza oportuna, es el siguiente: La pasión por testificar de Dios es contagiosa y tus hijos la captarán.

¿Alguna vez has conocido a una persona con pasión? Los jóvenes enamorados proveen un claro ejemplo. Piensan en su novia todo el día, tal vez incluso hasta se distraen por eso. En todas las conversaciones se las arreglan para incluir información acerca de su novia: «Ah, ¿así que acabas de regresar de China? Qué interesante. Mi novio tiene una chaqueta color tinta china, pero le queda mejor el azul...». Esta pasión los motiva a acumular cuentas de teléfono, a quedarse levantados hasta tarde, a escribir poesías, a cantar en el auto o a comprar regalos costosos. En conclusión, expresan esa pasión.

Si tu pasión por Dios se expresa a través de momentos de enseñanza oportuna, la pasión de contar lo que Dios está haciendo en sus vidas también «infectará» a tus hijos.

El método

Jesús pasó tres años con sus discípulos. Caminó con ellos, enseñó a su lado, oró, pescó e hizo milagros con ellos. Lo vieron en acción y siguieron su ejemplo. A través de los Evangelios, Jesús aparece usando experiencias y hechos cotidianos para enseñarles a sus discípulos acerca de Dios. A menudo usaba momentos de enseñanza oportuna; ¿recuerdas las lecciones de la sal, la luz y la higuera seca? Antes de morir en la cruz, Jesús nos dejó el ejemplo para la Comunión, tal vez el supremo momento de enseñanza oportuna. El establecimiento de un patrón mediante los momentos de enseñanza oportuna es una forma excelente para que los padres les enseñen a sus hijos.

Ser líder, en especial un líder espiritual en el hogar, significa que alguien seguirá tu ejemplo, ya sea que lo guíes al cielo o al infierno. El apóstol Pablo se dio cuenta de que este era un hecho de la vida y

Un par de verdades

Los niños necesitan ayuda para ver las consecuencias a largo plazo que les traerán sus decisiones. Los momentos de enseñanza oportuna a menudo alientan a los niños a elegir el camino piadoso en la vida.

Cuando nuestra hija Christine estaba en secundaria, asistíamos a una pequeña iglesia y ella tenía una parte activa en el grupo de jóvenes. Le gustaba un chico, pero no se lo decía a nadie. Una por una sus amigas formaron parejas con alguien del grupo. Usé a estas parejas como ejemplo y le dije a Christine mi opinión acerca de que enamorarse y «desenamorarse» saliendo juntos no prepararía a los adolescentes para el modelo bíblico del matrimonio; se parecía más al divorcio. Le recomendé participar en actividades grupales en las que pudiera estar con sus amigos hombres sin tener la presión de encontrar una pareja.

Luego de varias semanas, Christine dijo algo acerca de una pareja que se había separado. Cuando le pregunté lo que sucedió, me dijo que todas las parejas se habían separado.

«No vale la pena, mamá», me dijo. «Tenías razón. Las citas y salidas con chicos a esta edad no tienen sentido. Además, se arruinaron muchas buenas amistades. No quiero tener nada que ver con eso».

En mi espíritu le dije a gritos al Señor: «¡Qué bien!».

Jeanne Gowen Dennis

con audacia animó a sus amigos a que fueran como él: «Hermanos, sigan todos mi ejemplo, y fíjense en los que se comportan conforme al modelo que les hemos dado» (Filipenses 3:17). No alardeaba; Pablo sabía por experiencia que hay maneras mensurables, observables y concretas de vivir una vida piadosa.

Criar a los hijos para que tengan una fe fuerte no es lo mismo que enseñarles a caminar o a hablar. Los niños saludables aprenderían esas cosas a pesar de nuestra interferencia. Para enseñar principios bíblicos necesitas un método distinto. La formación de la fe se parece más al juego de niños «Simón dice». El líder les muestra lo que tienen que hacer y los niños lo imitan. Puedes darte palmaditas en la cabeza, saltar como un conejo o cantar como un pájaro y los jugadores repetirán la acción.

Eres el líder en tu casa. Se supone que tus hijos tienen que seguir tu ejemplo: actuar con amabilidad, orar, leer la Biblia. Los momentos de enseñanza oportuna proporcionan una manera perfecta para abordar y jugar a un nuevo juego: «Dios dice».

Los momentos de enseñanza oportuna también permiten que los niños reclamen la fe cristiana como propia. En nuestra cultura actual, mucha gente se ríe de cualquier cosa que huela a lavado de cerebro o a «forzar tus ideas» sobre otras personas. Algunos padres llegan al extremo de «dejar que los niños decidan por su cuenta» en asuntos relacionados con la fe. Quieren que sus hijos sean individuos únicos y, por lo tanto, no les proporcionan ninguna formación concreta. Cuando son adultos, se suponen que tengan que «elegir» la religión que desean.

Jeff Leeland describe los peligros de no proporcionar una guía moral y de fe a los niños en su libro *Disarming the Teen Heart*:

James era un adolescente enojado que montaba en monopatín y que creció en un hogar donde los padres no le «imponían» a Dios. Nunca asistían a la iglesia como familia, excepto cuando había bodas o funerales, y creían que los niños tenían que decidir por sí mismos acerca de la religión. James creció llamando a su mamá y su papá por su nombre de pila. A los diez años de edad, comenzó a fumar marihuana y a beber en casa con la aprobación de sus padres. Cuando era pequeño, su primer papá lo abofeteaba y lo intimidaba para mantenerlo a raya.

Sin embargo, los problemas aumentaron en la secundaria cuando se divorciaron sus padres. Creía que ningún adulto tenía derecho a decirle qué hacer; en especial porque sabía que no podían pegarle. Lo suspendieron de la escuela varias veces por violar las reglas, pelear y atacar de palabras a sus profesores. No le temía a nadie y estaba resentido con la mayoría. Se la pasaba frecuentando el parque para monopatines de día y saliendo de fiesta con amigos por la noche. Ya en la preparatoria no pudo soportar el enfoque «autoritario» de los profesores y administradores, así que dejó la escuela. Aunque sus padres lo formaron para que fuera un «libre pensador», su nuevo padrastro no soportaba su actitud odiosa en la casa y terminó echándolo.

Cuando yo (Marianne) estaba en la escuela primaria, era muy amiga de una vecina, Bárbara. También me sentía apegada a su madre en lo emocional. Karen era una mujer inteligente y compasiva que tenía una maestría en educación especial y que optó por enseñar en una de las escuelas más pobres de la ciudad de Los Ángeles. Su filosofía para enseñar y criar a los hijos giraba en torno al concepto de que los niños son buenos de por sí. Karen creía que si se les daba la información adecuada, los niños decidirían hacer el bien, y que si no resultaba, las consecuencias de las malas decisiones moldearían su destino en forma positiva. A sus hijos no les puso límites, ni disciplina, ni les dio ninguna información acerca de Dios. Si la hija y el hijo de Karen querían seguir una religión, en su opinión estaba bien, pero en verdad no era necesario que lo hicieran.

Fui amiga de Bárbara hasta sexto grado. En séptimo, tomamos caminos diferentes cuando ella eligió estar con malas compañías. Al finalizar octavo grado, tomaba con regularidad, fumaba marihuana y era probable que ya tuviera relaciones sexuales. Cuando cumplí trece años, me regaló un par de osos de peluche, que más tarde descubrí que los había robado de una tienda. No le exigían que volviera a la casa a ningún horario en especial, no tenía límites, no la estaban criando.

Su hermano, James, tres años mayor que ella, a menudo se metía en problemas. Se robó mi bicicleta, la escondió y luego intentó prenderle fuego al lugar en el que pensó que la descubrirían. En los años setenta, fue el primer estudiante de la escuela que acuchilló a otro en el área escolar. También escuché por casualidad una conversación entre él y Karen en la que ella le explicaba que no había problema con la pornografía, pero que tenía que decidir si en verdad quería mirar fotos de mujeres que tenían relaciones sexuales con perros. «¿De verdad crees que es natural?», le preguntó como para guiarlo.

A Bárbara la trasladaron a una escuela cercana que ofrecía un programa alternativo para los chicos que no podían ser eficientes en aulas regulares. Al ser una estudiante con dones intelectuales, Bárbara tendría que haber sobresalido, pero ni siquiera pudo someterse a un plan de estudios moderado y la pusieron a prueba durante un tiempo. Al final, su familia se mudó y perdí contacto con ella.

Hace unos años, hablé con Bárbara por teléfono. Tenía unos treinta y cinco años, se encontraba en un programa de Alcohólicos Anónimos y me dijo que envidiaba mi crianza, la disciplina y la formación religiosa que me proporcionaron mis padres. Deseaba que sus padres le hubieran enseñado la manera de protegerse de sí misma y de los fuertes impulsos que tenía camino a la destrucción. Le dije

No es demasiado tarde

Quizá, por alguna razón, nunca te involucraste en la formación espiritual de tu hijo de forma intencional y personal. Ahora tu hijo tiene dieciséis, diecisiete o dieciocho años, está ocupado con la escuela, el trabajo y los amigos, tiene una forma de pensar y de relacionarse con Dios bastante establecida y está inmerso en los planes para la universidad, una carrera o una vida independiente. ¿Perdiste la oportunidad de ser su guía espiritual? ¿Qué podrías esperar lograr en el poco tiempo que te queda con tu hijo en casa? La respuesta es que en solo un año, o incluso en unos meses, aún puedes causar una influencia eterna. Si tu adolescente está en el comienzo de su último año de preparatoria, por ejemplo, y hoy empiezas a usar momentos de enseñanza oportuna, puedes tener trescientas sesenta y cinco experiencias que tienen el potencial para cambiar su vida.

Aun si solo quedan treinta días antes de que tu hijo se vaya a la universidad o se una al ejército, es suficiente como para que Dios la amaba y podía ayudarla a desarrollar el autocontrol, pero con voz nostálgica me respondió: «Tal vez», como si creyera que en realidad era demasiado tarde.

El uso de momentos de enseñanza oportuna para presentar la fe permite que los niños la experimenten, no solo que experimenten la religión. En algún momento, al igual que James y Bárbara, tus hijos tendrán que elegir su propio camino, y tienes que asegurarte que sepan cuál es el camino cristiano y que lo comprendan. Un momento de enseñanza oportuna brinda la oportunidad de que el niño absorba un valor revolucionario, que vea la mano de Dios en acción y le da una base sólida. Experimentar la fe es la única forma de conocerla, y los momentos de enseñanza oportuna ofrecen elementos de fe que la memorización de la Biblia no ofrece.

Cada niño vivirá la vida cristiana de una manera única, dependiendo del propósito de Dios para ellos y su personalidad. Solo por medio de Dios pueden encontrar en verdad su destino y propósito únicos. Sin embargo, así como los hechos y principios matemáticos no cambian, las prioridades y disciplinas para llevar una

ayudarlo a establecer el hábito de buscar las formas en las que se revela Dios. Además, no se podría llevar un mejor hábito al marcharse de la casa. Le brindará una oportunidad mucho mejor para tener una moral recta y vivir agradando a Dios. Empezar tarde tampoco significa que tengas que pasar una hora al día transmitiéndole la Biblia a tu adolescente; sabemos que no sucederá eso. Solo unos momentos de enseñanza oportuna a la semana, invertidos con sabiduría y de forma intencional en la relación de tu hijo con el Señor, pueden plantar un amor por Él y por su Palabra en lo profundo de su corazón. Aun si la relación con tu adolescente es inestable, o si parece demasiado tarde en el juego para que tomes un interés activo en su vida espiritual, tu deseo sincero de pasar estos momentos diarios juntos les proporciona una razón para encontrarse y una base sobre la cual comenzar a reconstruir la relación. (En el capítulo 5 te daremos ideas para construir una relación maravillosa con tu niño o adolescente).

vida espiritual son los mismos para todas las generaciones. Y se deben enseñar. Los momentos de enseñanza oportuna revelan los patrones para una vida de fe, y si tus hijos se forman de acuerdo a ellos, tendrán una mejor oportunidad de reconocer y de seguir esos patrones de fe cuando sean adultos.

A medida que mis hijos (de Jim) crecen, cada vez más mis momentos de enseñanza oportuna se concentran en la manera en que se ejercita la fe en nuestras vidas. Hace poco, tuve el privilegio de expresarle una verdad especial a una de mis hijas.

—Papá, por aquí no se llega a la práctica de fútbol —dijo Joy, apenas con un indicio de pánico en su tono. Su entrenador es firme en que las niñas estén en tiempo para los partidos.

—¿Cómo que este no es el camino? —le pregunté.

—Bueno, ¡mamá nunca se va por aquí! —fue su defensa.

— ¿Sabes, mi amor? —le dije—. Creo que sé cómo llegar a donde tienes que ir, y creo que puedo llevarte a tiempo.

Paramos en un semáforo en rojo. Sabía que aún no estaba convencida. ¿Podría ser que el estereotipo fastidioso del hombre que no pide indicaciones ya se había infiltrado en su mente de doce años?

—Tal vez no te des cuenta —le dije mientras cambiaba a una velocidad de momento de enseñanza—, pero conozco la mejor manera de llegar y de hacerlo en el menor tiempo posible... ¿Sabes? Es como sucede con Dios. Así como tienes que confiar en mí para llegar a la cancha de fútbol adecuada en tiempo, tenemos que confiar en nuestro Padre celestial para que nos lleve a donde tenemos que ir para cumplir los propósitos que ha diseñado para nuestras vidas.

La formación de fe también se parece un poco a la enseñanza de matemática en el sentido de que los niños necesitan repetición a fin de afianzar el aprendizaje. Los maestros usan juegos, memorización, ejercicios competitivos y exámenes para enseñar matemática. ¿Alguna vez te diste cuenta de que durante las vacaciones de verano muchos chicos «olvidan» la matemática que aprendieron? En vacaciones, pídeles que te reciten la tabla del ocho y no sabrán qué contestarte. Si quieres que los niños recuerden sus lecciones de fe, hay que reforzar esos principios de vez en cuando. Los momentos de enseñanza oportuna les proporcionan a los padres la forma perfecta para presentar discretos recordatorios para la formación de fe.

En febrero de 2002, Alan Greenspan, el presidente de la Reserva Federal, comentó que una buena base en matemática mejoraría la cultura financiera y «ayudaría a evitar que los jóvenes tomaran malas decisiones financieras que no pudieran superarse por años». De la misma manera, si los padres se esfuerzan por usar los momentos de enseñanza oportuna para explicar las cosas básicas de la «cultura espiritual», ese esfuerzo puede evitar que sus hijos tomen malas decisiones espirituales que les lleve años superar.

La lluvia de pensamientos siguen cayendo en mi cabeza

En nuestro estado hay sequía. Todas las noches a la hora de acostarnos, oramos pidiendo lluvia. Aun así, Justin, de tres años de edad, todavía no entiende bien la participación de Dios en el ciclo del agua.

«¿Los árboles necesitan lluvia?», pregunta en el auto.

«Sí», le contesto.

«¿Dios hace lluvia?», pregunta en la bañera esa noche, siguiendo con la conversación.

«Sí», le digo.

«¿Mi hermana necesita lluvia?», pregunta en el parque tres días después.

«Sí».

«¿Las vacas necesitan lluvia?», pregunta en la mesa una noche.

«Sí».

«No», dice. «Necesitan leche».

No puedo convencerlo de que las vacas toman agua y producen leche, pero ese no es el problema en realidad. Mientras Justin va entendiendo la lluvia y las otras cosas complejas de la vida, es de primordial importancia que yo esté allí cuando haga esas preguntas, a fin de ser parte de la continua conversación acerca de la vida y ofrecerle información desde una perspectiva bíblica. Tengo que estar disponible para los momentos en que necesite conversar, porque las preguntas, y respuestas, se van complicando cada vez más.

mkh

capítulo cuatro

Cómo enseñar sin sermonear

Todos las conocemos. Esas personas que nos enseñan acerca de la vida solo por lo que son. Las que dejan una marca indeleble en nuestra vida sin decir nada, pero haciendo algo extraordinario. Guían con su ejemplo y enseñan mediante su estilo de vida.

Son el abuelo que nunca se quejó, aun cuando tuvo que enfrentarse a la muerte por un enfisema, luchando por cada aliento; la maestra apasionada por la historia que te transmitió el mismo amor por personas que murieron más de mil años atrás; el alumno de sexto grado con discapacidades físicas que aspiraba seguir al equipo y nunca obtuvo un puesto en la carrera, nunca llegó a nada excepto al último lugar, y con todo, cuando terminó la temporada obtuvo más aplausos que los velocistas que batieron los récords. Son esa tía especial que te despertaba con himnos que tocaba en el piano todas las mañanas y que de alguna manera te transmitía su gozo de adoración; es la reina de la fiesta escolar que llevó un chico con síndrome de Down al baile de graduación.

En el caso de mi familia (de Jim), Terri es una de esas personas. Tiene cáncer, y ni una vez la hemos visto titubear en su fe. No pregunta: «¿Por qué a mí?», ni se enoja con Dios. Ha pasado por un dolor horrendo, pero su rostro refleja paz y esperanza. A menudo les digo a mis hijos que piensen en ella, que recuerden cómo es la fe profunda ante el deterioro físico, algo que todos enfrentaremos de una u otra manera. Terri es nuestro ejemplo, una de esas personas que nos han enseñado los misterios de la fe sin decir una palabra.

Un buen padre también da el ejemplo para que otros vivan de acuerdo a él. Esto es el modelado, y es una de las maneras más profundas en las que puedes influir en tus hijos. Aun si todavía no tienes una fe poderosa, puedes enseñar lecciones espirituales sencillas y básicas. Si oras todas las noches antes de la cena, por ejemplo, tus hijos adquirirán el mismo hábito al poco tiempo.

Carrie Johnson, una estudiante de la universidad de Biola, aprendió acerca de la adoración mirando a sus padres. Su padre, Chuck Johnson, el director editorial de varias revistas de Enfoque a la Familia, cuenta la siguiente anécdota:

> Cuando Carrie tenía unos cuatro años de edad, mi esposa, Gwen, y yo teníamos un poco más de diez años de casados. Entonces, la iglesia nos pidió que auspiciáramos la clase para personas comprometidas y recién casadas en la iglesia. Una tarde a la semana, teníamos estudios bíblicos en casa y Carrie siempre

Mono ve, mono hace

Siempre que Justin, de tres años de edad, quiere jugar a un juego en la computadora, busca el CD-ROM y se lo da a su hermano gemelo, Kendrick. Luego Kendrick abre la unidad, coloca el disco, hace clic en los íconos de «mi PC» y «disco D» hasta que se abre el juego. Incluso ha cargado con éxito un juego de computadora sin ayuda de nadie. Una vez lo encontré frustrado porque no podía cambiar la configuración para visualizar y jugar con éxito un juego más viejo.

Nunca le enseñé a hacerlo solo; es más, los gemelos no pueden jugar en la computadora sin supervisión. Sin embargo, aprendió mirándome. Absorbió toda la información con los ojos, y cuando tuvo la oportunidad, repitió lo que vio. Teniendo todo en cuenta, saber cargar un CD-ROM es una buena habilidad para aprender.

De la misma manera, Kendrick también aprende malas habilidades. Un día, mi esposo arregló el inodoro. Kendrick lo entraba con sigilo y se sentaba en la escalera a escuchar las canciones que dirigía uno de los hombres. Una vez, estábamos cantando «Tengo un río de vida», y ella se nos unió. Se agachó en el medio de la habitación, y saltando lo más alto que podía, cantó el coro a grito pelado: «¡Brota desde lo profundo de mi ser!». Carrie dice que gran parte de su amor por la adoración y la música comenzó durante esas noches; y, por supuesto, las jóvenes parejas pensaban que era adorable por completo.

Los niños adquieren rasgos de carácter como la diligencia, la compasión y la honradez de la misma manera. Si actúas en forma virtuosa, lo verán y tomarán nota. Aun así, tienes que avanzar un poco más para asegurarte que la lección surta efecto.

He aquí cómo funciona: Un día, encontré (Jim) una billetera en el estacionamiento de un hotel. Tenía dinero, pero no contenía ninguna identificación. La llevé a la recepción, la coloqué en el mostrador y le dije al empleado del hotel: «En caso de que alguien venga a buscar la billetera, aquí está».

observaba mientras trataba de desobstruir la vía con guantes de látex, usando las manos. Ahora, al menos una vez al día, encuentro a Kendrick empujando cosas por el inodoro, la mayoría de las veces, su brazo. Por suerte, también aprendió a tirar de la cadena primero.

Kendrick también es el que imita la compasión. Si me caigo, es el que me ayuda a levantarme y me da un beso donde me hice «yaya». A pesar de todo lo tranquilo que es, cuando Kendrick habla, trata de repetir las frases y las entonaciones que ha escuchado. Cuando se enoja, se pone las manos en los labios, te mira a los ojos y dice: «¡No me estás escuchando!».

Para bien o para mal, lo más probable es que Kendrick sea el «mono ve, mono hace». Depende de mí asegurarme que las cosas que vea sean piadosas y que las cosas que escuche valga la pena repetirlas.

mkh

Mis hijos presenciaron la situación y podría haber dejado el asunto allí, pero decidí no hacerlo. En su lugar, hablamos acerca de la virtud de la honradez y del porqué devolví el dinero en lugar de guardarlo. Mi intención no era impactarlos con mi virtud, sino imprimirles verdades bíblicas. Tal vez hubieran aprendido la lección con el solo hecho de observar, pero no había manera de estar seguro sin preguntarles lo que pensaban. Al devolver el dinero, pude invertir en la educación espiritual de mis hijos, y estoy seguro de que los momentos de enseñanza como ese valdrán la pena en un futuro «como Dios manda».

Nota: No estaba sermoneando. Ninguno obtuvo un discurso, ninguno se fue sintiéndose inepto, abrumado, ni aburrido. Solo llevó unos minutos, pero con toda la intención les enseñé el principio de Filipenses 2:4: «Cada uno debe velar no solo por sus propios intereses sino también por los intereses de los demás».

Un caballo regalado

A través de incontables momentos de enseñanza oportuna, le he enseñado a mi hija de quince años, Lauren, que tiene que tener paciencia y aprender a esperar los tiempos del Señor. A lo largo de su vida, la he visto forjar una confianza en Dios que va más allá de su edad.

Desde los cinco años, la han cautivado los caballos. A los nueve, Lauren comenzó a trabajar limpiando establos todo el año para ahorrar dinero a fin de tomar lecciones de equitación. Realizó este deprimente trabajo con diligencia y aprendió a montar, pero aún no podíamos costear la compra de un caballo.

Hace poco, mi madre se ofreció a comprarle uno. El sueño de Lauren era tener un hannoveriano, que costaba más de lo que se podía pagar y, por lo tanto, había que descartarlo. Cuando comenzamos a buscar el caballo «perfecto», encontramos un pura sangre a un precio razonable. ¿Dejó Dios el caballo perfecto justo en la falda de Lauren? Era demasiado bueno para ser verdad. Lo único que quedaba era una revisión médica.

Mientras Lauren estaba en un campamento, la entrenadora y yo descubrimos que el caballo perfecto era un perfecto fracaso. Los vendedores habían intentado ocultar con esteroides una

Los padres pueden enseñar en forma deliberada e intencional verdades bíblicas a sus hijos, y los hijos pueden disfrutarlas. No es ningún sueño descabellado ni ideal nebuloso que solo aparece en el *Club 700*. Tampoco es necesario que seas un maestro innato para usar los principios que se bosquejaron en este capítulo. Solo tienes que probarlos y usarlos durante unas semanas y pronto conocerás los secretos de la enseñanza sin sermones.

Deja que la situación enseñe

James Werning, empleado de Enfoque a la Familia durante trece años y padre de cuatro hijos, recuerda este momento preciso:

A través de los años, mi esposa Joan y yo hemos recibido a varias madres solteras en nuestro hogar. Nuestros cuatro

alergia seria. Le dije a la entrenadora: «¡Busque otro caballo dentro del precio que podemos pagar para el viernes!». Se rió. Lloré todo el camino a casa.

Cuando se lo dije a Lauren por teléfono, me respondió con calma: «Está bien, mamá. Es una desilusión, pero sé que Dios sabe lo que hace. Sabe que no podría soportar ver un caballo tan enfermo. Tiene algo mejor para mí. Prefiero no tener un caballo si Dios no está de acuerdo».

Al día siguiente llamó la entrenadora. «¡No vas a creer lo que estoy mirando!», dijo. «Una yegua hannoveriana de tres años, en perfecto estado de salud, importada de Alemania. Su padre ganó el *Grand Prix*. Y... el dueño está dispuesto a bajar el precio».

El viernes, le dimos la sorpresa a Lauren con el caballo que Dios quería que tuviera. Cuando vio a Dona Hella, Lauren me abrazó y lloró de alegría. La alegría representaba más que tener un caballo, era la realización de sus sueños. La alegría también provenía de haber confiado en Dios para que Él proveyera en el momento y lugar adecuados. Al poner su sueño en manos de Dios, le permitió proveer lo mejor. Este momento de enseñanza oportuna duró más de nueve años, pero valió la pena cada segundo de espera.

Kalie Lasley

hijos observan y escuchan mientras les proveemos un lugar afectuoso a estas mujeres (niñas, en realidad), mientras enfrentan la tensión del embarazo y aprenden a manejar sus vidas.

Una de esas mujeres se llamaba Darlene, y fue el catalizador de uno de los más memorables momentos de enseñanza. En esta ocasión, Darlene había tenido un día espantoso intentando llevar a su recién nacido a ver al médico, programar el servicio de guardería, salir a trabajar, mandar a arreglar el auto: todo lo que hacen las madres (y los padres). Esa noche en la mesa del comedor, desahogó su frustración con un sermón dirigido en especial a nuestras tres niñas, que en ese entonces tenían once, nueve y seis años.

«No hagan lo mismo que yo, ¿eh?», dijo Darlene, dando golpecitos en la mesa para darle mayor énfasis. «Primero, cásense. Luego, tengan bebés. No al revés».

Fue así de simple. Su pasión y vehemencia causaron una impresión en mis niñas que todavía recuerdan, aun tres años más tarde.

Aunque Darlene no se refirió a las razones espirituales para dejar el asunto de hacer bebés para luego del matrimonio, su mensaje les dio a las niñas Werning la razón ideal para darle continuidad con un estudio bíblico o una pequeña charla acerca de lo que dice la Biblia sobre la relación sexual y el matrimonio. Lo que hizo Darlene fue darles un toque de realidad para desencadenar la conversación, probarles que las normas de Dios son para nuestro bien y que, si las desobedecemos, habrá un precio que pagar.

Al igual que la billetera, el discurso de Darlene fue un catalizador memorable de una lección corta sobre un principio para la vida. Si tus charlas se concentran en el catalizador o la situación, nadie se siente amenazado, ni le parece que le estén dando un sermón.

He aquí otro ejemplo.

Imagínate a toda mi familia (de Jim) en un tren desde París hasta Versalles. Anduvimos, anduvimos y anduvimos, y al final, muy tarde en la noche, llegamos a la estación. Todos los demás se bajaron y nosotros seguíamos sentados, porque el tren había parado, pero no en Versalles. Al final, nos dimos cuenta de que el tren había llegado al final del recorrido y no teníamos idea de dónde estábamos ni a dónde ir. Lo único que nos quedó por hacer fue bajar a la plataforma.

Todos se habían ido, y de repente una mujer apareció de la nada. Le dije: «Disculpe», me presenté y le expliqué la difícil situación de mi familia. ¡Nos respondió en nuestro idioma! Nos pudo decir en qué lugar tendríamos que haber cambiado de tren y unos minutos más tarde regresó con un horario de trenes escrito en nuestro idioma.

Más adelante, mi esposa Janet y yo pudimos recordarles a los niños, a través de un momento de enseñanza oportuna, que Dios se ocupa de los detalles porque le importamos. Nos proporcionó una amable traductora cuando estábamos perdidos en Europa y también se ocupará de las otras pequeñas cosas de nuestra vida. Por medio de la intervención de Dios, pudimos hacer que los niños tomaran el tren adecuado y que también tomaran la línea de pensamiento adecuada, todo eso sin un discurso, sin levantar la voz y sin un aburrido sermón.

El momento y el lugar adecuados

¿Qué sucede si el catalizador es el horrible comportamiento de tu hijo? Sí, disciplina, por favor. Debes imponer una consecuencia o enviar al niño a su habitación hasta que se arreglen las cosas. No prediques, por favor, ni enseñes ni des un sermón, ni siquiera hables del asunto cuando alguno de los dos esté enojado. Esto no lleva a ninguna parte porque tu hijo no está dispuesto a escuchar, así que ahórrate el aliento.

Si estás enojado, ve a dar una vuelta, date una ducha o haz algo para despejar la mente y relajarte. Esto evitará que des un buen sermón para oídos sordos. Si estableces las consecuencias antes de que haya una infracción, no hace falta discutir y casi siempre se aprende una lección.

Recuerdo (Jim) una noche en particular cuando era adolescente. Me llamó un amigo que quería salir en cita doble a ver la película *En busca de mi destino* en un autocine. No me permitían ir al autocine con una chica, porque la privacidad de un auto puede conducir a la pasión física. Tampoco me permitían ver películas aptas para mayores de diecisiete años, y esta película desbordaba de sexo y violencia. Mi padre había establecido las consecuencias con antelación. Si rompía cualquiera de las dos reglas, me castigarían durante una semana. De todos modos, decidí ir con mis amigos.

Después de la película, mis amigos me dejaron primero en casa para que aunque sea llegara dentro del horario permitido. Ese fue el único respiro que tuve esa noche. Mientras subía las escaleras con sigilo, intentando que nadie me escuchara, mi padre me recibió.

—Hola, Jim, ¿pasaste un buen rato esta noche?

—Sí, papá, pero estoy cansado. Me voy a la cama —le dije sin mirarlo a los ojos.

Sin prestar atención a mi comentario, me dijo:

—¿Adónde fueron?

—A ver una película, papá. Buenas noches.

—Déjame preguntarte esto: ¿El cine tenía techo?

—Uf, bueno, no, papá, no tenía techo.

—Estás castigado por una semana —dijo como un hecho cierto.

—Está bien, papá. Buenas noches.

—Una cosa más... ¿La película era prohibida?

Subí dos escalones más.

—Uf, bueno, era para mayores de diecisiete.

—Entonces son dos semanas de castigo.

—Buenas noches, papá.

—Buenas noches, Jim.

No hubo ninguna discusión, porque no había nada que discutir. Conocía las reglas y las había roto. Las consecuencias se implementaron, así que no discutimos.

Prepararse con antelación para las grandes lecciones de la vida también es una manera excelente de enseñar sin sermonear. Intento reforzar las lecciones que Dios les da a mis hijos para que las recuerden. Considera la carrera universitaria de Joshua. No es el chico promedio. Sobresale en la oratoria pública; a los veinte años, es un hábil evangelista. Sin embargo, no sobresalió en el instituto. Se graduó con un promedio de 2,1 y, como resultado, decidió inscribirse en un programa de aprendizaje a distancia por Internet, a través de la universidad *Liberty*. De esa manera viviría en casa, estaría libre para evangelizar y mejoraría también sus logros académicos.

Entonces mediante una serie de acontecimientos organizados en forma maravillosa, a Joshua le ofrecieron la oportunidad de asistir al Instituto Bíblico Moody en Chicago. Era un sueño hecho realidad para un chico como Joshua. Sus intereses y talentos se ajustaban al programa de estudios del Moody. Sin embargo, el expediente académico de Joshua no se adecuaba a los requisitos del Moody; para ser alumno del instituto, por lo menos hay que tener un promedio de calificaciones de 3,8. No había razón alguna para que aceptaran a Joshua en una escuela de ese calibre. Con todo, había una razón celestial: Dios lo quería allí.

Josh y yo hablamos mucho acerca de esto: es como una miniserie de momentos de enseñanza oportuna. Hablamos de que cuando Dios tiene un plan para tu vida, no importan los obstáculos. Dios te abrirá el camino, así como lo hizo con el Moody para Joshua. Vimos cómo la mano de Dios movía los obstáculos y colocaba a Josh en el lugar en el que tenía que estar. Fue como ver a Dios abrir el Mar Rojo en su vida personal, y no quiero que lo olvide.

Como hablamos del asunto en un tono positivo, cotidiano e informal, es probable que nunca esté tentado a darle un largo sermón acerca de la providencia de Dios. Abordamos esas grandes lecciones de día en día, de conversación en conversación.

Menos es más

Cuando se trata de momentos de enseñanza oportuna, menos en el asunto implica que se recordará más, y la retención es la clave. De esta manera evitas darles demasiada información a tus hijos y escuchar las temidas palabras: *Qué aburrido*.

A mi hija Danielle (de Marianne), le encanta ver el programa de televisión *Antiques Road Show*, y admito que hay cierto suspense cuando alguien lleva, digamos, una vieja muñeca alemana de porcelana y los ojos del tasador se salen de las órbitas al reconocer la marca distintiva del fabricante. Luego describe con calma la condición de la muñeca, cuenta su historia, hace un comentario halagador sobre el vestido de encaje y entonces, el momento que estuvimos esperando, ¡declara el valor!

A veces está dentro de los miles; otras veces es tan bajo como veinticinco dólares. A pesar de eso, sin importar el cálculo aproximado del precio, es satisfactorio obtener una respuesta concreta al final del suspense.

Una noche, luego de ver el programa, estaba a punto de mandar a Danielle a cepillarse los dientes. En ese momento, me di cuenta de una verdad. «Oye», le dije, «si estuvieras en el programa y Jesús fuera el tasador, ¿qué valor te daría?».

En su cara se dibujó una sonrisa de felicidad y confianza. «¡No tengo precio!».

Una pregunta sencilla sin suspense, sin sorpresas. Sin embargo, no pude resistir usar el momento para recordarle en una forma única que Jesús la valora.

Ve con la corriente de Dios

Cuando tus hijos estén en una situación de aprendizaje, relájate y deja que las circunstancias de la vida enseñen y tú aplaude desde afuera.

Luego de diecisiete años de empleo en la misma empresa, despidieron a Ray F. Sin posibilidades de trabajo a la vista, tuvo que administrar sus ahorros y sus tres hijos mayores tuvieron que alterar su estilo de vida. Tuvieron que empezar a usar su propio dinero en cosas que antes pagaban él y su esposa, Jean. He aquí más de su historia:

He tenido que observar a mis hijos luchar con el deseo de comprar un refresco de cincuenta centavos de una máquina, mientras sabían que si esperaban, podrían comprar un litro por un dólar. Y si esperaban, a veces se daban cuenta de que podían vivir sin refrescos. También, con regularidad nos ofrecemos como voluntarios para dar de comer a los desamparados en el refugio de la Cruz Roja local. Cocinamos y luego llevamos la comida al refugio. Una vez, vimos a una de las familias de la iglesia viviendo en ese lugar. A través de estas experiencias, mis hijos han aprendido a no dar nada por sentado y a darle gracias a Dios por lo que nos ha dado a través de esta prueba. De ninguna manera podría haberles enseñado lo que aprendieron a través de esas experiencias de vida. Ahora pueden distinguir entre las necesidades y los deseos, entre el valor y la falta de valor de ciertas cosas y han sido testigos de muchas oraciones contestadas.

He visto madurar a nuestro Michael, de trece años. Ganó sesenta dólares por ayudar a un vecino a pintar su casa, y lo primero que hizo fue donar el diez por ciento a la iglesia. Me sorprendió que lo hiciera, ya que tenía que costear sus actividades y sus gustos.

Ahora que tiene un nuevo trabajo, Ray dice: «Lo difícil va a ser mantener todas las lecciones aprendidas». ¿Será tan difícil? ¿O será más sencillo ahora que antes de que los niños pasaran por estas pruebas? Los últimos meses le trajeron a la familia de Ray una enorme variedad de temas para hablar y usar como puntos de referencia para conversaciones futuras. Si Ray y Jean captan esas lecciones y las transforman en momentos de enseñanza oportuna, pueden reforzar lo que Dios les enseñó a sus hijos. Ray y Jean pueden afirmar y estructurar las sólidas lecciones de vida que aprendieron sus hijos, solo con recordarles lo que hizo Dios. Sin desorden, sin escándalos, sin ningún sermón molesto.

La enseñanza intencionada

Para incluir a Dios y las verdades bíblicas en las conversaciones cotidianas, no hacen falta tres puntos, ni enfatizar con el puño en el púlpito; ni siquiera tienes que sacudir un dedo. Beth Weeden recuerda una vez en que imprimió en su hijo, entonces en quinto grado, una verdad acerca del compromiso:

Estaba muy involucrada en la organización de padres y maestros. Como vicepresidenta de la recaudación de fondos, lamentaba el compromiso a medida que se acumulaban las actividades de fin de año. Estaba demasiado ocupada. Al ver mi frustración, Matt me preguntó: «¿No puedes renunciar?».

Le expliqué: «Cuando aceptas un compromiso, tienes que seguir adelante, aun cuando quizá quieras dejarlo».

A través de ese y otros momentos, Matt aprendió la manera de cumplir con sus compromisos. En el último año del instituto, tuvo papeles importantes en dos obras de teatro: *El violinista en el tejado* y *Contra corriente*. Cuando llegó la primavera, quiso abandonar el teatro porque tenía una agenda exigente y por la energía emocional que necesitaba para llevarse bien con el resto del reparto. Aun así, siguió adelante, y en la última presentación, mi esposo y yo aplaudimos no solo por su gran habilidad para actuar, sino también por su autodisciplina.

Los padres pueden tener una agenda más estructurada y, aun así, mantener la atención de sus hijos mediante una buena lección con propósito. Albert Yeh cuenta acerca de una lección que le enseñó a sus hijos mientras se preparaba para la temporada de béisbol:

Le compramos un guante nuevo a mi hijo, Kyle, de once años de edad. En una cálida tarde de domingo, Kyle, mi hija

¿Quejarse o no quejarse?

El Sr. X es uno de esos profesores inconformistas a los que no les importa lo que piense la gente de ellos. Lo tuve en la clase de estudios sociales e historia durante mi segundo año del instituto.

Un viernes por la tarde, el Sr. X disertó acerca del nacimiento del cristianismo, basado en la crítica de las formas y las fuentes, que analiza los escritos bíblicos a la luz de otras obras literarias antiguas y de tradiciones orales. Este método de análisis puede llevarnos a creer que lo que dice la Biblia no es fidedigno. No estuve de acuerdo con muchas de sus conclusiones. Durante la clase, algunos de mis compañeros cristianos comenzaron a alterarse, casi al punto del llanto, pero yo guardé silencio.

Al día siguiente, camino a una actuación de la banda escolar, algunos de mis amigos de la clase me preguntaron por qué no dije nada para defender mi fe. (En otras ocasiones, me había hecho oír). Les dije que no estaba preparado con argumentos sólidos y que no quería quedar como un tonto.

El domingo, hablé con mis padres. Me alentaron a preparar mis argumentos en forma racional y concluyente. No querían que el Sr. X me menospreciara por ser joven y querían que diera

Moriah, de cinco años, y yo trabajamos juntos frotando aceite en el cuero a fin de ablandar el guante nuevo. Los dos niños se asombraron al ver cómo el guante comenzaba a ablandarse con cada aplicación de aceite y calor, y cuánto más fácil era adaptar el guante a la forma de la mano del dueño. Luego del tratamiento, fue mucho más fácil atrapar una pelota.

Les dije a los niños que un guante nuevo es duro y obstinado. Aunque los guantes están diseñados para atrapar pelotas de béisbol, a menudo parece como si el guante quisiera ponerse en contra de nosotros al no doblarse como quisiéramos. Esto dificulta su función.

Los cristianos son como un guante nuevo. Dios tenía un propósito en mente cuando diseñó a cada persona, pero al igual que el guante sin ablandarse, a menudo peleamos

un buen ejemplo; en esencia, es lo que dice la Biblia que hay que hacer, en 1 Timoteo 4:12: «Que nadie te menosprecie por ser joven. Al contrario, que los creyentes vean en ti un ejemplo a seguir en la manera de hablar, en la conducta, y en amor, fe y pureza». El domingo pasé seis horas preparando una presentación de PowerPoint con veinte diapositivas. Traté el tema de la crítica de las formas y de las fuentes y desarrollé una manera más conservadora de abordar los textos bíblicos. Mientras lo hacía, otros padres intentaban meter en problemas al Sr. X, presentando quejas al director. El lunes, le dije al Sr. X que tenía algunos problemas con los temas de los que habló el viernes. Le di la transcripción de mi presentación para que la viera con antelación y le pregunté si podía usar tiempo de la clase para presentarla. Me dijo que sí e incluso me ayudó a buscar el proyector. Me cedió toda la clase y seguimos siendo amigos. A través de esta situación, mis padres me ayudaron a aprender la manera de mostrar desacuerdo sin ser desagradable; me di cuenta de que se necesitaba más trabajo que quejas, las que de todas manera no hubieran tenido ningún efecto en un profesor difícil como el Sr. X. A la larga, la preparación valió la pena.

Peter Sidebotham

en contra de su voluntad. Solo si cedemos a su cálido amor, comenzamos a tomar la forma que Él quiere que tengamos, y al ajustarnos a la mano de Dios, seremos capaces de servirle con más eficiencia.

Haz divertida la enseñanza

En general, mi hija Danielle (de Marianne) se comporta bien; pero de vez en cuando tiene sus momentos. Un día, fuimos a comprar útiles escolares antes de nuestra cita planificada. En el auto, comenzó a pedir algo y a lloriquear, comportamiento que no tolero de ninguna manera. Cuando se lo señalé, se amilanó y dijo: «Perdí el privilegio de la salida, ¿no es cierto?».

Con un singular arrebato de sabiduría, le dije: «No. Nunca perderás tus salidas conmigo. Las citas no son una recompensa por un buen o mal comportamiento; salimos porque eres mi hija y necesito estar contigo. Siempre te amaré, no importa lo que hagas. Además, Dios nunca se alejaría de mí si quisiera estar cerca de Él. Quiero amarte de la misma manera que me ama Dios».

Eso separó las salidas juntas de los privilegios, que pueden quitarse como consecuencia de una acción. Salimos juntas debido a su posición como mi hija, no como resultado de sus capacidades o acciones. Debido a la seguridad y confianza que representan las salidas para Danielle, atesoramos cada vez más esos momentos. Hace poco, miramos juntas una película de acción en casa, en una de nuestras citas; y en ese ambiente acogedor e informal, hablamos de los temas de la película: la justicia, la venganza, el cumplimiento del deber, los cambios de la adolescencia y el uso de los dones para el beneficio de los demás. Las conversaciones se presentaron con naturalidad y Danielle fue quien las inició. En medio de un ambiente cálido y divertido, es más probable que haga preguntas y que esté dispuesta a mis respuestas.

Si tienes un episodio de enseñanza formal, agrega algo de diversión. A continuación veremos dos ejemplos que han usado los Weidmann para enseñarles a sus hijos una verdad específica de una forma divertida e inolvidable:

1. Jim les pidió a sus hijos que se pararan uno junto al otro y les colocó un globo de agua entre los hombros. Luego les pidió que

llevaran el globo hasta cierta distancia, con el solo uso de la presión de los hombros, sin las manos. Cuando terminaron y se acabó la inevitable guerra de agua, pudo enseñarles el concepto basado en Mateo 11:27-30: cuando estamos dentro del mismo yugo de Dios, vemos lo que ve Él, sentimos lo que siente Él.

2. Jim trajo a los niños, uno por uno y con los ojos vendados, y les pidió que extendieran las manos a fin de colocarles un objeto. Era frío, viscoso y tenía una textura extraña.

—¿Cuál crees que es la cosa más poderosa de la tierra? —preguntó.

—Una bomba —fue la respuesta en general.

—No —les dijo—. Es esto. Lo que están tocando es tan poderoso que solo lo puede controlar Dios. ¿Qué es?

Los niños sostenían una lengua de vaca de casi un kilo y medio (puedes conseguir una en la sección de comida congelada) y la usó para enseñarles la lección de Santiago 3:8, que dice que la lengua no se puede controlar sin la ayuda del Espíritu Santo.

Las preguntas son mejores que las respuestas

A veces, hacerles preguntas a tus hijos es mejor que darles respuestas.

—¿Jesús murió en la cruz como murió Frogger en el agua? —preguntó Justin, de casi cuatro años.

Era su intento de entender un videojuego donde el personaje principal, una rana, tiene cinco vidas por juego.

—Sí —le dije (Marianne) vacilante.

—No te preocupes —dijo—. Jesús va a volver al igual que Frogger.

—¿Frogger es real? —le pregunté.

—Sí.

—¿Jesús es real? —le pregunté.

—Sí.

Luego intenté explicarle la diferencia entre Jesús, a quien Justin nunca vio, y el visual Frogger, al que ve muchísimo.

A través de las preguntas, podemos aprender acerca de nuestros hijos y averiguar lo que necesitan saber. El uso de preguntas en lugar de sermones para enseñarles a nuestros hijos logra tres cosas:

1. Edifica la relación.
2. Comienza una conversación.

3. Hace que la información sea específica para lo que necesitan saber tus hijos en ese preciso momento.

Si quieres comenzar una conversación con tus hijos, aquí tienes algunos temas y preguntas sugeridas para que empiecen a mover la lengua. (Las preguntas se orientan para niños a partir de los doce años. Para los niños menores, vuelve a formular las preguntas de forma que puedan entenderlas y sé selectivo en cuanto a los temas).

La escuela

- ¿Alguien contó un buen chiste hoy? ¿De qué se trataba?

- ¿La maestra estaba de buen humor? ¿Cómo te diste cuenta?

- ¿Cómo se comporta tu maestra cuando está de mal humor?

- ¿Qué es lo que tu maestra hace mejor?

- ¿Qué no te gusta de tu maestra?

- ¿Cómo se las arregla tu maestra para mantener a la clase bajo control? ¿Es eficaz lo que hace? ¿Qué podría cambiar? ¿Qué cambiarías si estuvieras en su lugar?

- Si fueras la maestra, ¿cómo habrías manejado la clase?

- ¿Con quién hablaste hoy? ¿Acerca de qué hablaron?

- Si Jesús fuera el director de la escuela, ¿qué haría?

- ¿Qué hubo de especial en este día de clases que hizo que fuera diferente de todos los demás?

- ¿Qué podrías haber hecho hoy para cambiarle el día a alguien?

- Si te dieran a elegir entre obtener cinco centavos cada vez que escuchas a alguien decir algo lindo o cinco centavos cada vez que alguien dice algo desagradable, ¿qué elegirías? ¿Cuánto tiempo te llevaría juntar cien dólares?

- ¿Qué es lo que mejor haces en la escuela? ¿Cómo te das cuenta?

- ¿Qué sientes al hacer algo que te gusta y al hacerlo bien?

- Si pudieras hacer lo que quisieras a la hora del almuerzo, ¿qué harías?

- ¿Cuál de los adultos de la escuela es el más amable? ¿Qué hace que te agrada? ¿Cómo podrías ser más como esa persona?

- Si fueras el director de la escuela por un día, ¿qué harías?

- ¿Cómo te ayuda la escuela a realizar tus sueños?

Los medios de comunicación

- ¿Qué es lo que te atrae de esta forma de entretenimiento? ¿Por qué te gusta este estilo (o género o programa) en particular más que los demás?

- ¿Por qué escuchas o miras eso? (Si es porque los amigos lo hacen, pregunta: «¿Por qué tus amigos lo escuchan o lo miran?»).

- ¿Cómo te hace sentir esta forma de entretenimiento?

- ¿Los temas reflejan la realidad? ¿Reflejan la verdad? Si reflejan la realidad, ¿le quitan importancia a la maldad?

- ¿Cómo son los mensajes transmitidos en comparación con los valores que te enseñaron en casa o en la iglesia?

- ¿Crees que estos mensajes afectan lo cerca que te sientes de tu familia, de tus amigos o de Dios? Sí o no, ¿por qué?

- ¿Estarías cómodo si Jesús se sentara a escuchar o a mirar esto contigo? ¿Crees que se preocuparía o disfrutaría este entretenimiento en particular?

- ¿Este entretenimiento refleja alguna opinión acerca de Dios? ¿Cuál?

- ¿Qué pasaría si imitaras los estilos de vida y las decisiones de los personajes de esta canción o de este programa?

- Según tu opinión, ¿cuál sería un entretenimiento inadecuado? ¿Adónde trazas la línea? ¿Adónde traza la línea la Escritura? ¿Es lo mismo?

- ¿Cómo te sientes al saber que al comprar un CD, al ir a ver una película o al ver un programa de televisión apoyas las ideas que promocionan?

Los amigos

- ¿Cuál es el estudiante o amigo más amable de tu clase o de tu grupo de amigos? ¿Qué hace que te agrada? ¿Por qué quieres ser amigo de esa persona?

- ¿Quién es el chico menos popular de la escuela? ¿Cómo se siente ese chico cuando está en la escuela?

- ¿Cómo lo tratas? ¿Cómo lo trataría Jesús?

- Si te pasara algo que te diera mucha vergüenza, ¿cuál de tus amigos crees que no contaría tu secreto? ¿Cómo lo sabes?

Palabras selectas

—¿Para Dios somos como títeres? —me preguntó Isaac el lunes.

—No. ¿Por qué lo preguntas?

No contestó.

Saqué un títere de dedo y me lo puse.

—¿Ves? El títere tiene que hacer lo que yo quiera.

Luego le puse el títere en el dedo, mientras le explicaba que podía obligar al títere a que lo quisiera o que podía dejarlo elegir qué hacer.

—¿Qué prefieres? ¿Que el títere esté obligado a quererte o que pueda elegir?

—Que esté obligado.

¡Vaya! Decidí que tenía que ofrecer una perspectiva diferente. Alcé a Isaac y lo sostuve en alto.

—Ahora tienes que quererme. Estás obligado, obligado y obligado —le dije.

Se retorció y quiso bajarse. Lo bajé y le dije:

—Ahora bien, si quisieras, no estarías obligado si no quieres hacerlo, pero si quisieras dármelo, me gustaría mucho que me dieras un abrazo.

Sonrió y me abrazó. Luego dijo:

—Decido amar a Dios —y se fue dando saltitos.

Katherine Grace Bond

- Si fueran al centro comercial todos juntos, ¿cuál de tus amigos crees que podría incitarte a robar? ¿Quién crees que diría: «Eso es malo»?

- ¿Cuál es la persona en la escuela que tiene menos probabilidades de meterse en una pelea? ¿Por qué elegiste a esa persona? ¿Te gustaría parecerte más a esa persona?

- Quiénes son cristianos en tu aula? ¿Cómo te das cuenta?

- ¿Adónde almuerzas? ¿Quién se sienta contigo?

- ¿Quiénes son las tres personas más importantes para ti? ¿Hablaste con ellas hoy? ¿Acerca de qué?

- En tu clase o entre tus amigos, ¿quién es el más infeliz? ¿Cómo lo sabes? ¿Qué puedes hacer por esa persona?

- ¿Cuál de tus amigos te da los mejores consejos? ¿Por qué elegiste a esa persona? ¿El consejo se basaría en la Biblia? Si no es así, ¿en qué se basaría?

- ¿Qué normas tienes para elegir amigos? ¿Cuál de tus amigos se acerca más a esa norma? ¿Quién se aleja más?

- ¿Quieres tener más amigos? ¿Por qué?

- ¿Qué se siente cuando un amigo te decepciona? ¿Jesús te decepcionaría alguna vez?

La familia

- Si tuvieras un millón de dólares para gastar en unas vacaciones con tu familia, ¿adónde irías y qué harías?

- Si diseñaras una casa nueva para la familia, ¿cómo la dibujarías? (O pídeles que dibujen la casa).

- Si Jesús fuera tu hermano, ¿cómo te trataría?

- Si tú fueras Jesús, ¿cómo tratarías a (nombre del hermano)?

- ¿Qué podrías hacer para tratar a (nombre del hermano) como lo haría Jesús?

- ¿Qué harías si estuvieras a cargo de la enseñanza bíblica en esta casa?

- ¿A veces sientes que todos están demasiado ocupados para prestarte atención? Cuéntame cómo te sientes al respecto.

- ¿Qué es lo que esperas con mayor anticipación de este fin de semana con la familia?

- ¿Cuál es la actividad familiar que menos te gusta?

- ¿Eres más feliz en casa o en la escuela (o en la iglesia, en la práctica de fútbol; ya te das una idea)? ¿Por qué?

- Dime alguna vez que haya hecho algo que te gustó mucho. ¿Qué te hizo sentir?

Los pasatiempos

- ¿Qué es lo que te gusta de tu pasatiempo? ¿Cómo te sientes cuando te dedicas a él?

- Si pudieras elegir entre dedicarle tiempo a tu pasatiempo o asistir a la iglesia, ¿qué elegirías? ¿Por qué?

- Si Jesús participara en tu pasatiempo, ¿lo haría de manera diferente? ¿Cómo lo usaría para ayudar a otros? ¿Cómo puedes usarlo tú para ayudar a otros?

- ¿Hay alguna manera de ganar dinero a través de tu pasatiempo? ¿Así sería más divertido? Sí o no, ¿por qué?

- ¿Tienes planes para tu pasatiempo? ¿Cuáles? ¿Cómo puedo ayudarte?

- ¿Le dedicas suficiente tiempo a tu pasatiempo? ¿Cuánto tiempo sería suficiente? ¿Cuánto tiempo sería demasiado? ¿Cómo tomas esas decisiones?

La iglesia

- Si pudieras elegir entre ver tu película favorita e ir a la iglesia, ¿qué elegirías? ¿Por qué?

- Cuéntame acerca de un buen momento que pasaste en la iglesia. ¿Cómo te sentiste?

- Cuéntame acerca de un mal momento que pasaras en la iglesia. ¿Cómo te sentiste?

- ¿Tu maestra de la Escuela Dominical o líder del grupo de jóvenes ama al Señor? ¿Cómo te das cuenta?

- Si tu maestra de Escuela Dominical o líder de jóvenes está de mal humor, ¿cómo te das cuenta? ¿Cómo te hace sentir?

- Si Jesús estuviera a cargo de tu clase de la Escuela Dominical o grupo de jóvenes, ¿actuaría de otro modo? ¿Qué haría? ¿Qué es lo que haría de la misma manera?

¿Cuál es tu límite?

Un día, a Janae la invitaron dos de sus amigos para ir a ver una película. La llevé hasta el cine y seguí camino al taller para reparar el auto a fin de terminar un trámite. Mientras estaba allí, sonó mi teléfono celular. Contesté; era Janae.

—Hola, papá —dijo—. Necesito que vengas a buscarme.

Eché un vistazo a mi reloj.

—Mi amor, ¿dónde estás? —le pregunté, confundido.

—Todavía estoy en el cine, papá. Salí antes de que terminara la película.

—¿Por qué?

—Usaron el nombre de Dios en vano.

Hizo una pausa mientras yo recordaba la conversación que tuvimos unas semanas antes. Hablamos de escoger un límite que indicara dónde una acción deshonra a Dios... De forma específica, hablamos de las películas, los vídeos y la televisión. Le dije que usar el nombre de Dios en vano era mi límite. Si lo escuchaba, me iba de la película. Y ahora mi hija había hecho lo mismo.

—Eh... papá —dijo con voz tranquila—, quiero que sepas que me siento muy mal, porque me fui solo después que lo usaron dos veces.

Me reí entre dientes.

—Ay, mi amor —la tranquilicé—. Dios sonríe porque entiendes el mensaje.

J.W.

- ¿Cómo podrías colaborar para hacer que la iglesia sea más interesante y que puedas invitar a tus amigos?

- ¿Qué les atraería de nuestra iglesia a tus amigos? ¿Qué no les atraería?

- ¿Tus amigos de la iglesia aman a Dios? ¿Cómo te das cuenta?

- ¿Te gustan más tus amigos de la iglesia o los de la escuela? ¿Por qué?

- ¿Qué te gustaría hacer en la iglesia cuando crezcas? ¿Qué te parece divertido?

- Si Jesús se mudara a nuestra ciudad, ¿asistiría a nuestra iglesia? Sí o no, ¿por qué?

- ¿La gente de nuestra iglesia ama a Dios? ¿Cómo te das cuenta?

El mejor ejemplo

Si en verdad quieres enseñarles a tus hijos a conectarse con Dios sin sermonearles, tienes que lograr que se den cuenta de que Dios es relevante para sus vidas y que tiene un propósito en sus planes. Eso los exhortará mejor que cualquier otra cosa y aprenderán más a través de esa experiencia que por cualquier otro método de enseñanza.

Siempre aliento (Jim) a mis hijos a que si viven su fe, Dios los recompensará con gozo. He aquí un ejemplo: Hace un tiempo, estaba un poco preocupado por el baile escolar de Janae. Comenzaba a darme cuenta de cómo eran las citas desde el punto de vista de una muchacha. Desde mi punto de vista, el muchacho siempre tenía el control; podía invitar a alguien o no, pero al menos tenía la opción. Las muchachas esperan. Luego esperan un poco más. No tienen opción si nadie las invita. A cada momento se preguntan si cumplen con los requisitos, si alguien se fijará en ellas, si alguien les hará la pregunta importante.

Janae me llamó un día al trabajo y su voz se desbordaba de gozo.

—¡Papá, tengo que contarte algo! —me dijo.

Apuesto a que la invitaron al baile. ¡Algún chico comprendió lo maravillosa que es! Casi digo algo acerca del baile, pero en lugar de eso, mascullé:

—¡Cuéntame!

—Se me acercó una chica en clase y me dijo: "¿Por qué estás siempre tan feliz?", y le contesté: "Porque tengo una relación personal con Jesucristo", y ella me dijo: "Creo que también necesito una".

Alguien se había percatado de Janae. Alguien le había hecho la pregunta importante.

Janae estaba más emocionada por tener un propósito y una relación de compañerismo en el reino de Dios que si mil muchachos la hubieran invitado al baile. Aprendió más acerca de estar dentro de la voluntad de Dios en ese momento que lo que aprendió en cualquier noche familiar o momento de enseñanza. Y ahora, es un ejemplo para otros; está enseñando sin sermonear en su escuela.

capítulo cinco

Una buena relación:
El primer componente del
momento de enseñanza
oportuna

El primero y más importante componente de un momento de enseñanza oportuna con éxito es una buena relación entre padre e hijo. Ya hemos visto que los niños y los adolescentes desean pasar tiempo con sus padres, y que el tiempo que pasamos con nuestros hijos brinda oportunidades para usar momentos de enseñanza oportuna. La relación es lo que crea el ambiente a fin de que los momentos de enseñanza oportuna den fruto espiritual.

La correlación entre las relaciones y el uso de los momentos de enseñanza oportuna se puede ilustrar con el éxito de los hermanos Kellogg en 1894. Su meta principal era crear un nuevo tipo de galleta semejante a la barra de *granola*, pero de maíz. Luego de preparar una mezcla, la enrollaron y la dejaron secar. Cuando regresaron a la cocina, descubrieron que la mezcla se había endurecido. Como no querían desperdiciar el alimento, los hermanos la pusieron a la fuerza en el rodillo, intentando hacer una lámina larga de masa. La mezcla seca se rompió en copos. De ese modo, nació el primer cereal para el desayuno.

Luego de trabajar con diligencia para alcanzar una meta, los hermanos Kellogg transformaron el ingrediente básico del maíz en un producto nuevo que cambió la manera de pensar de los estadounidenses acerca del desayuno.

Si los padres trabajan con diligencia para entablar una relación con sus hijos, es casi seguro que verán cómo los ingredientes esenciales de una buena relación se transforman en algo de mayor valor espiritual. Los momentos de enseñanza oportuna pueden crear un producto nuevo, la conciencia espiritual, que cambie la manera de pensar de tus hijos acerca de Dios.

La relación con tu hijo es la base de cualquier enseñanza exitosa; el respeto, la obediencia y la formación espiritual ocurren en el contexto de la relación. Es por eso que Efesios 6:4 dice: «Padres, no hagan enojar a sus hijos, sino críenlos según la disciplina e instrucción del Señor».

Para darte un ejemplo de lo fundamental que es la relación para la dirección espiritual, lee este breve argumento y responde la pregunta al final.

Estás en el auto camino al ensayo de violín. Los menores están dormidos en sus asientos. Oyes que una vocecita dice algo desde atrás, pero no puedes distinguir las palabras. Apagas la radio.

«¿Qué sucede?», dices, dándote vuelta un poco, pero con el ojo en la calle.

«Ya nadie quiere a Alison en la orquesta», dice tu hijo. «Es mandona ahora que es el primer violín».

Le respondes:

a. *«Bueno, entonces mantente alejado de ella».*
b. *«He estado en situaciones como esa. ¿Quieres contarme qué pasó hoy en la orquesta?»*
c. *«Oye, ahora Alison es tu líder. La Biblia dice que debes obedecer a los que gobiernan. Así que sé humilde y supera esta situación».*
d. *«Mi amor, silencio, por favor. Estoy tratando de manejar».*

Si tu respuesta fue alguna que no sea la *b*, perdiste la oportunidad de mejorar la relación con tu hijo y de aprovechar un momento de enseñanza oportuna. Todas las demás respuestas cierran la conversación y, por lo tanto, arruinan la oportunidad de que te enteres de lo que sucede en el corazón de tu hijo.

La respuesta *a* le da a tu hijo una solución para el problema, pero no aprenderá nada acerca de las relaciones y del perdón. Tampoco ayuda a que la criatura considere las opciones y elija la respuesta más bíblica.

La respuesta *c* se parece mucho a un sermón y tal vez no trate el verdadero problema que hay detrás de la declaración de tu hijo. ¿Y si lo que se está preguntando es cómo alentar a Alison? ¿Y si quiere dejar la orquesta? ¿Y si quiere intentar llegar a ser el primer violín? La opción *c* podría ser parte de tu respuesta, pero la forma en que se

Recuerdos de momentos de enseñanza oportuna #2

- «Siempre tuvimos devocionales familiares. Mi papá leía algo del libro *Character Sketch*, que cuenta historias de animales y de cómo despliegan ciertas cualidades que todos tendríamos que imitar. Además, mi papá y mi mamá siempre estaban accesibles y dispuestos a tener conversaciones espirituales profundas conmigo. Querían saber qué me enseñaba Dios».

- «Mi papá nos rotaba a los chicos para llevarnos a desayunar los domingos por la mañana. Hablábamos acerca de lo que ocurría en nuestra vida. También conversábamos después de almorzar los domingos, acerca de nuestra vida espiritual y de dónde nos encontrábamos».

- «Mi padre me llevó a un campamento para padres e hijos de una semana en California. Pasamos un tiempo especial y se fortaleció nuestra relación. Además, crecimos de manera espiritual en ese tiempo y nos ayudamos rindiéndonos cuentas el uno al otro».

- «Desde que estaba en cuarto o quinto grado hasta el instituto, papá y yo nos levantábamos a las seis de la mañana y nos leíamos el uno al otro [libros de temas bíblicos]. Estos momentos especiales me enseñaron la importancia que tiene el tiempo diario con el Señor. Siempre los atesoraré porque son solo de mi papá y míos, de nadie más. Tenía toda su atención».

- «Cuando estaba en octavo grado, tenía una verdadera lucha al saber que Dios estaba tocando la puerta de mi corazón, pero no sabía qué hacer al respecto. Mamá me llevó a su habitación y me guió en oración pidiéndole a Cristo que viniera a mi vida».

expresa traba una conversación posterior y dificulta la apertura de tu hijo a la respuesta.

La respuesta *d* le dice en forma indirecta a tu hijo que no es importante, y eso quizá entorpezca el desarrollo de tu relación. Perdiste un momento que tal vez nunca recuperes. Si en verdad no puedes manejar y hablar al mismo tiempo, una mejor respuesta sería: «Parece que tienes algo en mente. Para mí es muy importante escucharte, pero en este momento tengo que concentrarme en manejar. ¿Podemos hablar en cuanto termine el ensayo?».

La respuesta *b* le dice a tu hijo que te interesa lo que piensa y sus problemas y que tuviste una experiencia similar. Le dice que te importa lo que sucede en la orquesta y que puedes identificarte con su dolor emocional. También te da la oportunidad de averiguar qué lección, si hay alguna, está listo para aprender. La respuesta *b* refleja que te interesa la relación, el intercambio de ideas, en llegar a conocer

La batalla de las botas

Uno de los mejores consejos para la crianza que me dieron en la vida fue «elegir mis batallas». Nadie tiene la energía emocional para pelear con los hijos por todo lo que sucede, así que los padres sabios guardan reserva para las grandes batallas que pueden tener consecuencias eternas. Por ejemplo, no elijo la ropa de mi hija. Mientras sea decente y adecuada para la ocasión, puede ponerse ropa del color y el estilo que desee (y que podamos pagar). En este momento está en una etapa poco femenina, así que compramos en la sección para varones. No tengo problema, porque los pantalones cortos son largos y las camisetas son anchas. No hay ningún problema de identidad sexual, debido a su delicada complexión y a su larga e inquieta cola de caballo. Si le preguntas a Danielle, te dirá que mi actitud tranquila con relación a su ropa es una de las cosas que más aprecia de mí. Ha hecho maravillas para que mantengamos una relación sin complicaciones durante los primeros años de la enseñanza media.

Cuando tuve a los gemelos, no pensaba que tendría problemas con la ropa hasta que fueran adolescentes. Y entonces Kendrick a tu hijo y que estás dispuesto a hablar de ti mismo. Es la respuesta que dice que la relación entre padre e hijo está en primer lugar y el aprendizaje en el segundo.

¿Qué efecto tienen las buenas relaciones en los momentos de enseñanza oportuna?

Regla relacional #1: El establecimiento de intereses en común crea oportunidades para los momentos de enseñanza oportuna.
A mi hija Danielle (de Marianne), no la apasionan los pasatiempos; no le interesa aprender música, no juega al ajedrez durante mucho tiempo y el *softball* no le atrae mucho. Sin embargo, nos gusta jugar a las cartas y leer los mismos libros. ¿Qué hacen tú y tu hijo que ambos disfruten? Este tipo de actividad no tiene por qué ser costosa, consumir demasiado tiempo ni exigir destreza intelectual. Lancen una pelota,

cumplió dos años y se enamoró de sus botas de lluvia de un color rojo vivo. Si dejaba abierta la puerta del armario de su habitación y las veía, se las ponía y no se las quitaba sin pelear. Las usaba en todas las estaciones, las llevaba a cualquier actividad. Al principio, intentaba lograr que se cambiara antes de salir, pero no valía la pena pelear. Es verdad que se veía un tanto ridículo y el plástico hacía que los pies tuvieran olor a cebollas pasadas, pero las botas no tenían nada malo en lo moral, así que me di por vencida.

Me alegra que me decidiera a rendirme. Esas botas eran muy importantes para él. Cuando se las ponía, sonreía, estaba orgulloso. La mayoría de las miradas que recibió fueron amistosas y una vez oí por casualidad a un chico que decía: «No puedo creer que lo dejen ponerse esas botas para venir a la iglesia. Qué buena es su mamá».

Me pregunto: ¿De aquí a diez años importará el hecho de que se puso las botas para ir a la iglesia? Y mi respuesta: Sí. Sabrá que las relaciones son más importantes que los zapatos.

mkh

jueguen al Monopolio o tengan una suscripción a una revista de cocina. Si no se te ocurren por lo menos tres cosas, pregúntale a tu hijo lo que quiere hacer, y prueben cosas nuevas hasta que encuentren un interés mutuo.

Una vez que tengan intereses en común para hablar, podrán ampliar la conversación hacia otros temas, incluyendo cosas espirituales. Los momentos de enseñanza oportuna comenzarán a tomar forma de manera natural y fortalecerán el lazo de unión entre padre e hijo. Cuando prestas atención a los intereses especiales de tu hijo, se da cuenta de que te interesas por él de manera especial.

Kari Krager nos cuenta acerca de la vez que descubrió un momento de enseñanza oportuna cuando se interesó en la pasión de su hijo por el antiguo Egipto. He aquí «La estafa de la pirámide»:

> Estaban pasando un documental acerca del antiguo Egipto y las pirámides. Mi hijo de siete años y yo nos sentamos extasiados mientras el presentador explicaba la historia de las pirámides; pronto se puso a hablar sobre la torre de Babel y a mostrar un primer plano de algún texto de Génesis. Partes de la «historia» me parecían extrañas, y después que terminó el programa tomé dos Biblias. Perry y yo leímos en voz alta Génesis 11 en las dos versiones y descubrimos que el presentador no dijo toda la verdad. El programa mezcló hechos con especulación, pero no era la narración bíblica.
>
> Esa tarde mi hijo aprendió que no puedes creer todo lo que escuchas o lees, aun si es un programa «serio». Sabe que él mismo tiene que cotejar las cosas con la Biblia. Una asombrosa lección para aprender a los siete años, pero prefiero que mi hijo se desilusionara de la televisión y no de Dios.

Regla relacional #2: La diversión crea la atmósfera adecuada para los momentos de enseñanza oportuna.

Si tus hijos saben que puedes relajarte y jugar, te verán de una forma diferente, en especial si haces algo gracioso como envolver las bombillas en papel celofán de colores. Incluso los adolescentes aprecian un sentido del humor alocado y un cambio de ambiente, aunque quizá no lo muestren al principio.

Asegúrate de que existan en la vida de tu familia cuando vean una película, solo por diversión. Cuando tengan una guerra de agua, solo por diversión. Cuando armen una tienda de campaña y duerman en el patio, solo por diversión.

Aquí tienes más ideas:

- ¿Te gusta la comida rápida? La próxima vez que vayas, lleva a uno de los niños contigo, pero véndale los ojos primero. Vean si puede darse cuenta dónde están al hacerles preguntas al cajero.

- En la mesa del comedor tengan una competencia para ver quién puede crear la oración más larga con palabras que comiencen con la letra «B».

- Coloca colorante comestible verde en el jugo de naranja.

- Vayan a la biblioteca y revisen la música de las viejas películas de Disney. Canten las canciones en el auto.

- Aprendan a hablar con un acento fingido o inventen un idioma secreto de familia.

- Tengan una guerra de crema batida o de calcetines.

- Realicen una búsqueda del tesoro.

- Visiten una tienda de mascotas y sostengan una serpiente.

- Jueguen a los escondites afuera.

Una vez que comiencen a divertirse juntos, tus hijos estarán relajados y dispuestos: listos para un momento de enseñanza oportuna. (Véase el capítulo 6 para sugerencias acerca de cómo planear algunos momentos divertidos).

Jim Weidmann hace todo con un poco de fanfarria. En su casa, todos juegan al Pente, un juego de estrategia en el que se usan unos bonitos óvalos de vidrio como fichas. En lugar de jugar solo por diversión, Jim transformó los partidos de Pente en todo un acontecimiento, con solo un poco de esfuerzo. Tomó un viejo trofeo de lucha y le pegó dos brillantes esferas de Pente. El que gana el juego esa noche se queda con el trofeo hasta el próximo partido. Mientras el trofeo va de habitación en habitación, también lo hace la anticipación y el entusiasmo por el próximo partido de Pente.

Regla relacional #3: El desarrollo de reglas de la casa basadas en la Biblia crea un contexto para los momentos de enseñanza oportuna.
La disciplina o el control innecesario, legalista o al parecer caprichoso crean un obstáculo en el camino hacia una buena relación.

Pregúntate en qué se basa cada una de las reglas de tu hogar y elimina las que se puedan dejar sin comprometer las normas bíblicas. Por ejemplo, ¿es necesario en realidad que los niños pongan los zapatos en su habitación, o podrías ubicar una caja al lado de la puerta de entrada donde puedan dejarlos al entrar? ¿Es en verdad necesario sacar la basura antes de las seis de la mañana los sábados o tu adolescente puede dormir un poco más y sacarla a las ocho y quince? ¿Por qué tu hija no puede ponerse sus vaqueros preferidos para ir a la escuela cinco días seguidos si los lava por la noche?

Por supuesto, tu hija debe aprender a cuidar sus cosas y a ser una persona responsable, pero vuelve a evaluar las reglas de la casa y fíjate si puedes simplificarlas en categorías que reflejen valores bíblicos. En

La ley del hielo

Mis hijas tienen ahora dieciséis y doce años de edad. Casi siempre, se emocionan cuando llego a casa; el lugar se llena de charla. Entonces, cuando no paso suficiente tiempo con ellas, junto con el entusiasmo disminuye su confianza en mí. Por lo regular, tengo alrededor de una docena de preguntas que hacerles acerca de su día: preguntas relevantes para su mundo, no el mío.

Ahora, Janae está envuelta en el entusiasmo de la reunión anual de la escuela. Me enorgullece admitir que conozco el alboroto sobre quién irá y hasta los restaurantes a los que asistirán. Sé el nombre de los muchachos y las muchachas que asistirán juntos al baile. Si no estuviera pasando suficiente tiempo con Janae, ni siquiera sabría qué preguntar y no tendría conocimiento de esa información. Cuando no estoy en sintonía con mis hijas, me aplican la ley del hielo. Y si crees que a veces los adolescentes dicen cosas alarmantes, que no dicen nada en sí, es peor. Para mí, es incluso más alarmante, porque no sabes qué sucede.

lugar de cincuenta reglas, tengan cuatro o cinco basadas en rasgos positivos del carácter. Aquí tienes algunas sugerencias:

1. Pon a otros en primer lugar. Sé respetuoso.

2. Si lo usas, guárdalo. Sé responsable.

3. Trabaja antes de jugar. Sé aplicado.

4. Sé fiel a tu palabra. Sé confiable.

La simplicación de las reglas también ayuda a no tener que estar fastidiando todo el tiempo (lo cual no da resultados de todas maneras) y permite concentrarse en las verdaderas cuestiones, como la honradez o el respeto. ¿No es más provechoso hablar del valor de la mayordomía que de los calcetines sucios debajo de la mesa? Si tus reglas se basan en valores bíblicos, cuando las hagas cumplir hablarás de asuntos sustanciales, de causa y efecto, de la vida real, del carácter.

Si tienes reglas basadas en la Biblia se presentarán muchas oportunidades para momentos de enseñanza oportuna. Si tus hijos

Si has descuidado las conversaciones importantes con tus hijos, intenta usar estas preguntas iniciadoras:
- ¿Con quién te sentaste hoy a almorzar?
- ¿De qué hablaron?
- ¿Cuál fue el tema del día?
- ¿Pasó algo gracioso?
- ¿Alguien lloró hoy? ¿Por qué?

Una vez que comience la conversación, puedes usar las siguientes preguntas complementarias:
- ¿Cómo te sentiste cuando sucedió eso?
- ¿Por qué piensas así?
- ¿En qué te basas para tomar tu posición?
- Si tuvieras que volver a hacerlo, ¿qué cambiarías?
- ¿Qué hubiera hecho Jesús en esa situación? ¿Por qué?
- ¿Cómo crees que se sintió la otra persona?

J.W.

las aceptan y ven las razones que hay detrás de las reglas de la casa, es más probable que las respeten y las interioricen. Si puedes distender la tensión cuando disciplinas, tus hijos no se pondrán tan tensos cuando los aconsejes y es más probable que escuchen cuando presentes un momento de enseñanza.

En tu casa, es necesario que tengas un estándar para lo que está bien y lo que está mal. La regla general de mi casa (de Jim), proviene de Josué 24:15: «Por mi parte, mi familia y yo serviremos al SEÑOR».

Un día, cuando Jacob tenía unos quince años, estaba en su habitación escuchando música. Bajó las escaleras y dejó abierta la puerta de la habitación. Metí la cabeza para escuchar la música y pensé: *¡Esto no honra a Dios!*

Le pedí que subiera.

—Oye, Jake —le dije—. Escucha lo que dicen.

—Ay, papá —me dijo—, me encanta el ritmo; no escucho la letra.

Sí, claro, lo creo... Le expliqué:

—La Biblia dice que deberíamos concentrarnos en lo que es puro y bueno. Estas letras *no* son puras ni buenas, así que te pido que te deshagas del CD.

El CD fue a la basura y Jacob nunca más compró otro que no honrara a Dios.

Si quieres algo de práctica para transformar las reglas de la casa en un foro para momentos de enseñanza oportuna, considera el siguiente ejemplo hipotético:

Jarrod, de siete años, llegó de la escuela hace un poco más de una hora. Hablaron de su día y se comió una manzana y un puñado de rosetas de maíz acarameladas. En cuanto terminas de lavar los platos notas su mochila encima de la mesa del comedor y sus zapatos junto al televisor.

Le dices:

a. *«¿Qué hace tu mochila en la mesa?»*

b. *«¿Por qué dejaste los zapatos en la sala? ¿Crees que soy tu sirvienta personal?»*

c. *«Si no recoges esas cosas antes de que cuente hasta cinco, no comes postre esta noche».*

d. *«Jarrod, tienes que mostrarme que eres responsable con tus cosas antes de que te permita tener alguna responsabilidad con la computadora».*

Las primeras dos opciones invitan a una respuesta sarcástica. Hasta parece que pudieras escuchar al niño que te responde a la pregunta: «¿Qué hace la mochila arriba de la mesa?» con esta respuesta: «¡El viaje de la mochila!». La respuesta *c* es mucho mejor, pero aun así no es adecuada; asocia un comportamiento con una recompensa, ¿pero cuántos años puedes pasar contando hasta cinco con la mejor voz de maestra de escuela y que a pesar de eso no te tomen en serio? Es posible que esa respuesta tenga algún resultado, pero no deja espacio para hablar. La respuesta *d* es la mejor porque asocia un comportamiento con un rasgo del carácter. Mamá sigue siendo firme y poniendo límites, pero está claro que quiere que Jarrod se concentre en un rasgo del carácter y no solo en una «regla» que delimita el lugar en que pueden o no estar sus cosas. Después que Jarrod guarde su mochila y sus zapatos, pedirá permiso para jugar en la computadora y es posible que esté listo para escuchar un momento de enseñanza oportuna acerca de la manera en que Dios recompensa a los que son fieles en lo poco (Lucas 16:10-12).

Si se hace con amor, los momentos de disciplina pueden transformarse en la base para un momento de enseñanza oportuna en el futuro, lo cual puede mejorar una relación, en lugar de denigrarla.

Regla relacional #4: La aceptación de tus hijos los ayuda a aceptar tus momentos de enseñanza oportuna.

Un día hermoso de verano en una feria al aire libre, una madre reprendió a su hija de cuatro años porque le daba mucho miedo subirse a la noria. «A decir verdad», le dijo, «me pregunto por qué me molesto contigo en modo alguno. Estás arruinando todo el día».

Un desconocido podría señalar que el día todavía presenta muchas posibilidades: lanzar el balón de baloncesto; el zoológico interactivo; un agradable paseo lento en tren; o un pedazo esponjoso de algodón de azúcar. ¿Por qué juzgar toda la feria basándose en una actividad? Al igual que los giros de la noria, no te llevará a ningún lado.

Es normal que los padres tengan expectativas para sus hijos, pero esto quizá se transforme en algo dañino para la relación cuando ciertas expectativas o criterios se convierten en la única medida del éxito. Desde una perspectiva relacional, no te llevará a ningún lado. Si el niño cumple con las expectativas, se siente contrariado con el placer. Si no cumple con las expectativas, el dolor del rechazo del padre puede durar toda la vida.

El padre de Mike E., de treinta y cuatro años de edad, nunca pudo aceptar el acné de su hijo, por ejemplo. Luego de una visita reciente a su hogar para ver a sus padres, Mike recuerda la manera en que su padre lo presentó a un amigo de golf: «Este es mi hijo, Mike. Nunca pude lograr que se lavara la cara. Por eso tiene la piel llena de cicatrices». Hablando de cicatrices: el dolor emocional de Mike es profundo; nunca se sintió aceptado por su padre porque no tenía atractivo físico. Aunque Mike es ahora el exitoso y afectuoso director de un instituto, aún anhela el cariño de su padre.

Dios hizo a tu hijo con un propósito único; aprende a apreciar las buenas cualidades que tiene en lugar de hacer demasiado hincapié en las esferas donde te desilusiona o en las que no es igual a ti. Deja que tus hijos te guíen a las esferas que les interesan y verás cómo brillan sus cualidades.

Las alternativas de A.J.

A.J. tiene una gran sonrisa y una voz apenas áspera. Usa gel en el cabello para que se pare como las púas del puercoespín, ya que es la última moda. Es un apuesto muchacho de doce años y hace que las niñas se distraigan; pero no con su atractivo físico. En un salón de clases común, el ruido que hace A.J. al estar inquieto las distrae de sus estudios.

Cuando tenía cinco años, lo echaron de la Escuela Dominical y lo suspendieron del preescolar. Al llegar a sexto grado, estaba tan enojado y frustrado con la escuela que quería desertar; le parecía que su vida se iba consumiendo con deberes, deberes y más deberes de la escuela. Hace poco, comenzó a asistir a una escuela alternativa donde es uno más en la multitud con TDAH [trastorno por déficit de atención e hiperactividad], y al fin puede ir al día con sus estudios. Las alternativas dan resultado con A.J.

Su madre pasó años haciendo que el hogar fuera una alternativa del mundo que en general rechaza a A.J. En casa, está seguro y lo aceptan como es. Es más, luego de las pocas veces que A.J. se escapó de la escuela, fue a toda velocidad a su casa,

Nací y me crié (Jim) en un vestuario. Sin embargo, ninguno de mis hijos es atlético. No están hechos para el fútbol, tanto en lo mental como en lo físico. Cuando me di cuenta, pensé: *¿Qué voy a hacer ahora? Si intento llevar a mis muchachos a mi mundo, el fútbol, los va a matar.* El fútbol les hubiera asegurado el fracaso, y sabía que mi relación con ellos sufriría como resultado.

Así que en lugar de esperar que un día a mis hijos los llamaran para jugar en un equipo de fútbol profesional, dejé que siguieran otro llamado: los niños exploradores. Una vez al mes, iba al bosque con cuarenta niños armados con cuchillos. Me tocó de todo: viento, lluvia, nieve, ampollas y osos. Pasé un tiempo maravilloso con los niños.

Si se hubieran dedicado al fútbol, hubieran sentido que no podían cumplir mis expectativas, y como resultado, nunca hubieran sentido que tenían mi aprobación. No sentirían que tienen mi bendición. Los niños exploradores les ayudaron a aprender autocontrol y disciplina. También nos ayudó a descubrirnos los unos a los otros. Lo que no

como un potro que sale disparando para el establo. Es bastante popular en el barrio y siempre se pueden ver niños entrando y saliendo de su casa. Hay un ambiente cálido y acogedor, con mucha comida especial para niños y cosas emocionantes para hacer, como saltar en la cama elástica, montar en bicicleta o jugar a juegos electrónicos. En casa, su alto nivel de energía y su naturaleza conversadora hacen que sea un divertido compañero de juegos. Cuando se muda un niño nuevo, de seguro A.J. se entera y lo invita a jugar.

A.J. los lleva a todos a *Wildlife* (la versión de *Young Life* para menores). La mayoría de los niños nunca han escuchado el evangelio y es el primer contacto que tienen con el mensaje de salvación de Jesús. A.J. puede traer tanta gente porque en su casa aprendió a aceptar a las personas como son. Hace poco, alentó a una niña de séptimo grado a pedirle a Dios que la ayudara con sus problemas.

Debido al ejemplo de sus padres, A.J. sabe que todos necesitan una alternativa a los valores del mundo: un lugar de aceptación incondicional. Todos necesitan un hogar.

mkh

tenía en cuenta era que mi Jacob y mi Joshua desarrollarían ese orgullo interior porque su papá era el jefe del grupo de exploradores. Recibieron mi aprobación y mi bendición... y yo recibí la suya.

Si tu hijo se siente amado tal como es, estará más dispuesto a creer que Dios lo ama, lo cual es el primer paso hacia una relación espiritual saludable. Si se siente aceptado por ti, es probable que aceptará un momento de enseñanza cuando se le ofrezca.

Regla relacional #5: Preguntar la opinión de tu hijo lo animará a que acepte la tuya.

«Tengo trabajo hasta el cuello, Jasmine», le dijo su madre, mostrándole una lista de quehaceres. «No veo cómo puedo llevarte hasta la peluquería esta tarde. ¿Acaso se te ocurre una manera de solucionar la situación?»

Jasmine, de trece años, le echa un vistazo a la lista de quehaceres.

«Puedo pasar la aspiradora, excepto en la habitación de Bailey; no voy a recoger todos sus juguetes. Y puedo guardar la ropa lavada. Si me dejas en la peluquería, puedes pasar por el mercado mayorista y luego volver a buscarme. ¿Así habría suficiente tiempo?»

La madre de Jasmine es sabia. Necesitaba ayuda con los quehaceres domésticos, pero en lugar de decirle a Jasmine qué hacer, encontró una manera de que su hija ofreciera su ayuda y participara en la organización del día. Todo con una pregunta sencilla: «¿Acaso se te ocurre una manera?».

Puedes ser un padre firme y aun así usar opiniones y sugerencias de tus niños y adolescentes, mientras sepan que tienes la última palabra. Por ejemplo, la madre de Jasmine no perdió el derecho de insistir en que esta le pasara la aspiradora a toda la casa, incluyendo la habitación de Bailey, o puede rechazar por completo el plan de Jasmine. Sin embargo, al escuchar la lógica de tu hijo, puedes averiguar mucho acerca de lo que hay en su corazón y en su mente. Si respetas sus opiniones e incluso solicitas su consejo, los hijos, en especial los adolescentes, sienten que contribuyen al proceso de la toma de decisiones y se dedicarán de mejor grado al resultado final.

La madre de Jasmine también emplea preguntas cuando presenta un momento de enseñanza oportuna. «Acabo de leer que un tribunal superior en California dictaminó que la frase "bajo Dios" es inconstitucional en la jura de la bandera. ¿Para ti habría alguna diferencia si la quitaran?»

De esta manera, deja que Jasmine exprese su perspectiva. Más tarde, mamá puede moldear el momento de enseñanza oportuna a fin de apelar al punto de vista de Jasmine o para corregirlo. Si Jasmine contesta: «Me pondría triste, pero en realidad no me afecta tanto, mamá. Sé que Dios tiene el control, sin importar lo que haya en la jura», la respuesta de su mamá tratará un ángulo diferente que si Jasmine dice: «¿Sabes?, de todas formas esa frase no tiene sentido. Ya casi nadie cree en Dios».

Al pedir la opinión y el punto de vista de tus hijos, sin importar cuáles sean, fortaleces la relación y preparas futuros momentos de enseñanza oportuna.

Regla relacional #6: El enojo sabotea las relaciones y entorpece los momentos de enseñanza oportuna.

La mayoría de los niños desearía que sus padres perdieran los estribos... y que no los volvieran a encontrar. Con todo, el mal carácter siempre vuelve a surgir en lugares inesperados: el domingo por la mañana antes de ir a la iglesia, durante las vacaciones familiares y en la mesa del comedor. Santiago 1:19 tendría que ser el lema de cada padre: «Todos deben estar listos para escuchar, y ser lentos para hablar y para enojarse».

Jim Weidmann ofrece los siguientes «no» del enojo para padres que quieren una buena relación con su hijo:

Nunca ataques a tu hijo de forma verbal o física. En lugar de condenación, necesita orientación para pasar de una mala decisión a una mejor. Además, nunca disciplines a tus hijos, en especial a los adolescentes, delante de sus amigos. Es probable que la humillación los lleve a devolver el «favor» con agresividad. Si hay que tratar un asunto de inmediato, llévalo a otra habitación y hablen allí con tranquilidad.

El hecho de que tengas una buena relación con tus hijos mayores o adolescentes no significa que dejes de ser padre. Si estableciste un límite y tu hijo lo cruza a propósito, hay que hacer cumplir el límite. El autor Josh McDowell nos recuerda que las reglas sin relación conducen a la rebelión, pero lo mismo sucede con la relación sin reglas.

Estrategias de entrenamiento

Luego de ser entrenador en diferentes escuelas durante veinticinco años, aprendí algunas lecciones que me ayudaron a ser un mejor padre.

Entrenar me enseñó a ser más objetivo en cuanto a los logros y fracasos de mis hijos. Veo a muchos padres en la línea de banda que no pueden separar su propia autoestima del desempeño de sus hijos. Viven a través de sus hijos y la presión es tan intensa que a los hijos no se les permite fracasar. Les llamo los «padres ajedrez». No importa el deporte ni la posición en que juegue su hijo, solo es un peón en el juego de la vida de su padre.

Un buen entrenador puede ver que el fracaso a menudo lleva al crecimiento y crea un espíritu en el niño que lo hace más dócil a la enseñanza y lo transforma en un mejor jugador en equipo. A veces queremos que nuestros hijos sean perfectos para que lleguen al éxito. Sin embargo, de esta manera perdemos la oportunidad de enseñarles a través de sus errores.

Un buen padre-entrenador se asegura que el hogar sea un lugar seguro para fracasar. Cuando los niños se quedan en la línea de banda, necesitan encontrar aliento y motivación, hablar con alguien que crea que pueden lograrlo. Si están heridos, necesitan que los curen y que los manden de nuevo a volver a intentarlo. Si en ese momento criticas a tu hijo, harás pedazos su espíritu.

Aun así, no significa que no puedas ser duro. Crecí con cinco hermanos, ninguna hermana. No recuerdo ni un momento en el que no tuviera que pelear o competir. Mis primeras dos hijas son mujeres y tienen un carácter emocional más suave que mis hermanos. (¡También tienen un gancho de izquierda más suave!)

Mi tendencia era a mimarlas, hasta que me di cuenta de que no resultaría a largo plazo. Ser entrenador me enseñó a ser duro si es por una causa mayor. Ser entrenador me permitió equilibrar la ternura con la disciplina.

Cuando tienes en mente lo mejor para tus hijos, puedes enseñarles a ser duros. Escuchas sus emociones y las reconoces, pero no necesariamente cedes. Eso es parte de enseñarles autocontrol. El campo de práctica tiene que prepararlos para el verdadero juego, y ser cristiano en el mundo real es duro.

Jeff Leeland

No respondas al comportamiento de tu adolescente de manera adolescente. No intercambien insultos. No persigas a un hijo huraño y enojado ni le des una perorata en su retirada. No vale la pena arruinar la relación solo para que puedas tener la última palabra o mirada fulminante. Si es necesario, retírate de la batalla y dile a tu hijo que más tarde hablarán del asunto.

Si ustedes como padres frustran a sus hijos, no obtendrán el derecho en la relación de hablar de su fe o sus valores. No obstante, si la relación se entabla sobre la base que estableció el Padre celestial, tienes una buena oportunidad de eliminar la frustración. Una buena relación entre padre e hijo se basa en:

- el amor incondicional: «Te amaré pase lo que pase».

- estar a la disposición de tu hijo: «Estaré a tu disposición de cualquier forma que necesites».

- tener lo mejor para tu hijo en mente: «No pensaré ante todo en tu comodidad ni en tu felicidad, sino en tu carácter».

- la gracia: «Te perdonaré como Cristo me perdona».

Es normal que tu hijo se desaliente y se enoje contigo, pero nunca debería verse forzado al punto de la exasperación. El desaliento es adecuado cuando haces cumplir límites o alguna disciplina; después de todo, son niños y están aprendiendo las consecuencias de sus acciones. El desaliento también es de esperar cuando tu hijo no puede ver los beneficios a largo plazo de su obediencia o disciplina, o cuando experimenta la desilusión. Aun así, la exasperación tiene un sabor distinto; su sabor es amargo y de resentimiento. La desencadenas cuando manejas el desaliento de tu hijo de manera inadecuada. Entonces, nadie gana. Es necesario que comiences a restaurar la cuestión del respeto y la confianza de tu hijo de inmediato, para que puedas proseguir con la capacitación espiritual.

Tus hijos e hijas necesitan que seas un padre. Por otro lado, ser padre no significa que tengas que ser desagradable ni severo. Basándose en sus años en el trabajo con jóvenes y como padre, el autor y orador Joe White dice en *Parents' Guide to the Spiritual Mentoring of Teens*: «Cuando te agrada alguien, le obedeces porque quieres. Los padres agradables no reprenden; hablan con gracia. No dan sermones; sirven. Los padres agradables no actúan con amargura; disciplinan y perdonan. No les dan a los hijos una lista cuando llegan de la escuela; les dan abrazos».

Si mitigas tu carácter, tus hijos podrán confiar en que actuarás con coherencia y justicia. Respetarán más tus consejos y tus momentos de enseñanza oportuna si tienen la seguridad de que estás de su lado.

Todo padre es un entrenador

Se pueden agregar tres estilos de crianza fáciles de identificar a la lista que comenzó en el capítulo 2 («la billetera», «el banco de iglesia» y los demás). Son los siguientes:

- La roca: el padre que siempre está presente para establecer la ley, pero eso es todo. El ambiente de la casa gira en torno a reglas y disciplina. Sí, «la roca» es estable y digna de confianza, ¿pero quién le diría algo a un padre duro como el granito?

- El animador: el padre que piensa que todo lo que su hijo hace es fantástico. Hay mucha diversión y entusiasmo; pero no hay límites. Este tipo de padre hace cualquier cosa para asegurarse de que sus hijos lo quieran. No lo respetan mucho y a veces se pregunta por qué.

- El entrenador: este tipo de padre está disponible en el juego de la vida. A través del respeto, puede confiar que las directivas se cumplirán. Un entrenador se asegura que haya muchas oportunidades para que los jugadores logren hacer bien las cosas. Este tipo de padre presta sincera atención a la moral del equipo y de seguro hará una fiesta cuando los niños tengan éxito. Es el último en dejar el vestuario de la desesperación cuando andan mal las cosas.

Por supuesto, los tres ejemplos anteriores son estereotipos. La mayoría de las personas presentan varios estilos de crianza a través de sus «carreras» como padres. El objetivo es que seas consciente de tus estilos y que trates de amoldarlos a los principios bíblicos. No podemos dejar la crianza de los hijos hasta que seamos perfectos, pero podemos adaptarnos cuando vemos una esfera en la que necesitamos madurar. Una madre «animadora» de tres hijos nos dice cómo trata de incorporar la disciplina a su estilo de crianza:

Crecí en un hogar donde mi padre se parecía a «la roca» en lo referente a la disciplina. Puedes sacar a tu papá del ejército, pero es difícil sacarle el ejército a tu papá. Mientras estaba en la primaria, me cargaban todas las reglas de la casa y me intimidaba su disciplina al estilo militar; por lo tanto, pasé gran parte de mi vida intentando no «despertar al dragón dormido» y soportar sus sermones con gestos admonitorios del dedo. En un intento deliberado de no darle tanta importancia a las reglas, a veces me pongo el uniforme de animadora, sacudo los pompones y animo con entusiasmo. Quiero ofrecerles a mis hijos diversión, aliento y un ambiente optimista, así que soy más flexible que mi padre con las reglas de la casa. Sin embargo, cuando se trata de un tema relacional o de respeto y mis hijos me presionan, es probable que los ataque resoplando fuego como hacía mi padre, porque no tolero la desobediencia en esas esferas.

A veces, debo parecer el personaje de la princesa Fiona en la película *Shrek*, que no puede decidir si quiere ser la personificación de la dulzura o un ogro. Así que estoy intentando ser más previsible e intencionada en mis enfoques disciplinarios. Sé pedir perdón cuando soy muy severa en la forma que disciplino (no pido perdón por haber disciplinado), y eso ayuda a mantener firme la relación, además de ser un buen ejemplo. Si mi hija adolescente nos habla con brusquedad a mí o a mi esposo, también ha aprendido a pedir perdón y a volver a comenzar la conversación, no solo por miedo a las consecuencias, sino por un verdadero deseo de temer a Dios.

Si la descripción de «la roca» concuerda con tu estilo de crianza, no te preocupes; no está grabada en piedra. Con la ayuda de Dios, puedes aprender a propósito a parecerte más al «entrenador» y a dejar que las reglas ayuden a la relación en lugar de entorpecerla.

O si eres demasiado flexible cada vez que te presiona tu hijo, admítelo: te pareces demasiado al «animador». Haz un esfuerzo para construir algo de determinación. Los niños y los adolescentes *necesitan* que hagas cumplir los límites con amor; *quieren* una autoridad justa. Si demuestras debilidad en la esfera de la disciplina, también percibirán a tu Dios como débil y no querrán tener nada que ver con Él. Si actúas con la autoridad dada por Dios que ya tienes como padre, tu hijo te respetará a ti y a Dios.

Es evidente que «el entrenador» es el que más se acerca al modelo bíblico, sobre todo en el caso de los hijos mayores. Este tipo de padre está disponible, hace cumplir las normas de conducta, se compromete a largo plazo (hasta la eternidad), alienta estando codo a codo y ofrece empatía. «El entrenador» deja que sus hijos sean participantes y les permite tomar las decisiones cuando están listos. Si formas tu estilo de crianza tomando como modelo a un buen entrenador, mejorará

La estación de la imaginación

Un acontecimiento clave en la vida de todo niño es el momento en el que comprende la diferencia entre la fantasía y la realidad. Es normal que los padres se preocupen de que su hijo mienta y cuente historias fantásticas, incluso en segundo grado. En este momento, Justin y Kendrick mienten para evitar el castigo. Se echan la culpa el uno al otro por vasos derramados o libros rotos, aun cuando sea imposible que uno de los gemelos sea el culpable. El otro día, me di cuenta de que los pantalones de Kendrick estaban mojados. Con sorpresa, le dije: «¿Te hiciste pis?». Me miró muy serio, con el ceño fruncido. «Yo no fui», susurró. «Fue Justin».

Para mantener una buena relación hasta que tus hijos comprendan la diferencia entre fingir y mentir, no seas demasiado duro con las mentirillas fantasiosas. Hay una gran diferencia entre los niños que mienten para evitar el castigo: «Yo no tiré la lámpara. Seguro que fue el hámster», y entre los que dicen una mentirilla fantasiosa, como por ejemplo: «Fuimos al zoológico y mi mami me dejó jugar en la jaula del gorila. Hicimos una fiesta de cumpleaños y Fred, el rey gorila, me regaló una motocicleta».

Cuando Danielle tenía cinco años, la escuchaba «mentirles» a los cajeros de la tienda de comestibles o a desconocidos en la biblioteca. «Tengo once hermanos y hermanas y vivimos en ocho hectáreas en el bosque», alardeaba. «Todos los días jugamos a los vaqueros y a los indios. Tengo un caballo, tres patos y una la relación con tus hijos y aumentará la calidad de tus momentos de enseñanza oportuna.

Cuando estaba (Jim) en la academia de la Fuerza Aérea, jugué para dos entrenadores distintos. Uno de ellos era disciplinado, y como resultado, me transformé en un jugador disciplinado. Mi técnica era excelente, pero no me divertía mucho.

El otro entrenador era diferente. Me entrenó a través del corazón en lugar de las reglas. Era un motivador fenomenal. Durante un juego contra *Notre Dame*, me estaban matando en la cancha: un tipo dos veces mayor que yo me derribaba a cada momento, como si fuera su

cabra». En realidad, era hija única, vivía en un barrio de las afueras y solo tenía un perro pequeño. Sin embargo, siempre pensé que las historias fantásticas eran inofensivas; hasta que recibí una llamada de la maestra del preescolar.

—¿Sra. Hering?

—Sí...

—Habla la Sra. Hayden. Danielle dice que tiene una enfermedad cardíaca y que no puede jugar con los otros niños afuera porque se pondrá muy enferma.

—¿Dijo eso?

—Sí. Usted nunca lo mencionó, pero como es algo tan serio, pensé en llamar y consultar. No es verdad, ¿no es así? Quiero decir, parece saludable...

Tal vez Danielle no tuviera una enfermedad cardíaca, pero su maestra la tendría si no le aclaraba la historia.

—Danielle está bien. Tiene una imaginación un tanto hiperactiva, pero aparte de eso, goza de buena salud.

El fin de semana anterior, los preescolares se obsesionaron un poco con un episodio de «Aventuras en Odisea» en el que Whit se tuvo que quedar dentro de la «estación de la imaginación» debido a una «enfermedad cardíaca». Podría haberla reprendido por decir una mentira tan preocupante, pero no lo hice, en primer lugar porque no podía parar de reírme, y también porque la conocía y sabía que no se iba a repetir. Mi instinto de ser poco severa fue adecuado. Nunca más tuvimos otro episodio como ese.

mkh

abuela. Pasé tanto tiempo en el piso que tenía manchas de césped en la *espalda*.

Fui hasta la línea de banda a decirle al entrenador que me estaban matando y me contestó: «Te he estado mirando, Weidmann. Mientras ese tipo te da una paliza, no llega al mariscal de campo. Y los estamos pasando. Sigue adelante».

Mientras volvía a la cancha a poner mi vida en riesgo otra vez, sonreía, porque estaba jugando desde el corazón. Las reglas nunca volverían a dar los mismos resultados.

Si aprendes a ser un buen entrenador-padre, puedes lograr causar el máximo impacto en las conversaciones acerca de Dios. Cuando usas un momento de enseñanza oportuna, tu objetivo no es enseñar una lista de lo que hay que hacer y lo que hay que evitar, de cosas permitidas y prohibidas. Tu objetivo es formar el corazón de tus hijos para que cada uno de ellos se transforme en un participante del equipo de Dios.

Repercusión de la relación

La relación puede curar la frialdad y el resentimiento comunes en los adolescentes. La primera vez que me encontré con Claire B. de trece años de edad, estudiante de mi clase de periodismo, en una cooperativa de enseñanza en el hogar, vi (Marianne) a una niña llena de vida y sin preocupaciones. Sin embargo, poco después me enteré que Claire no estaba despreocupada por la vida en su hogar. Es más, su mayor fantasía era huir. El desaliento se dejaba ver en su rostro expresivo cuando hablaba de sus padres. Nos explica: «Me exasperaban todas las reglas y sentía que nadie me escuchaba. Parecía como si mis padres pasaran toda la noche inventando maneras de provocarme».

La desdicha de Claire no sorprendía a su madre. Robin dijo que hacía alrededor de un año que Claire estaba resentida por la autoridad paternal. Cuando estaba cerca de sus padres era huraña, a veces taimada, y les faltaba el respeto en muchas ocasiones. El objetivo de Robin era proteger a Claire hasta que aprendiera mejores valores; a menos que lo hiciera, Robin temía que Claire cometiera grandes errores.

Por preocupación y por el deseo de proveerle un ambiente saludable, sus padres le seleccionaban la ropa, los grupos sociales, el trabajo de clase, las películas y la música. Como querían que Claire siguiera el modelo del noviazgo para encontrar esposo, le ponían como límite cinco minutos a sus conversaciones telefónicas con muchachos. Además, Robin intentó cortar los lazos entre Claire y su mejor amiga porque creía que era una «mala influencia»; cuando se juntaban en la casa de la amiga, Robin temía que las adolescentes hablaran de muchachos y miraran películas inadecuadas.

Para mantener a Claire alejada de problemas, Robin le daba las primicias de su tiempo, de su dinero y de su energía espiritual. No se podía pedir una madre más dedicada. Le enseñaba a Claire en el hogar, le cosía ropa, la llevaba a todos lados. Robin era una madre experimentada que no temía poner en práctica una disciplina coherente, y leía una y otra vez todos los libros cristianos sobre la crianza de los hijos que podía encontrar para absorber los principios acerca de cómo transmitir un legado espiritual. Oraba y pedía el apoyo de sus amigos y pastores. Se mudaron de los alrededores a un lugar remoto en el campo y le compraron a Claire cabras, un perro y un caballo. Esta madre se esforzaba al máximo para criar a una niña temerosa de Dios; es más, la mayor parte de su forma de criarla estaba de acuerdo con las Escrituras. Lo único que faltaba era una buena relación, una manera de comenzar a dejar que Claire tuviera algo de control, diversión y que expresara sus opiniones.

Luego de ver *Quédate a mi lado*, una película que presenta a una mujer que se transforma en un miembro valioso de la familia al traer la alegría que hacía falta, Robin decidió que necesitaba ser «más de esa manera». Más de esa manera implicó divertirse más, tales como poner música de los años sesenta, cantar y bailar en la sala. Más de esa manera implicó viajar a la isla del príncipe Eduardo. Más de esa manera implicó escuchar las opiniones de Claire acerca de sus amigos y la música. Más de esa manera implicó dejar que Claire se hiciera iluminaciones en el cabello.

Robin también comenzó a escuchar las canciones favoritas de Claire en radio secular y a aprender las letras. Hablaron sobre las malas canciones y decidieron evitarlas, pero disfrutaban escuchar buenas melodías y cantaban juntas en el auto.

Robin dejó de coser la ropa de Claire y le permitió elegir su propia vestimenta. Establecieron pautas de decencia y dejaron que la medida fuera la conciencia de Claire, no la de su mamá. Tal vez algunas faldas eran un poco cortas, pero en general Claire tomó buenas decisiones y disfrutó la libertad de asumir la responsabilidad por sus acciones. De repente, Claire se sintió como una persona en lugar de un proyecto de crianza de hijos.

La respuesta de Claire al cambio en la relación con su madre fue: «Vaya, tal vez pueda entenderme. No tengo que pelear tanto para que me escuchen». Y comenzó a escuchar con mayor cuidado a sus padres.

Voz superpuesta

Los que vivimos con un padre enojado también conocemos las voces enojadas; sí, las voces de tu pasado que aún te hablan, en especial cuando estás frustrado o desalentado. Las voces que dicen:

- ¡No puedo creer que hayas hecho eso!
- ¿Cómo puedes ser tan estúpido?
- Todo es tu culpa.
- ¿Por qué no puedes hacer nada bien?
- Bueno, lo volviste a arruinar.
- Niños, no veo la hora de que se vayan de la casa.
- Nunca conseguirás salir con nadie si actúas de esa manera.
- Nunca podrás mantener tu habitación en orden.
- Nunca llegarás a nada.
- Ojalá nunca hubieras nacido.

El diálogo varía, pero todo se puede traducir a «no vales nada». Me sentía así cuando estaba cansado o frustrado con mis hijos, oía cómo escupía una de esas voces de mi boca. Tenía que detenerme y pedir disculpas de inmediato.

Ahora, me he hecho el hábito de decir cosas buenas; grabé encima de las viejas grabaciones. Aquí tienes algunas frases superpuestas para sustituir las que tal vez escucharas en tu infancia:

- Me gusta la manera en que lo hiciste.
- Eres un buen amigo. Veo por qué tal persona te quiere.

Cuando entró al instituto, había aprendido a comunicarse con sus padres sin ser maleducada y a presentar argumentos lógicos al hablar de diferentes asuntos. También demostró respeto por la autoridad de la Biblia y su conciencia fue lo bastante fuerte como para mantenerla fuera de problemas. Como resultado, se ganó el privilegio de asistir a la escuela pública.

Esta ofrecía todo el mal que imaginaban sus padres: se podían conseguir drogas, había un ambiente cargado de sexualidad y abundaban

- Se nota que trabajaste mucho.
- Te brillan los ojos cuando ríes.
- Me haces feliz, estoy orgulloso de ti, etc.
- Fue una buena decisión.
- Te has transformado en una persona muy servicial.
- Dios está orgulloso de la manera en que manejaste la situación.
- Puedo ver amor (o gozo, paz, paciencia, amabilidad, bondad o dominio propio) en ti. Es la forma de ser que agrada a Dios.
- Gracias por quedarte callado.
- Ese resultado debe desilusionarte. Aun así, estoy seguro de que la próxima vez lo harás mejor. ¿Qué clase de ayuda necesitas?
- Hoy te llevaste bien con tu hermano. Gracias.
- Pusiste mucha dedicación en eso, ¿no es verdad?
- Estoy muy feliz de tenerte en la familia.
- Dios sabía muy bien lo que hacía cuando te creó, eres todo lo que tienes que ser.
- Te amo.

La mejor parte de los cumplidos es que el enojo no es lo único que se repite. Los cumplidos también son una prueba de que lo que va, vuelve. Cuando eres amable, tus hijos comienzan a hablar de la misma manera. Cuando uno de ellos me dice algo lindo como: «Me divertí mucho en el cine, papá», es como ponerle un calcetín en la boca a la vieja voz; el enojo se acalla por un momento.

anónimo

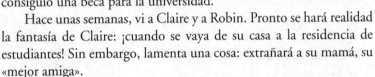

las groserías y la maldad. En ese momento, Claire se dio cuenta de lo difícil que podía ser llevar una vida cristiana y comenzó a pedirles consejo a sus padres, en especial a Robin. Aunque a veces todavía se portaba mal, Claire había absorbido los valores de sus padres, y cuando tenía la oportunidad, se mantenía fiel a ellos. Eligió no seguir a la multitud (bueno, al final se puso un aro en el ombligo luego de hablarlo con sus padres), se abrió camino con éxito en el instituto y consiguió una beca para la universidad.

Hace unas semanas, vi a Claire y a Robin. Pronto se hará realidad la fantasía de Claire: ¡cuando se vaya de su casa a la residencia de estudiantes! Sin embargo, lamenta una cosa: extrañará a su mamá, su «mejor amiga».

capítulo seis

El catalizador: El segundo componente del momento de enseñanza oportuna

Jeff Leeland tuvo una crisis de salud en la familia que se transformó en el catalizador de muchos momentos de enseñanza oportuna. Su hijo recién nacido, Michael, contrajo leucemia a los pocos meses de nacido. Los médicos pensaban que se podía tratar con un trasplante de médula ósea, y Amy, la hermana de Michael, resultó ser compatible. Esas eran buenas noticias. Las malas noticias fueron que Jeff había cambiado de trabajo justo después del nacimiento de Michael y su seguro médico tenía un período de espera de doce meses antes de cubrir los trasplantes. No era seguro que el bebé Michael pudiera esperar ni doce días, y ni hablar de los meses que pasarían hasta que pudieran operarlo. Se estaba muriendo y no había forma de que los Leeland pudieran pagar el depósito de ciento setenta y cinco mil dólares en efectivo que se exigía para la operación.

¿O había una manera? A través de la valentía y la determinación de los estudiantes de la escuela secundaria *Kamiakan* de Kirkland, Washington, se juntó el dinero. Fue llegando dólar a dólar, a medida que los chicos vaciaban sus alcancías o donaban el dinero del baile de la escuela. Otros estudiantes buscaron la ayuda de los medios de comunicación y los negocios de la zona; hasta los empleados de la compañía de seguros donaron dinero de sus fondos privados cuando resultó que los fondos de la empresa no estaban disponibles por contrato.

A través de la crisis, la familia Leeland aprendió que Dios en verdad provee y se ocupa de cada detalle de sus vidas. Jeff, su esposa y sus cinco hijos nunca dudarán de las palabras de Jesús en Mateo 10:29, 31: «¿No se venden dos gorriones por una monedita? Sin embargo, ni uno de ellos caerá a tierra sin que lo permita el Padre [...] Así que no tengan miedo; ustedes valen más que muchos gorriones».

La mayoría de las veces que se usa la frase «momentos de enseñanza oportuna», la gente piensa en sus momentos de crisis y en lo que aprendieron de ellos. Las crisis crean banderas de colores en nuestra memoria que flamean en lo alto del mástil. La historia de John y Austin Benge es otro ejemplo dramático. ¿Cuántas veces esperas que se queme tu casa? Por cierto que habrá una tendencia a que recuerdes ese acontecimiento. ¿Y quién se olvidará del 11 de septiembre? El violento ataque sorpresa a las torres del Centro del Comercio Mundial y al Pentágono permanecerá como un ejemplo de la pura maldad para las generaciones futuras.

También yo (Jim) he usado crisis personales para presentar un momento de enseñanza oportuna. Hace unos años, me quedé sin empleo. Sabía que Dios me había guiado a dejar mi empleo en IBM, pero todavía no sabía dónde me quería. Al ser el único sostén de la familia, admito que estaba algo preocupado con la idea de no tener un salario.

Sin embargo, no quería que los niños se preocuparan, así que convoqué a una noche familiar y les hablé a mis hijos acerca de la necesidad de confiar en Dios aun cuando no sabes lo que sucederá. Los cristianos deben caminar en fe, confiando que Dios proveerá. Los versículos que estudiamos eran parte del Sermón del Monte de Jesús: «Así que no se preocupen diciendo: "¿Qué comeremos?" o "¿Qué beberemos?" o "¿Con qué nos vestiremos?" Porque los paganos andan tras todas estas cosas, y el Padre celestial sabe que ustedes las necesitan. Más bien, busquen primeramente el reino de Dios y su justicia, y todas estas cosas les serán añadidas». (Mateo 6:31-33). Luego usé mi situación de trabajo como ejemplo. Sabía que Dios proveería para nuestras necesidades y quería que mis hijos observaran y vieran obrar a Dios; ¡no quería que se «perdieran el espectáculo»!

Dios usó esta crisis como un momento de enseñanza oportuna para mí también. Les pregunté a mis hijos: «¿No están preocupados porque papá no tiene trabajo?». Me contestaron: «No. Eres nuestro papá. Tú cuidarás de nosotros». Entonces Dios examinó mi corazón: «Jim, ¿confías en mí como tus hijos confían en ti? ¿Confías que tengo un plan para ti?».

Unas semanas después me ofrecieron una oportunidad de trabajo en Enfoque a la Familia. Dios sabía que estaba listo para estar en el ministerio a tiempo completo y se había ocupado de muchos detalles para traerme a este punto en mi vida. Desde el mejor lugar de nuestra casa, mis hijos observaron cómo se desarrollaba todo. Tenían un asiento en primera fila para ver cómo Dios cumpliría su promesa y proveería el trabajo.

Sin embargo, no espero que llegue una crisis para encontrar una razón para hablar acerca de Dios con mi familia. Si lo hiciera, tal vez no estaríamos listos cuando lleguen las crisis. Una prueba puede destruir a mi familia en lugar de edificarla a menos que tengamos un cimiento firme, a menos que haya impreso los mandamientos en sus corazones. He visto a demasiadas personas desilusionarse de Dios y dejar su fe porque no entienden su verdadero propósito. No estoy dispuesto a correr ese riesgo con mi familia. Cada vez que puedo, les recuerdo a mis hijos la fidelidad y los mandamientos de Dios. Uso momentos de enseñanza oportuna aun en situaciones que no son de crisis.

A veces busco catalizadores cotidianos y les adjunto una verdad bíblica. Aquí tienes algunas sugerencias:

- De vez en cuando, al dejar a los niños en la escuela, les recuerdo que su misión es ir «por todo el mundo y [anunciar] las buenas nuevas a toda criatura» (Marcos 16:15).

- Cuando eran muy pequeños y los ayudaba a bañarse, a veces hablábamos de cómo la sangre de Jesús nos limpia de nuestros pecados.

- El espejo de nuestro baño representa el pasaje de Santiago 1:23-24: «El que escucha la palabra pero no la pone en práctica es como el que se mira el rostro en un espejo y, después de mirarse, se va y se olvida enseguida de cómo es». Desafío a mis hijos a usar la Biblia como un espejo. Esa es la imagen que tienen que mirar y espero que se vean reflejados. Si luego de compararse con las Escrituras descubren que hay algo fuera de lugar, saben que tienen que arreglarlo, así como se arreglarían el cabello antes de ir a trabajar o a la escuela.

• Una divertida lección objetiva que mis hijos disfrutaron mucho fue cuando les di a cada uno un biberón con leche con chocolate y les dije: «Bébanla». Tomar de un biberón es mucho más difícil de lo que pensaban. Después hablamos de que los bebés cristianos anhelan la leche, pero a medida que maduran, los cristianos tienen que anhelar comida sólida. Puedes hablar de esto a la hora de comer.

• Sin avisar, les pregunto a mis hijos: «¿Hoy qué estás promocionando?», porque tenemos que reflejar a Cristo, ser la imagen de Cristo en todo lo que hacemos, incluyendo el estilo de

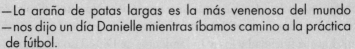

La lección de la pequeñita

—La araña de patas largas es la más venenosa del mundo —nos dijo un día Danielle mientras íbamos camino a la práctica de fútbol.

La miré por el espejo retrovisor. ¿Qué? No creo que sea verdad; parece una leyenda urbana. Esas arañas andan por todo el sótano y el patio. Y estoy segura de que mi hermanito una vez se comió una.

—Lo son en realidad. Me lo dijo Nicole —continuó diciendo.

Ajá. Habló Nicole, la niñera maravilla.

—Son las más venenosas, pero no las más peligrosas porque no tienen dientes lo bastante afilados como para penetrar la piel humana.

—Oye —dije de repente—, eso se parece a ser cristiano. Satanás es peligroso y puede molestarnos, pero no puede matarnos porque Jesús nos protege.

—Nunca lo había visto de esa manera —dijo Danielle.

Tampoco yo. Gracias, Dios. Resulta que la parte de la araña no es verdad, pero tu amor sí lo es.

mkh

nuestra vestimenta. En la escuela de Jacob y Janae, los otros niños usan «uniformes». Puedes divisar a los jugadores de baloncesto con sus shorts anchos, a los chicos que andan en patineta con sus pantalones sueltos, y a los chicos que les gusta la música *dark* con su cabello despeinado y los dibujos demoníacos estampados en las camisetas; estos «uniformes» reflejan las contraculturas que valoran los dueños.

También puedes transformar catalizadores negativos en tiempos positivos de enseñanza. El orador de jóvenes Josh McDowell nos cuenta que un día estaba sentado con sus hijos en un lugar público que había sufrido el vandalismo de grafitos ofensivos. En lugar de intentar protegerlos de las vulgaridades y de conducirlos con rapidez a un territorio más neutral, señaló los grafitos. Contestó las preguntas acerca del lenguaje «pintoresco» y los ayudó a identificar los valores distorsionados del artista.

Ese día, Josh no tenía planeado dar una lección objetiva. Entonces, cuando se presentó la oportunidad, la aprovechó al máximo.

Aun los desastres de la vida pueden brindar oportunidades para crear un sólido momento de enseñanza oportuna. Hannah recuerda lo que sucedió cuando tenía quince años.

Tarde en la noche intenté sacar con disimulo el auto de la familia por el garaje. Planeaba devolverlo antes de que nadie se diera cuenta, y supongo que estaba haciendo demasiados planes acerca de lo que iba hacer. Quise salir en marcha atrás, pero en lugar de salir para atrás, salí para delante y atravesé la pared del cuarto de mi hermana. Por suerte, se encontraba en la universidad. Así que apagué el auto y comencé a llorar. Mi papá vino y me vio, pero si estaba enojado, no lo demostró. Se aseguró que estaba bien y me ayudó a volver a poner el auto en el garaje. Después, durante los meses siguientes, volvió a construir la pared y hasta pintamos juntos la habitación.

El papá de Hannah hizo que ese momento tuviera sentido. Su respuesta le dejó una imagen duradera e inolvidable del amor y la paciencia de su padre.

Estés listo o no, los catalizadores llegan

A veces pasan cosas a nuestro alrededor que deben tratarse a través de un momento de enseñanza oportuna, aun si sientes que tu hijo no está listo o si no lo estás tú.

Kurt Bruner, vicepresidente de desarrollo de recursos en Enfoque a la Familia, desayunaba cuando su hijo Kyle, que entonces tenía once años, le dio algo más para masticar.

—¿Me das la sección del horóscopo del periódico?

Kurt, que casi se ahoga, le contestó:

—¿Por qué la quieres?

—Tengo que escribir un horóscopo para una tarea de la escuela.

Kurt comenzó a agitarse, y al principio Kyle pensó que había hecho algo mal. Después de asegurarle a Kyle de que no estaba en problemas, Kurt comenzó una charla acerca de lo que son los horóscopos y la adivinación, aunque hubiera querido esperar a que Kyle fuera mayor. Le dijo a Kyle que esas cosas intentan sustituir la sabiduría de Dios, y responder preguntas que solo Dios puede y debe responder. Después, Kurt tuvo un «momento de enseñanza oportuna» con la maestra de Kyle.

Esta clase de catalizador es una pequeña crisis. Aunque no tienes otra opción sino explicar la muerte de un hermano o tratar el hecho de que tu casa se quemó, puedes optar por obviar las crisis más ligeras que se presentan en tu camino. Kurt podría haberle dicho a su hijo que «no se preocupara» por el proyecto del horóscopo y lidiar solo con la maestra. Sin embargo, a menos que tu hijo sea muy pequeño, es insensato pasar por alto algo porque crea un aura «prohibida» o «de adultos». Al eludir el asunto, envías el mensaje de que ese tema no se habla en casa. Entonces, cuando tu hijo necesita información sobre el asunto, es probable que no acuda a ti sino a otra fuente de información, como compañeros o la Internet. Tienes que preguntarte a dónde quieres que tu hijo aprenda acerca de las drogas, el sexo, la homosexualidad y las tablas Ouija. No significa que si tu hijo de siete años quiere saber sobre la posesión demoníaca, alquilen *El exorcista* y la vean juntos. Solo es necesario que satisfagas su curiosidad con material adecuado a su edad, comenzando con la perspectiva bíblica. Aquí tenemos otra historia acerca de una pequeña crisis que cuenta un papá entrenador de baloncesto que hubiera preferido evadir la situación.

Un invierno, durante un torneo, a uno de los chicos del equipo le rompieron el labio, a otro le dejaron el ojo morado y a mi hijo lo empujaron por detrás segundos antes de lograr un lanzamiento abierto. Los tres jugadores volvieron a la cancha minutos después de sus percances, pero solo en un par de ocasiones el árbitro le cobró la falta al equipo opuesto.

Los entrenadores, los padres y los jugadores deberían saber que la brusquedad a veces es parte de la competencia. Es lamentable, pero a un padre de uno de los equipos contrarios no le gustó el carácter físico del juego esa tarde. Se me acercó apenas terminó el juego. Gritaba, amenazaba y se quejaba porque nuestros muchachos jugaron con demasiada brusquedad. Intenté señalar con educación que el árbitro le había cobrado muchas faltas a su equipo, que a nosotros no nos habían expulsado a ningún jugador y que cuando tienes a diez chicos compitiendo por una pelota de baloncesto en un lugar pequeño, seguro que habrá algo de contacto. Entonces noté los ojos rojos de expresión vidriosa.

Fantástico. Me van a matar frente a mi hijo como le pasó a ese entrenador de hockey la primavera pasada.

Sin embargo, un amigo (de un metro noventa centímetros de altura y al menos cien kilos) me ayudó a evitar que el hombre llevara la discusión hasta un altercado físico y no morí. Después, el hombre hasta pidió disculpas por su arrebato. Mi amigo y yo sospechamos que el hombre estaba borracho.

Es de lamentar que mi hijo lo presenciara todo. Por fortuna, pudimos hablar del problema. Más tarde, logramos hablar de los efectos negativos del alcohol y del porqué la Biblia dice que es malo tomar demasiado. Llevamos la lección un paso más adelante y lo alenté a compadecerse del hombre que fue borracho al juego de baloncesto de su hijo.

Preguntas catalizadoras

Como el objetivo fundamental de los momentos de enseñanza oportuna es tener una conversación con tu hijo acerca de Dios o de una verdad bíblica, a menudo los mejores catalizadores son las mismas preguntas que hacen tus hijos. De esa manera, sabes que tienes su atención y que tienen curiosidad. Como vimos en el capítulo 4, el secreto de este tipo de catalizador está en crear una buena relación con tus hijos para que se sientan en libertad de hacer esas preguntas.

La mayoría de los niños pequeños comienzan temprano a plantear preguntas profundas acerca de Dios. Una cuestión en particular que en general confunde a los niños es el concepto de que «Jesús vive en nuestro corazón». Mitchell Donohue, de cuatro años, hizo esta pregunta: «Mamá, si mi corazón es del tamaño de mi puño y Jesús vive allí, no tiene mucho espacio, ¿no?». Luke Prince, de tres años, tenía preocupaciones similares. Quería saber: «Si Jesús vive en mi corazón, ¿muerde?». Carolyn Eklund, abuela de seis nietos, nos contó acerca de la lucha de su nieto con un Dios invisible: «Nuestro nieto, que entonces tenía cuatro años, hizo un viaje con su abuelo. Después que despegó el avión, Jacob dijo: "Abuelito, ¿a qué altura tiene que llegar esta cosa para poder ver a Jesús?"».

A veces, las preguntas de los niños no son tan directas. Para averiguar lo que quieren saber en realidad, es necesario que les hagas algunas preguntas para aclarar la situación. Por ejemplo, iba manejando (Marianne) con Danielle, de once años, camino a hacer un trámite y me preguntó:

—Mamá, ¿por qué actúan de esa manera los niños y las niñas?

¿Cuál es «esa manera»?, pensé. Hay tantas de «esas maneras» extrañas en las que actúan los niños y las niñas en la escuela que no pude comenzar a responderle sin más información. Le dije:

—¿Por qué lo preguntas?

—Bueno —me dijo—, dos chicos de octavo grado se estaban gritando en el pasillo. Antes de que la maestra llegara a cerrar la puerta, escuché que el chico le decía a la chica que era una prostituta, y ella le contestó gritándole: "¡No soy una prostituta!".

Ah. ¡Esa manera!

Entonces supe la dirección en la que tenía que ir la conversación. Por cierto, el tema del sexo estaba en la conversación y el amor no. Hablamos del doble estándar que hay en la sociedad que supone que es más aceptable que los muchachos tengan relaciones prematrimoniales que las muchachas. Le expliqué que si una chica tiene relaciones sexuales con un chico, es probable que él se vuelva en su contra más adelante, como ilustró la conversación que escuchó en el pasillo y como está ilustrado en el relato bíblico de Amnón y Tamar (2 Samuel 13).

También dejé en claro que la Biblia tiene las mismas normas de pureza para los hombres que para las mujeres. No hay doble estándar en la Biblia: solo el estándar de Dios.

Otros catalizadores pueden ser las preguntas que les hagas a tus hijos. Una vez, cuando Jacob llegó a casa, le pregunté (Jim) lo de siempre:

—¿Pasó algo emocionante hoy en la escuela?

—No, no pasó nada.

—Un día bastante normal, ¿verdad?

—Sí.

Todavía no se había hecho de noche cuando le dije:

—Oye, Jake, vamos afuera a lanzar la pelota de fútbol.

Cada vez que arrojaba la pelota, le lanzaba una nueva pregunta:

—Así que fue un día normal; ¿vas a olvidarlo?

—Sí, fue un día bastante aburrido... oye, espera un minuto. Papá, esto te va a encantar...

Entonces comenzó a contar la historia de cuatro mormones que se le acercaron y le hablaron de su teología.

—Bueno, ¿qué hiciste? —le pregunté.

—Fue muy interesante; dijeron que Jesús era hermano de Satanás.

—¿Y qué le dijiste a esos mormones?

En ese momento, yo tenía la pelota de fútbol; Jacob tenía toda mi atención.

Continuó:

—Les pregunté: "¿Cómo puede ser? Satanás es un ángel caído. Es un ser creado. Jesús es parte de la Trinidad: es el Creador". ¿Y sabes una cosa, papá? No pudieron contestarme.

Un día común y corriente... ¡no lo creo! Si no hubiera conseguido a propósito que Jacob se relajara y no le hubiera hecho esas preguntas para sacarle los acontecimientos del día, me hubiera perdido la historia y la conversación que tuvimos luego. Si no le hubiera hecho esas preguntas, hubiera «dejado caer la pelota» como padre.

Impulsa la conversación

Si esperas que los catalizadores o las preguntas desencadenen un momento de enseñanza oportuna, muchos serán negativos. Es asombroso lo fácil que es encontrar individuos y situaciones que revelen características que no agradan a Dios. Para incluir catalizadores saludables que provean momentos positivos de enseñanza oportuna y ejemplos de un buen comportamiento, asegúrate de que la casa esté inundada de libros, grabaciones, música, vídeos, revistas y programas para la computadora que sirvan para edificar el carácter.

Rhonda Rhea, esposa de un pastor, escritora, oradora y con cinco hijos, nos cuenta cómo una canción del grupo *Avalon* tocó el corazón de su hija:

Un día, mi hija de once años, Allie, tenía «esa expresión» que indicaba que algo andaba en su mente. Le pregunté qué pasaba en su vida. Los ojos se le agrandaron, se llenaron de lágrimas y se arrugaron sus profundos hoyuelos.

—Tengo el desafío de creer lo bueno, de hacer lo bueno. Y Dios está obrando en mi corazón ayudándome a aprender a amarlo más... Él es real.

—¿Qué está usando Dios para hacerlo? —le pregunté.

—La música —me dijo sin dudar.

Cada vez que ponemos un casete o una radio cristiana en el auto, plantamos mensajes. Y en ese momento, tuve el privilegio de ver cómo florecían esos mensajes en el corazón de mi hija.

Los libros que contengan temas nobles o cristianos también pueden ofrecer catalizadores para crear momentos positivos de enseñanza oportuna. Hace poco, Kurt Bruner y su familia escucharon las fantásticas historias de C.S. Lewis, «Las Crónicas de Narnia». «En el libro *La última batalla* hay una maravillosa metáfora extendida del cielo», dice Bruner. «La palabra *cielo* ni siquiera se menciona en el libro, pero todos mis hijos supieron por instinto que eso era lo que se presentaba. Usamos esa historia como punto de partida para hablar de cómo va a ser cuando lleguemos allí».

También puedes aprovechar las horas de viaje poniendo grabaciones de audio para reflexionar. Julie Lindeman, terapeuta cristiana y madre de tres hijos, tuvo la siguiente experiencia hace unos años:

Iba manejando a campo traviesa con mis tres adolescentes a fin de pasar las fiestas con la familia extendida. Desde que su padre y yo nos divorciamos hace unos años, mis hijos habían estado algo contrariados con Dios y tenían poco interés en las cosas de Cristo. Para pasar las horas de este viaje de dieciséis horas por las llanuras, compré la versión en audio de los libros de *Dejados atrás* y *Comando Tribulación*, los cuales puse con toda tranquilidad en el equipo reproductor para escucharlos. Mis tres adolescentes hicieron como si estuvieran absortos en sus cosas, como escuchar música en el radiocasete portátil, leer o dormir. Sin embargo, luego de las primeras tres horas de escuchar el libro, estaba a punto de cambiar el CD por el segundo disco y uno de mis hijos me hizo un par de preguntas sobre la historia. Al finalizar el viaje, todos estábamos hablando del rapto, de la salvación y del plan de Dios. Por primera vez en años, estaban interesados y dispuestos para la enseñanza. Alabo a Dios por colocar la idea en mi cabeza. No solo trajo un momento de enseñanza oportuna, sino que hizo que nuestro viaje pareciera mucho más corto.

Los niños recuerdan esos momentos, en especial si ocurren con continuidad. Un estudiante de la universidad recuerda: «Antes de sacar mi licencia de conducir, papá solía llevarme en auto a la escuela todas las mañanas, en un viaje de diez minutos más o menos. En ese momento, escuchábamos el comentario de Chuck Colson en el programa radial *Breakpoint*, y hablábamos acerca del tema del día. Estos momentos me ayudaron a comenzar a entender la importancia de tener una cosmovisión cristiana y vi la pasión de mi papá por la verdad de Dios y la relación que tiene con la cultura». Lissa Johnson, madre de tres hijos, nos da las siguientes ideas para iniciar conversaciones en el auto:

1. Si llevas a un grupo de los amigos de tu adolescente, escucha. Deja que la conversación fluya a tu alrededor como si no le prestaras atención. Si surge algo que podría herir a alguien, interviene y dirige la conversación hacia lo que intentas plantear. Por ejemplo, tal vez el grupo se ría acerca de una broma que le quieren hacer a un compañero que no les cae bien. Puedes preguntarles cómo se sentirían si alguien les hiciera lo mismo. Esto puede conducir a una charla acerca de valorar las diferencias entre las personas en lugar de ridiculizarlas, y también acerca de que Dios nos ama a todos por igual.

2. Si escuchas la radio en el auto, hablen de lo que escuchan. Digamos que las noticias hablan de un jugador de fútbol profesional al que arrestan por manejar borracho. Puedes comenzar una conversación preguntando algo así: «¿Cómo te sientes cuando alguien que respetas comete un error?».

3. Hablen de lo que ven mientras van en el auto. Por ejemplo, estás buscando un lugar para estacionar y ves a una madre enojada fuera de la tienda de comestibles que le grita a su hijo. Pregúntale a tu adolescente: «¿Qué harías en una situación como esa? ¿Cómo se podría manejar mejor?».

Crea tu propio catalizador

Cuando mi hija Joy (de Jim) tenía doce años, al igual que la mayoría de los niños de su edad, quería encajar en la multitud. Mi esposa, Janet, señaló que la presión de los pares era para Joy una lucha en especial y me pidió ayuda. Como no tenía tiempo para esperar que surgiera el catalizador adecuado, creé el mío.

Decidí tener una noche en familia. Mientras Joy no estaba en la habitación, les informé a los demás que íbamos a realizar un jueguito

Rompe la barrera del sonido

Lograr que un hijo hable, que diga más de una sílaba, es un arte. Cuando sientes que no estás conectado con tus hijos, te molestas. Mi esposo y yo descubrimos un secreto para obtener algo más que gruñidos cavernícolas de nuestros niños. Luego de los devocionales familiares, mi esposo les pide a los otros cuatro chicos que se vayan a la cama. Luego le propone el siguiente trato al que no se está comunicando: «Puedes quedarte levantado hasta la hora que quieras mientras sigas hablando. Cuando dejes de hablar, tienes que irte a la cama». ¡Qué catalizador para un momento de enseñanza oportuna! Como el niño considera que quedarse despierto hasta tarde es un gran privilegio, te contará cualquier cosa que quieras saber, y un poquito más.

Rhonda Rhea

llamado «¿Cuál es la línea más larga?». Le pedí al resto de la familia que me ayudara y que dijera que pensaban que la línea del medio era la más larga, sin importar si lo era o no.

Cuando llegó Joy, comenzamos el juego. Dibujé tres líneas en un pedazo de papel grande: la línea más larga era la tercera. Pregunté: «¿Cuál es la línea más larga?». Cuando señalé la primera línea, nadie levantó la mano. Cuando señalé la línea del medio, toda la familia levantó la mano, incluso Joy.

«¿Qué me dicen de la última línea?», pregunté. Nadie levantó la mano, ni siquiera Joy.

Para asegurarme que no había ocurrido un error visual, dibujé tres líneas más y pregunté: «¿Cuál es la línea más larga?». Una vez más, todos votaron por la línea del medio, incluso Joy.

Cuando dije: «Bueno, están todos equivocados. La última línea es la más larga», Joy irrumpió diciendo: «¡Lo sabía!».

Entonces la presión cayó sobre mí para explicarle por qué no era bueno que estuviera «en la misma línea» que su familia cuando sabía que cometían un error. Seguimos el momento hablando del porqué a veces era necesario que fuera diferente a sus compañeros; cuándo era necesario que «saliera de la línea» para agradar a Dios.

Kurt Bruner relata un momento de enseñanza oportuna que creó para su hijo Kyle:

> Una noche, hice que una salida a McDonald's se transformara en una lección de fe para mi hijo, Kyle, de siete años de edad. Nos metimos en la furgoneta y le di un sencillo mapa hecho a mano.
>
> —Bueno, Kyle. Depende de ti que lleguemos a McDonald's.
>
> Puse en marcha el auto y avanzamos por la calle. En la esquina, paré y lo miré por encima del hombro.
>
> —¿Ahora hacia dónde vamos?
>
> Kyle miró el mapa.
>
> —Gira a la izquierda.
>
> —Qué va —le dije—. Creo que sé lo que estoy haciendo; no creo que tenga que doblar a la izquierda.
>
> Giré a la derecha.
>
> Lleno de frustración, Kyle saltó:

—Según el mapa tienes que girar a la izquierda.

En el próximo punto decisivo, hice lo mismo. Ya Kyle estaba muy enojado.

Cuando terminamos en un callejón sin salida, le dije:

—Supongo que no sabía a dónde iba, ¿verdad?

—No, papá, porque se supone que tenías que seguir las instrucciones —gritó Kyle.

—Bueno, ¿qué vamos a hacer ahora? —pregunté.

—Vuelve al principio y seguiremos las instrucciones.

Eso fue lo que hicimos. Volvimos al principio. Esta vez seguí las instrucciones. Durante este segundo intento de llegar al McDonald's, hablamos de lo que había pasado en el primer viaje.

—Es lo que sucede cuando no obedecemos a la Biblia —le dije—. Cuando pensamos que sabemos lo que estamos haciendo y no seguimos las instrucciones, nos desviamos. Las Escrituras son nuestras instrucciones para la vida.

Cinco minutos extras en un viaje ya planeado se transformaron en un poderoso momento de enseñanza oportuna.

Hace falta un poco de práctica para perfeccionar tu propio catalizador; probé (Marianne) unos cuantos un verano y encontré la fórmula para el éxito: la sencillez. Mi principal error era no controlar los catalizadores lo suficiente; el segundo era hacerlos demasiados complejos. Un sábado tuve una gran idea, pero estaba condenada al fracaso desde el comienzo. Mientras íbamos a una venta de garaje, le di a Danielle cinco dólares y le pedí que comprara algo que la «representara». Iba a usar lo que comprara para hacer una observación más tarde.

Apenas tuvo el dinero en la mano, me preguntó: «Si compro algo de $4.95, ¿puedo quedarme con los cinco centavos?», le dije que sí. «Y si cuesta $2.25, ¿puedo quedarme con los $2.75?» Le dije que no. «¿Y si cuesta $3.50?» Y así siguió. Durante unas dos horas fuimos de una venta de garaje a otra y no pudo encontrar nada que la «representara». «¿Qué quiere decir "representarme"?», preguntaba a cada momento. «¿Tiene que estar relacionado con los deportes? ¿Qué sucede si me gusta algo que no me represente del todo?» Fui la única que aprendió algo esa tarde: no le des una tarea abstracta a alguien que piensa en forma concreta.

Uno de los momentos de enseñanza oportuna de gran éxito que planeé fue un intento más simple, sin distracciones o asuntos externos. Tenía mi principio en mano, que se basaba en Eclesiastés 5:10: «Quien ama el dinero, de dinero no se sacia», o solo Dios satisface; los anhelos materiales solo aumentan. El catalizador tenía un centro de atención claro y estaba del todo bajo mi control. Usé a los gemelos.

Mientras estaban sentados en el sofá mirando televisión, le di a Justin un pedacito de dulce. Con celos, Kendrick pidió un pedazo. Le di un pirulí. Cuando lo vio, Justin quiso uno. Le dije: «Pero si ya tienes un dulce». Lo tiró para obtener un pedazo mayor. Entonces, en lugar de un pirulí, le di un paquete de pastillitas de colores. Con el pirulí en la boca, Kendrick vio las pastillitas y pidió un paquete. Cuando le di a Kendrick el paquete, Justin gritó: «Yo también». Sabía que había probado lo que quería. Los dos tenían más dulces de los que habían visto desde Semana Santa y, aun así, pedían más.

Después de dejarlos elegir dos a cada uno y de guardar el resto, le arrojé un dulce a Danielle y pregunté:

—¿Crees que estarán contentos mientras sepan que tengo más dulces para dar?

—No —contestó.

—Digamos que continúan actuando de esta manera toda la vida y nunca conocen a Dios. ¿Qué sucede si crecen y quieren dinero? —pregunté—. ¿Seguirán exigiendo más aunque tengan lo suficiente?

—Sí —dijo.

—¿Qué es lo único que hará que alguien deje de querer cada vez más cosas materiales?

—Dios.

Un catalizador sencillo junto con una verdad sencilla crean un hermoso momento de enseñanza oportuna

Noches familiares

Al igual que con el ejemplo de la noche familiar y la presión de los pares que dio Jim Weidmann, los momentos de enseñanza oportuna planeados resultan mejor cuando participa un grupo de personas. Cuando la gente piensa en los devocionales, de alguna manera se quedan con la idea de leer un pasaje largo de la Escritura, hacer algunas preguntas y cerrar con una oración solemne. La risa, la competencia y la diversión casi nunca son componentes clave del concepto tradicional, pero pueden serlo.

Un momento devocional para enseñar se basa en una actividad divertida, algunas preguntas y un versículo o pasaje de la Biblia pertinente. Puede llevar desde quince a cuarenta y cinco minutos, depende de la edad y del nivel de interés de tus hijos. Todo lo que necesitas son unos pocos minutos para causar una impresión duradera con un catalizador planeado.

Aquí tienes algunos buenos ejemplos de catalizadores programados para un niño o para toda la familia, tomados del libro *An Introduction to Family Nights Tool Chest*:

- Armen un rompecabezas con las piezas al revés para una lección acerca de la terminación de tareas difíciles.

- Dale a cada niño un tubo de pasta dental y hagan una carrera para ver quién puede vaciar el tubo más rápido; luego pídeles

La batalla

Nancy Parker Brummett usa historias para hablarles a sus nietos de los principios de la vida cristiana. La siguiente gema es una de sus preferidas:

Un viejo cherokee le dijo a su nieto que en su interior había una lucha entre dos lobos.

—Uno es malvado; come enojo, envidia, dolor, reproche, codicia, arrogancia, autocompasión, culpa, resentimiento, inferioridad, mentiras, falso orgullo, superioridad y ego —le dijo—. El otro es bueno; come gozo, paz, amor, esperanza, serenidad, humildad, bondad, benevolencia, empatía, generosidad, verdad, compasión y fe.

El nieto lo pensó un minuto y luego le preguntó a su abuelo:

—¿Cuál lobo gana?

El viejo indio solo respondió:

—Gana el que alimento.

que vuelvan a poner la pasta en el tubo. Esto ilustra que las palabras insensatas no se pueden retirar.

- Un juego con linternas puede enseñar una lección acerca de la manera en que nos guía el Espíritu Santo.

- La leche y una pizca de colorante comestible pueden demostrar que el pecado mancha toda nuestra vida.

- Una bolsa de papel marrón y algunos objetos cotidianos logran enseñar la lección de que no puedes saber lo que hay dentro de una persona basándote en la apariencia externa.

- Jugar una carrera de obstáculos mientras se sostienen varios ladrillos puede enseñar una valiosa lección acerca de la responsabilidad. Cuantos más ladrillos sostienes, más cuidadoso debes ser.

Una vez que usas un catalizador planeado para enseñar una lección, puedes usar otros catalizadores espontáneos para conservar los resultados del concepto básico.

Lo formal establece lo informal

Después de la noche familiar en la que le presentamos el tema de la presión de los pares a Joy, pude tener (Jim) una lección rápida de continuidad unas semanas después cuando se presentó un catalizador. Joy me dijo que otras dos niñas de su equipo de fútbol eran cristianas, así que cuando vimos un partido de fútbol en el que algunos jugadores se arrodillaban a orar dando gracias luego de jugar, le pregunté a Joy: «¿Qué tendría que suceder para que tú y esas niñas se arrodillen a orar al finalizar los partidos?». Se encogió de hombros. «¿Qué te detiene? ¿El miedo a lo que piensen tus amigos?» Tuvimos otra charla acerca de que las opiniones de los demás no tendrían que evitar que un cristiano honre a Dios.

Tal vez nunca ore después de un partido de fútbol; no es mi objetivo, aunque me agradaría que sucediera. Mi objetivo es obedecer y enseñarle principios bíblicos, de manera formal e informal, orar por ella y dar lo mejor de mí a fin de ofrecerle una imagen de lo que es una vida cristiana dinámica. La manera en que lo ponga en práctica en su vida no está bajo mi control. Lo que sí puedo controlar son los momentos en los que puedo enseñarle en una forma positiva y relevante lo que dice la Biblia acerca de llevar una vida de fe.

Kurt Bruner y su esposa, Olivia, también organizan su vida familiar para que al finalizar las lecciones formales acerca de las verdades de Dios vengan lecciones informales. Un ejemplo es un sistema de puntos para los modales. Cuando van a la casa de alguien, los niños tienen la oportunidad de ganar puntos por ser educados, respetuosos y por decir las palabras clave *por favor* y *gracias*. Los niños también pueden perder puntos; estoy seguro que todos saben lo que parecen esos comportamientos. Cuando uno de los niños Bruner acumula suficientes puntos, obtiene una recompensa, como un juguete especial o una salida para tomar helados. Establecieron el sistema y lo explicaron de manera formal para que el concepto del respeto se reforzara de manera informal. Luego de pasar una noche en la casa de alguien, los puntos se recompensan o se restan, y se lleva a cabo un momento de enseñanza oportuna acerca del buen comportamiento y el malo. Como los niños esperan ganar puntos, quieren hablar de su comportamiento y de los principios que hay detrás de sus acciones.

Catalizadores de oración

Hacerte un hábito de la oración proporcionará maneras de recordar los momentos en los que Dios interviene por su pueblo y de hablar de ellos. Lisa Donohue ora todos los días con su hija, Meghan, que tiene tres años. Recuerda una de las primeras respuestas a la oración de Meghan:

> Meghan quería orar por la bebé Cloe, que asiste a la misma guardería y que necesitaba una cirugía en el corazón. Así que durante una semana antes de la operación, todas las noches Meghan oró: «Jesús, por favor ayuda a la bebé Cloe en su cirugía para el corazón». Luego de la cirugía, le dije que Dios había respondido su oración y que el corazón de la bebé Cloe estaba mucho mejor. Esa noche, hizo la misma oración por hábito. Una vez que se dio cuenta de su pequeño error, dijo: «Gracias, Jesús. Amén».

Hacer de la oración un buen hábito proporcionará muchas ocasiones para regocijarse en la bondad de Dios. La oración también enseña otras lecciones valiosas que proporcionan catalizadores para los momentos de enseñanza oportuna. Warren y Carol Tustin les enseñaron a sus tres hijos un principio para la vida orando juntos en familia:

Cuando mi esposo y yo decidimos al fin dejar que nuestros hijos tuvieran un perro, comenzamos a orar al respecto con la familia. Los niños tenían diez, siete y cuatro años, y estaban muy emocionados por ver qué tipo de perro nos iba a proveer Dios. Un sábado, una agencia de adopción de mascotas estaba mostrando animales en la tienda de mascotas de la zona, así que fuimos a ver. Tenían varios cachorros muy lindos, pero cuando pregunté por la raza, el encargado de las adopciones me dijo que los cachorros se iban a poner enormes.

Volvimos a casa sin cachorro y expliqué que no íbamos a adoptar a uno de esos perritos porque necesitábamos un perro con el cual pudiéramos viajar. Mi familia volvió la semana siguiente y, en efecto, los cachorros seguían allí. Sin embargo, ese día el encargado de las adopciones me contó acerca de otro perro, uno pequeño que estaban mostrando en otro lugar cercano, así que fuimos a verlo.

Dios tenía el lhasa apso más lindo guardado para nosotros. Ha sido perfecto para nuestra familia. Puede viajar con nosotros y se quedará con el tamaño de cachorro pequeño, pero lo amaremos siempre en gran manera. A través de la oración y de la espera juntos, mis hijos aprendieron que a veces hay cosas buenas, como los cachorros, que tienes que dejar pasar para obtener lo mejor de Dios, en este caso, ¡un lhasa apso!

La oración de tus hijos a menudo establece un momento de enseñanza oportuna. Sheila Seifert nos cuenta acerca de una oportunidad que experimentó su hermana Beth Naylor:

Un día, Beth tomó por sorpresa a sus tres niñas que estaban sentadas en el auto. Dos de ellas estaban acurrucadas en el suelo orando.

—¿Qué están haciendo? —les preguntó.

Jenny, de dos años, se levantó de un salto y comenzó a gritar:

—Soy cristiana. Soy cristiana.

Beth le dio un abrazo y le preguntó:

—¿Por qué te hiciste cristiana?

—Porque Riley me lo dijo —contestó Jenny.

Eso le dio a Beth la oportunidad que necesitaba para explicar lo que significa hacerse cristiano.

Los diarios de oración proporcionan una manera formal de crear momentos informales de enseñanza oportuna. Llevo (Marianne) un diario de oración para Danielle que se llama el *Libro feliz*. Lo comencé para tener un registro concreto que muestre que Dios responde las oraciones de Danielle y que le provee, aunque no ore por una bendición en particular. Por ejemplo, cuando estaba en preescolar, tuvo su primera prueba de fe. Un compañero tiró la araña de peluche de Danielle al techo de la escuela. Danielle tuvo que esperar toda una noche y medio día antes de que el portero pudiera recuperarla. Tuvo que confiar en que Dios protegería a la araña de la lluvia y de los elementos y que nadie iría al techo a robarla.

Cuando Danielle está triste, podemos sacar el *Libro feliz* y repasar todas las cosas buenas que Dios hizo por ella. Le pregunto: «¿Acaso Dios no te dio buenos amigos cristianos?». «¿No le consiguió a papá un trabajo en la ciudad para que no tuvieras que mudarte?» «¿No sanó a tu abuela después del ataque al corazón?» Esos momentos de enseñanza oportuna la ayudan a ver la vida desde una perspectiva espiritual y le recuerdan que Dios sí se preocupa por ella. No quiero que los años turbulentos de la adolescencia la alcancen desprovista de una creencia fuerte de que Dios escucha sus oraciones personales.

Cuando oras en voz alta, puedes recordarles a tus hijos qué es la oración. Un sábado, poco después de una charla familiar acerca de la preocupación, metí (Jim) mi chequera en el bolsillo de atrás. Mis dos hijos y yo nos subimos a la camioneta para ir a la ferretería, como todas las semanas.

Cuando llegamos, salí de la camioneta y busqué en mi bolsillo; entonces me di cuenta que no ya no tenía la chequera. De alguna manera, en algún lugar por el camino, la había perdido. Les dije a los niños: «Chicos, la hice buena. Volvamos a la camioneta».

Hicimos eso.

—Papá, oremos —dijo mi hijo Josh.

—Está bien, Josh —le dije.

Josh hizo una hermosa oración que incluyó la siguiente petición:

—Dios, ¿puedes rescatar nuestra chequera, por favor? Para nosotros es importante.

Eso nos dio la oportunidad de hablar acerca de la oración. ¿Qué es la oración? ¿Cómo puede Dios responder la oración? ¿Qué sucede si dice «sí», «no» o «espera»?

Dos semanas después, recibí un paquete por correo. Llamé a mis hijos. Les dije: «Oigan, chicos, ¿recuerdan que Dios dijo que responde la oración?».

Después que repasamos las maneras en que podía responder, les mostré la chequera que había llegado en el paquete. Les dije: «Esta vez, Dios nos dijo: "No, todavía no"». Abrimos la chequera y no faltaba ni un cheque.

Fiestas catalizadoras

Las tradiciones de las fiestas son inolvidables. Los recuerdos que crean flotan en el corazón como perfume y endulzan el alma. Como las tradiciones se atesoran, se transforman en catalizadores fantásticos para momentos de enseñanza oportuna.

Aquí tienes algunas ideas para crear tradiciones espirituales durante las fiestas:

- Halloween: ¡No dejes que te asuste la lámpara de calabaza! Jim Weidmann ofrece una forma de transformar la calabaza en un recurso para enseñar el evangelio. En primer lugar, limpia la calabaza: la suciedad representa el pecado. Luego, cala una cara feliz. Eso es para mostrar el gozo de la vida cristiana. Por último, coloca una velita en el interior, que representa la presencia del Espíritu Santo y el mandamiento para nosotros de ser luz para el mundo.

- Día de Acción de Gracias: En el primer Día de Acción de Gracias, el maíz era parte de la celebración. Haz que también sea parte de la tuya. Toma una cucharada de granos de maíz y dale unos seis granos a cada uno en la familia. Luego comienza a pasar un plato alrededor de la mesa. Cuando le llega a cada

persona, tiene que colocar un grano en el plato y decir algo por
lo que está agradecido. Los niños muy pequeños tal vez quieran
pegar las semillas de maíz en un plato de papel con forma de
cara feliz para representar el gozo de saber que Dios provee.

La princesa prometida

¿A tus hijos les gusta reír? Prueba una película como
catalizador para un momento de enseñanza oportuna:
alquila un vídeo o DVD de la comedia clásica *La princesa
prometida* y véanla juntos. Luego usen la siguiente guía de estudio
para volver a colocar la frase «de los padres» en «se recomienda
la orientación de los padres». El material está tomado de *Movie
Nights*, de Bob Smithouser, un recurso que debe tener toda familia
que disfruta al ver películas. Asegúrate de añadir las sabrosas
rosetas de maíz y bebidas especiales.

Antes de mirar:
Mientras cenan, hablen acerca de los cuentos de hadas
preferidos de la infancia. ¿Qué tienen en común muchos de
estos cuentos? En otras palabras, ¿qué hace que un cuento sea
fascinante?
Elige uno o dos de los siguientes temas para un momento de
enseñanza oportuna después de la película:
1. ¿Cuál es la actitud de Westley hacia Buttercup al principio de
la historia? ¿Cómo hace su constante servicio para transformar el
desprecio de ella en un afecto sincero? Lee Mateo 20:28, Lucas
22:26 y Gálatas 5:13-14. ¿Qué ejemplo nos dejó Jesús en la
esfera del servicio? Haz las siguientes preguntas: ¿Cómo nos
servimos los unos a los otros en la familia? ¿Alguna vez nos damos
por sentado? ¿Qué podemos hacer para servirnos mejor entre
nosotros? Apunta a ideas específicas como por ejemplo: «Puedo
ocuparme del perro en la mañana», en lugar de: «Puedo ayudar
más en la casa».
2. Al principio en la historia, el abuelo dice: «Ese día [Buttercup]
se sorprendió al descubrir que cuando [Westley] decía "como
usted mande", quería decir "te amo"». A veces los padres les

- Navidad: Elige algunas de las celebraciones del Adviento, pero asegúrate de seleccionar las que sean valiosas para que tu hijo cree los mejores momentos de enseñanza oportuna. Compra un nacimiento navideño económico e irrompible para que los

dicen «te amo» a sus hijos en formas que a los adolescentes les resultan difíciles de entender (hacerlos cumplir horarios, negarles ciertas cosas, edificar su carácter de maneras que para el adolescente son desagradables, etc.). Hablen del asunto. Ayuda a tu adolescente a comenzar a escuchar «te amo» en medio de las reglas comprensivas y razonables y la disciplina.

3. ¿Qué hay en la actitud de Westley que lo hace un héroe? ¿Qué tiene en común con héroes de otras historias favoritas, incluyendo las de la Biblia? Para las adolescentes, recuerda las conquistas espirituales de Débora o Ester. (Véanse Jueces 4 y el libro de Ester).

4. ¿Qué es lo que hace Humperdinck que lo transforma en un cobarde? ¿Qué otros defectos lo hacen indigno? Lee Proverbios 8:13, 11:2 y 16:18. ¿De qué manera la arrogancia de Humperdinck lo destina a la derrota?

5. Íñigo quiere vengar la muerte de su padre, y parece satisfecho una vez que mata al conde Rugen. Vean lo que dice la Biblia acerca de la venganza y la justicia en Romanos 12:19, Hechos 17:31 y Hebreos 10:30-31. ¿Cómo hacen las películas para manipularnos y hacer que alentemos a alguien como Íñigo, aunque sabemos que su búsqueda está equivocada en lo moral?

6. Westley, Íñigo y Fezzik usan fuerzas diferentes (la inteligencia, la habilidad y los músculos) para vencer a Humperdinck. Todos admiten que no podrían haberlo hecho solos. ¿Qué dice la Biblia acerca de usar nuestros diferentes dones para Dios? Lean Romanos 12:4-8 y 1 Corintios 12:13-27.

7. En el sueño de Buttercup, la vieja campesina la acusa de darle la espalda al amor de Westley: «El amor verdadero la salvó del pantano de fuego, y lo trató como si fuera basura». Lean Juan 1:10-12. ¿Cómo tratan algunas personas el sacrificio de Cristo con desprecio?

Bob Smithouser

pequeños puedan recrear la historia de Navidad con las figuras. Los niños mayores estarán listos para descubrir y captar el hecho de que el bebé del pesebre era y es el Hijo de Dios. El repaso de las profecías del Antiguo Testamento ayudará a darle significado a su divino nacimiento (una buena Biblia de estudio proveerá una lista). Los adolescentes tendrían que concentrarse en dar en lugar de recibir en esta fecha. Ayúdalos a descubrir formas en las que pueden hablarles de las buenas nuevas a sus amigos; quizá sea dando regalos o adornos simbólicos con versículos bíblicos u ofreciéndose para llevar a los amigos a una reunión de vísperas de Navidad, si quieren asistir.

- Semana Santa: En la resurrección de Jesús hay suficiente gozo y sorpresa como para mantener a los niños cautivados hasta la eternidad. Así que olvídate del conejito, pero conserva los huevos de plástico y llena doce con los siguientes recordatorios acerca de los hechos que giran en torno a la resurrección. Comienza doce días antes del domingo de Resurrección y abre un huevo cada día. Hablen acerca de los contenidos de cada huevo y el pasaje bíblico correspondiente. En el caso de los adolescentes, lee el texto como aparece en la Biblia. En el caso de niños menores, tendrás que parafrasear. Esta actividad está diseñada en torno al Evangelio de Juan.

  - Juan 12:1-11: un pedazo de algodón con perfume.

  - Juan 12:12-19: alguna clase de símbolo que represente una rama de palmera, las tiras de papel verde dan resultado.

  - Juan 12:20-33: un grano de maíz o alguna otra semilla.

  - Juan 12:34-36: una bombilla de linterna o alguna otra bombilla pequeña.

  - Juan 13:1-17: un pedazo de tela de toalla o un pedacito de jabón.

  - Juan 13:18-30: un trocito de pan.

  - Juan 18:1-11: una aceituna.

  - Juan 18:12-14, 19-24: un pedazo de soga o cordel.

- Juan 18:28-40: un pedazo de papel con una corona dorada dibujada.

- Juan 19:1-16: espinas y un pedazo de tela violeta.

- Juan 19:17-37: una cruz hecha de ramitas y cordel o hilo.

- Juan 19:38-42: tiras de gasa blanca. El domingo de Resurrección, dale a tus hijos un huevo vacío para representar la tumba vacía y léeles Juan 20:1-23.

Pídeles a los niños mayores que les enseñen a sus hermanos menores, para que aprendan a trasmitir su legado espiritual.

Los niños pequeños tendrán una lucha con algunos de los conceptos que se presentan en las tradiciones de la fiesta. Sin embargo, con el tiempo, las verdades penetrarán y se arraigarán en sus corazones. Los niños Bruner han usado los momentos de enseñanza oportuna con huevos de plástico durante varios años. El año pasado, el menor oró así: «Gracias, Jesús, por morir por los huevos». No obstante, Kurt sabe que la tradición de los huevos resulta a largo plazo; los niños mayores conocen la historia de Semana Santa tan bien que ahora se la cuentan a los pequeños.

Tal vez pienses que estos catalizadores cotidianos y las conversaciones que les siguen no son determinantes. Quizá veas un mayor crecimiento espiritual después que tu hijo asiste a un campamento cristiano o a clases de confirmación, y te contentas esperando esas actividades programadas de enseñanza. Tal vez estés pensando: *¿Para qué molestarse con los momentos de enseñanza oportuna?* Sin embargo, un día dará fruto la evidencia de que Dios obra a través de tu enseñanza. Lynn Sidebotham, madre de cuatro hijos, lo dice de la siguiente manera:

Siempre me preguntaba si mis hijos me escuchaban, si ponían en práctica lo que les enseñaba. ¿Vale la pena?

Un año, mi hijo y yo leímos un libro de Mildred D. Taylor, un autor afroamericano que escribe novelas históricas. Usé un incidente del libro como momento de enseñanza oportuna a fin de ilustrar la maldad del abuso sexual a las mujeres y señalé que el maltrato generalizado de las mujeres negras es una parte muy triste de la historia de Estados

Unidos. La Biblia tiene mucho que decir contra ese tipo de egoísmo y falta de respeto.

Poco después, mi hijo, que en ese momento estaba en octavo grado, vio cómo un amigo miraba con lascivia a una muchacha en clase. Le dijo al niño que no siguiera con eso. Este le contestó algo así: «Como si nunca lo hicieras», y mi hijo le dijo: «Trato de no hacerlo, porque está mal».

La lección fue más allá de lo que esperaba; mi intención era sensibilizar a mi hijo para que tratara a todas las mujeres con respeto, y lo asimiló a tal punto que se ha transformado en un campeón.

¡Sí, el esfuerzo vale la pena!

capítulo siete

La verdad: El tercer componente del momento de enseñanza oportuna

La concisa observación de Sir Winston Churchill: «Los hombres a veces tropiezan con la verdad, pero la mayoría se levanta y se aleja deprisa como si nunca hubiera pasado nada», ayuda a los padres a comprender su función como mentores. Tus hijos verán cómo la gente que no es cristiana tropieza con la verdad de Dios y la pasa por alto. El mundo no escuchará cuando la Biblia los llame a poner a otros en primer lugar, a controlar sus apetitos sexuales, a dar y perdonar, a ser luz, a ser santos. El mundo huye de esas verdades. Cuando los niños cristianos encuentran la verdad, los padres deben alentarlos a adoptarla en lugar de alejarse con rapidez. Los niños cristianos tienen que aprender a aferrarse a los principios bíblicos que desprecian los demás.

Una de esas verdades difíciles de aceptar es: «No paguen a nadie mal por mal. Procuren hacer lo bueno delante de todos» (Romanos 12:17). Si enseñas esta verdad con diligencia, tus hijos se formarán de acuerdo a ella. Por ejemplo, un verano, Salli S. inscribió a su hijo en lecciones grupales de tenis. El instructor jugaba al tenis y a juegos de fuerza con la misma intensidad. Era el rey de la cancha y se lo manifestaba a todos los que lo rodeaban. Si no le gustaba uno de los padres, le pedía que se retirara. Si alguien se quejaba, la respuesta era: «mala suerte». En su juego de tenis, la puntuación nunca incluía «amor».

Salli recuerda:

Ya estábamos bastante estresados, y no quería que este malvado instructor agraviara a mi hijo. Es más, estaba furiosa por pagarle para tratarnos tan mal. Sin embargo, mi hijo, Jay, y yo decidimos ver lo que podía hacer la oración, porque tuve una firme sensación de que era nuestro deber y que Jay

Recuerdos de momentos de enseñanza oportuna #3

- «Mi papá y yo leíamos la Biblia, casi siempre Proverbios, antes de irme a la escuela secundaria. Esto me mantuvo a flote durante un tiempo en el que mi fe cristiana estaba tibia».

- «Durante el instituto, papá y yo desayunábamos juntos a menudo en nuestra mesa de la cocina, y a veces hablábamos de las preguntas espirituales que tenía. Mi parte preferida, la que más me alentaba, era cuando terminábamos orando. En verdad me preparaba para el día».

- «Mi mamá y yo teníamos largas conversaciones en su cuarto antes de irnos a dormir. Estas conversaciones para "rendir informe" no solo me permitían decir lo que había en mi corazón y mis luchas con mamá, sino que le permitían a ella guiarme y asegurarme que siempre estaba a mi disposición para alentarme. La culminación de estos momentos: la risa, las lágrimas y los momentos de conflicto, crearon un lazo inquebrantable entre nosotras».

- «Cuando tomaba malas decisiones, mi madre se sentaba conmigo a hablar al respecto y terminaba diciendo cómo habría manejado Jesús la situación».

- «Cuando estaba en la escuela secundaria, mis padres se separaron por un tiempo. Mi mamá nos alentó a mis hermanos y a mí a memorizar un pasaje para ayudarnos a pasar ese tiempo. Jeremías 29:11-14 todavía es mi pasaje preferido».

necesitaba aprender que Dios espera que devolvamos bien por mal.

Le pregunté a Jay si podía ser un ejemplo vivo en la cancha de tenis para el instructor y mostrar la diferencia entre un cristiano verdadero y uno falso. Me dijo que sí, aunque significaba soportar a niños que decían: «Ja, ja, lanzaste mal la pelota», o «No voy a responder a ninguno de tus saques porque no quiero jugar contigo». Orábamos todos los días antes de empezar las lecciones de tenis; en especial orábamos por el instructor y para que nuestras acciones y actitudes fueran humildes.

En una semana, el instructor hizo un comentario acerca de la mejora en el comportamiento de Jay y me hizo algunas preguntas sobre la Biblia. Luego de tres semanas, el saque de tenis de Jay mejoró de forma notable, así como su actitud de siervo.

A partir de este momento de enseñanza oportuna, lo que Jay sabía acerca de las Escrituras bajó cuarenta y cinco centímetros desde su cabeza al corazón. Cuando lo puse en práctica, descubrió la verdad del mandamiento de la Biblia de devolver bien por mal.

Pon la verdad a prueba

Cuando los padres que han desarrollado una buena relación con sus hijos reconocen un catalizador, están listos para juntar ese catalizador con una verdad bíblica. El tercer componente de los momentos de enseñanza oportuna es la selección de una verdad adecuada para enseñar.

Los momentos de enseñanza oportuna son adecuados de manera excepcional para enseñar principios espirituales. Todas las verdades tienen la misma cantidad de verdad, pero no cambian la vida de la misma forma. Es probable que a tus hijos les interese más lo que enseñó Jesús acerca de la oración que en saber que el rey David nombró a Yasobeán para estar a cargo de más de veinticuatro mil soldados (1 Crónicas 27:2).

La información que aparece a continuación es una lista de hechos y principios bíblicos adaptados y ampliados de la guía para padres

Parents' Guide to the Spiritual Growth of Children, editada por el Dr. John Trent, Rick Osborne y Kurt Bruner. La lista incluye ciento doce verdades que se dividen en grupos por edades: 0-4, 5-6, 7-9, 10-12, 13-15, y 16-18. Dentro de cada grupo hay una lista de temas y principios bíblicos que los niños deberían poder entender durante esa etapa de desarrollo. Se trata de pautas, no de leyes. Muchas de las verdades son tan generales que se pueden encontrar múltiples verdades dentro de las definiciones.

Es necesario volver a ver la mayoría de las verdades de vez en cuando; limita el concepto decir que un adolescente de diecisiete años no necesita que le enseñen que «Dios creó el mundo» porque lo aprendió en preescolar. Necesita que le recuerden ese hecho cuando se enfrenta a la teoría de la evolución por el *Discovery Channel*. Todos los cristianos necesitan oír a menudo estas verdades revolucionarias.

La sombra de Jesús

A veces, un momento de enseñanza oportuna se presenta por sí solo, pero no estoy segura de que mis hijos puedan comprender la verdad que lo acompaña. Me inclino a ofrecerlo de todas maneras y le pido a Dios que honre mis intenciones. A veces Dios toma una lección que había planeado y la cambia para cumplir sus propósitos.

Cuando Justin tenía tres años, robaba cualquier producto de confitería y lo escondía para comer. Un día, puso una silla junto a la encimera de la cocina, se subió, se estiró para alcanzar la parte de arriba del refrigerador y tomó las coloridas vitaminas para niños. Después de llevar el frasco a su habitación, abrió la tapa «a prueba de niños» y comenzó a compartirlas con su hermano gemelo, Kendrick. Cuando los encontré, Justin repartía las pastillitas a puñados y las mejillas de Kendrick estaban llenas como las de una ardilla. Luego de sacárselas de la boca, conté doce y calculé que otras tres ya se habían transformado en saliva de vitaminas.

Otras veces, Justin corre al patio y se esconde detrás del cobertizo para comerse una galleta o algún otro dulce robado. Un día, lo sorprendí con chicle y utilicé su expresión culpable

A medida que los niños crecen y maduran, se darán cuenta de que las verdades más simples son las más profundas, y una vieja verdad tocará sus vidas en una forma nueva. A Karl Barth, famoso teólogo conocido por sus argumentos y pensamientos complejos, a menudo le preguntaban cuál era la verdad más profunda que conocía. Su respuesta era: «Cristo me ama, bien lo sé... la Biblia dice así».

0-4 años de edad
1. Dios existe.
2. Dios te ama.
3. Jesús te ama.
4. Dios quiere cuidarte.
5. Dios creó todas las cosas.
6. Dios te creó.

para introducir un momento de enseñanza oportuna. Intenté convencerlo de que la sensación extraña que había en su corazón le decía que no robara dulces. Esa sensación extraña era Dios, porque Dios lo está mirando y sabe lo que está haciendo aunque mamá no lo sepa. Sabía que el concepto de la omnipresencia iba un poco más allá de lo que podía comprender por su edad, y pensé que no aprendería nada, hasta que mi esposo compró una nueva lámpara de noche.

La primera noche que se usó, los gemelos estaban acostados cuando Kendrick observó una nueva sombra en el techo.

—¡Mira, un globo! —comentó sobre la forma.

—No, no es eso —dijo Justin—. Es Jesús. ¿No ves la cabeza?

—Un globo —dijo Kendrick.

—No, es Jesús —mantuvo Justin con firmeza—. Mamá dice que me está mirando.

Eso terminó la discusión. Para Justin, la sombra era la presencia de Jesús que lo miraba mientras dormía. Se sentía seguro al saber que la sombra estaba allí. No era la aplicación exacta de la lección que tenía en mente, pero está bien.

mkh

7. Dios nos dio la Biblia.
8. El Hijo de Dios, Jesús, murió por tus pecados para que puedas estar con Dios.
9. Orar es hablar con Dios.
10. Necesitas hablar con Dios con regularidad.
11. Necesitas que a menudo escuches historias de la Biblia acerca de Dios y Jesús.
12. Dios quiere que seas bueno, bondadoso y cariñoso.
13. Dios quiere que veas y pienses en cosas buenas.
14. Dios quiere que vayas a la iglesia.
15. Dios quiere que obedezcas a tus padres.
16. Dios quiere que aprendas a compartir tus cosas con otros.

5-6 años de edad

17. Dios es tu Padre celestial que te ama. Quiere guiarte, enseñarte, amarte, protegerte y proveerte.
18. Jesús nos mostró quién es Dios y cómo es.
19. Dios está en todas partes, puede hacer cualquier cosa y conoce todas las cosas.
20. Jesús siempre estuvo con Dios y es Dios.
21. En la Biblia, Dios nos cuenta acerca de sí mismo, de su hijo Jesús y de su plan para ti.
22. Dios envió a su Hijo Jesucristo a morir por ti.
23. Dios ha preparado un lugar para ti en el cielo. Jesús volverá a buscarte.
24. Puedes tener una relación con Dios si aceptas lo que te ofrece Jesús: la salvación.
25. Dios quiere tener una relación contigo.
26. Puedes hablar con Dios mediante la oración.
27. Puedes darles gracias a Dios y a Jesús por todas las cosas buenas de tu vida.
28. Puedes pedirle sabiduría y dirección a Dios.
29. Puedes leer acerca de Dios y de su Hijo, Jesús, en la Biblia o en un libro de cuentos de la Biblia.
30. Dios tiene un plan para ti.
31. La Biblia te dice la clase de persona que Dios quiere que seas.

32. El camino de Dios es el mejor. Puedes ser todo lo que Dios espera de ti si sigues a Jesús.

33. Dios quiere que pongas solo cosas buenas en tu corazón.

34. Cuando pecas, tienes que pedirle a Dios que te perdone, y Él lo hará.

35. Dios quiere que pases tiempo con otros cristianos, tanto en la iglesia como en la comunidad.

36. Dios quiere que ayudes a los demás y que seas bueno con ellos.

37. Dios quiere que le obedezcas y que sigas a Jesús en todo.

38. Dios quiere que compartas y cuides todo lo que te da.

39. Dios quiere que entiendas y memorices versículos bíblicos.

7-9 años de edad

40. Puedes estar seguro de que Dios es real.

41. Hay un solo Dios.

42. Dios existe en tres personas: Padre, Hijo y Espíritu Santo. Esto se llama la Trinidad.

43. Dios es eterno.

44. Jesús es Dios y hombre a la vez.

45. Nada existe si Dios no lo crea.

46. El carácter de Dios es veraz, sincero, cariñoso, compasivo, generoso, desinteresado, perdonador, misericordioso, digno de confianza, fiel, justo, imparcial y santo.

47. La Biblia es veraz. Es la Palabra de Dios y puedes confiar en ella.

48. Dios se aseguró que todas las historias de la Biblia fueran parte de la misma gran historia.

49. No todos obedecen a Dios.

50. Dios quiere que aprendas y estudies la Biblia.

51. El mundo está lleno de pecado. En el mundo hay un enemigo (Satanás).

52. Jesús murió para salvarte del castigo del pecado.

53. Jesús venció al pecado y a Satanás.

54. Jesús es el único camino para llegar a Dios.

55. Lees la Biblia para aprender quién es Dios y lo que hizo y está haciendo.

56. Puedes orar tú solo o con tus padres.
57. La oración te beneficia de muchas maneras.
58. A veces la vida se complica y debes seguir orando porque de esa manera Dios te fortalece.
59. Puedes confiar en Dios y entregarle tu vida.
60. Deberías aprender a buscar a Dios.
61. Jesús te da paz.
62. Dios quiere que aprendas, crezcas y seas como Jesús.

El honesto Abraham

Cuando uso momentos de enseñanza oportuna, me encuentro con que Dios también usa las verdades elegidas para pulir mi corazón. Cuando Danielle tenía diez años, leyó acerca de un episodio de la época en que Abraham Lincoln era un joven empleado en una tienda. Un día le cobró de más a una clienta y caminó casi cinco kilómetros hasta la casa de la mujer para darle el vuelto adecuado.

A Danielle le llamó tanto la atención la acción de Lincoln que habló al respecto toda la tarde. Tuvimos un momento de enseñanza y decidimos que nuestra familia debía apuntar a ser así de honesta en lo económico. Haríamos lo bueno, aun si se transformaba en un gran inconveniente.

Durante las cuatro semanas siguientes, se me presentaron las siguientes situaciones:

- Justin se llevó un auto de juguete de veinticinco centavos de una venta de garaje. Cuando descubrimos el robo, viajé durante cuarenta minutos para pagar el auto.
- Durante una excursión a una pequeña feria, los encargados de los juegos se olvidaban a cada momento de pedirnos los boletos. En lugar de no hacer nada y aceptar un juego gratis, tuve que pedirles que tomaran nuestros boletos.
- Los alimentos estaban en el auto y los niños tenían puesto el cinturón de seguridad. Entonces me di cuenta de que olvidé pagar los huevos. Regresé a la tienda, volví a hacer la cola y los pagué.

63. El crecimiento es un proceso de aprendizaje.
64. Tu carácter debe igualarse al carácter de Dios.
65. Dios quiere que perfecciones tus talentos.
66. Dios quiere que desarrolles el fruto del Espíritu, que es amor, alegría, paz, paciencia, amabilidad, bondad, fidelidad, humildad y dominio propio (Gálatas 5:22).
67. Dios quiere que madures y desarrolles tu personalidad.

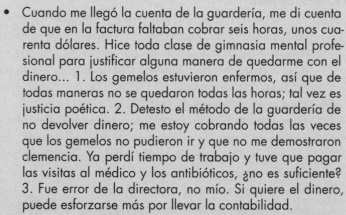

- Cuando me llegó la cuenta de la guardería, me di cuenta de que en la factura faltaban cobrar seis horas, unos cuarenta dólares. Hice toda clase de gimnasia mental profesional para justificar alguna manera de quedarme con el dinero... 1. Los gemelos estuvieron enfermos, así que de todas maneras no se quedaron todas las horas; tal vez es justicia poética. 2. Detesto el método de la guardería de no devolver dinero; me estoy cobrando todas las veces que los gemelos no pudieron ir y que no me demostraron clemencia. Ya perdí tiempo de trabajo y tuve que pagar las visitas al médico y los antibióticos, ¿no es suficiente? 3. Fue error de la directora, no mío. Si quiere el dinero, puede esforzarse más por llevar la contabilidad.

Esperé hasta el último día para hacer el cheque, hasta última hora, y al final le pedí a la directora que corrigiera la factura. Ni siquiera dijo «gracias», pero me di cuenta de que estaba sorprendida de que señalara un error de cuarenta dólares a favor de la guardería.

Ese primer momento de enseñanza oportuna con Danielle se transformó en una tarea para mí, a fin de obtener méritos extras. Debo admitir que el honesto Abraham también me causó una impresión. Nunca sabré con seguridad si hubiera pagado toda la factura de la guardería si la honradez no hubiera estado en mi mente todo el mes. Sin embargo, el hecho es que lo hice. Y sé que si Danielle tiene la honradez en su mente, también tomará buenas decisiones.

mkh

68. La iglesia es idea de Dios. Jesús es la cabeza de la iglesia. Allí aprendes acerca de Dios y alientas a los demás a seguir a Jesús.

69. Dios quiere que entiendas la bendición que representan las personas y las buenas relaciones.

70. Dios te enseñó a distinguir entre el bien y el mal. Lo hizo para mantenerte seguro y para darte una buena vida.

71. Los Diez Mandamientos son una buena guía para la vida.

72. Dios quiere que hables de tu fe.

10-12 años de edad

73. No todos creen en la verdad acerca de Dios, pero hay formas de responder a las objeciones. (El manejo de las opiniones contrarias acerca de Dios, o apologética básica; también puedes estudiar otras religiones a fin de estar equipado para responder sus preguntas).

74. Dios quiere que explores la Biblia.

75. Dios armó la Biblia de una forma fascinante. Docenas de autores, a través de un período de varios miles de años, crearon un libro con un perfil único y unificador de Dios, de su voluntad y su propósito.

76. Necesitas aprender a estudiar la Biblia.

77. Dios deja que su pueblo lo sirva y lo adore de diferentes maneras.

78. Dios nos dio un registro preciso de su Hijo, Jesús.

79. Dios quiere que les digas a los demás lo que hizo Jesús.

80. Jesús volverá como Juez y habrá un cielo nuevo y una tierra nueva.

81. Puedes orar solo.

82. Puedes leer la Biblia por tu cuenta.

83. Puedes aprender a adorar a Dios y a Jesús por tu cuenta o en grupo.

84. Dios quiere que decidas crecer, aprender y buscar su sabiduría.

85. No tienes por qué vivir la vida cristiana solo. Dios obra en ti por medio de su Espíritu Santo.

86. Dios quiere que encuentres y sigas su voluntad para tu vida.

87. Dios quiere que te decidas a someterle toda tu vida y todo lo que tienes.

88. Dios quiere que elijas su camino por amor y porque quieres ser como Jesús.

89. Dios quiere que aprendas a buscar y a seguir la dirección de su Espíritu.

90. Necesitas aprender a resistir la tentación y a Satanás.

91. Necesitas participar en la iglesia y encontrar tu lugar en el cuerpo de Cristo.

13-15 años de edad

92. Dios es tu proveedor. Puedes confiar en que se ocupará de tus necesidades económicas.

93. Dios es el Dios de los grupos de personas y de las familias. También es un Dios personal: tu Dios.

94. El amor de Dios se basa en su bondad, no en tu capacidad de amar.

95. A Dios le interesa más forjar tu carácter que hacer que estés cómodo. Dios te ama y te ayuda, pero no siempre hace que todo sea fácil.

96. Cuando tienes pensamientos depresivos o tristes, Dios quiere que ores. Él te ayudará.

97. Dios quiere que ores por tu familia, por tus amigos, por tu futuro cónyuge, por tu nación y por el mundo.

98. Dios quiere que tus palabras sean prudentes. Maldecir o tomar el nombre del Señor en vano es inapropiado. Dios no quiere que chismees ni que te rías de las bromas crueles.

99. La Biblia advierte acerca de emborracharse o dejar que cualquier cosa controle tu mente, ya sea el alcohol o las drogas.

100. Dios quiere que le testifiques a la gente que no es igual a ti. Pueden ser diferentes por su trasfondo cultural, por la cantidad de dinero que tienen, por el color de la piel, por los pasatiempos o por sus gustos musicales.

101. Dios quiere que mantengas la pureza sexual en tus pensamientos y en tus obras.

102. Dios quiere que elijas amigos que te ayuden a ser un cristiano más fuerte. Escoge a los amigos que preguntan: «¿Qué haría Jesús?».

16-18 años de edad

103. Dios te formó y te diseñó para sus planes. Es el alfarero y tú eres la arcilla. Tu destino está en Él.

104 Dios te da la fuerza y los recursos para enfrentar cada día, sin importar lo duro que sea.

105. El propósito de Dios al enviar a Jesús fue ofrecer el perdón al mundo. Perdonará tus pecados si se lo pides en el nombre de Jesús.

106. Dios quiere que honres a tus padres, aun cuando sea difícil.

107. Es necesario que elijas a Dios como tu Dios personal. No quiere que lo sirvas de labios para fuera por una tradición familiar; quiere tu corazón.

Si a alguna mamá le falta sabiduría...

No podemos evitar la difusión de los medios de comunicación. Por lo general, las emisiones televisivas entran a mi hogar solo en la temporada de fútbol, y cuando lo hacen, tengo que prepararme para los inevitables momentos de enseñanza oportuna que traen los anuncios publicitarios. El año pasado, tuve el privilegio de explicar por qué algunas personas disfrutan del humor grosero de la campaña de la marca 7-Up, *«Make 7-Up Yours»*, y desafié a mi familia a que evitara los «chistes groseros» que reprende Efesios 5:4; pero este año no estaba preparada.

¿Cómo le explicas a un niño de doce años, que ama a los *Hardy Boys* y juega al *hockey* que el hombre de la publicidad piensa que es atrayente vestirse de sirvienta francesa antes de tener relaciones sexuales con su novia? ¿Y cómo le explicas que al viejo del pasillo le parece sensual el traje de sirvienta francesa en lugar de parecerle ridículo? La fornicación, la homosexualidad, el travestismo, la estimulación erótica de las fantasías sexuales: esos eran los conceptos subyacentes en el anuncio publicitario «gracioso» de *Bud Lite*, que patrocinaba un juego de fútbol universitario. ¿Por qué no me reía?

Hemos hablado acerca de las normas de la Biblia para el sexo. Mi hijo sabe de dónde vienen los bebés y algo acerca de la

108. Dios quiere que vivas cada día para Él y que estés preparado para servirle con los dones que te ha dado. Esto te ayudará a descubrir tu identidad.

109. Necesitas aprender a respetar, a honrar, a sacrificarte y a tener dominio propio. Estas son las cualidades que conforman un buen cónyuge.

110. Dios quiere que estés en contra de la cultura del mundo. Para esto hace falta dominio propio.

111. Al descubrir tus dones espirituales, puedes servir mejor a Dios en la iglesia. Solo encontrarás satisfacción en el servicio a los demás con los dones que Dios te dio.

homosexualidad y de la palabra *lesbiana*. Sin embargo, como mi hijo aún preferiría darle un tortazo en el brazo a una niña en lugar de un beso en la mejilla, en verdad no creo que le entrara la idea. Todavía es muy ingenuo; ¡gracias a Dios! Debido a esa ingenuidad, no he entrado en detalles, en especial acerca de la homosexualidad y el travestismo. Con todo, tal vez debería haber cubierto un poco más de terreno, porque al día siguiente mi hijo comenzó el séptimo grado y preguntó por qué uno de sus compañeros le dijo que el maestro de matemática era «gay» y se rió.

En el momento no pudimos hablar del asunto, así que me dio tiempo para prepararme y estudiar lo que dice la Biblia acerca del sexo antes de enseñarle a mi hijo sobre esto. Entonces, ¿por dónde comienzo? Y lo que es más importante, ¿dónde me detengo? ¿Le enseño todo acerca de las cosas impías que hace la gente en nombre del sexo para que comprenda el estilo de vida de su maestro y los anuncios publicitarios de la televisión? (¿Puedo prohibir el «fútbol del lunes por la noche», ¿pero puedo prohibirle la matemática?) ¿Incluyo la bestialidad? ¿Qué hago con la necrofilia o la masturbación grupal?

Necesitaba sabiduría. No voy a hacer nada hasta que haya estudiado, orado y esperado. Sé que Dios proveerá el momento oportuno, los versículos bíblicos adecuados y las palabras apropiadas. De seguro las necesitaré.

anónimo

112. Los sentimientos pueden ser engañosos. Dios quiere que le obedezcas y que renueves tu mente con la lectura de la Biblia, de modo que los sentimientos o los argumentos que influyen en tus emociones no te lleven por mal camino.

Combina la verdad con el momento adecuado

Encontrar una verdad que combine con un catalizador no es una ciencia; más bien se parece al buen sentido de la moda. Antes de seleccionar la vestimenta adecuada, primero tienes que fijarte cómo está el clima. ¿Necesitas un abrigo o una camiseta sin mangas? Después necesitas saber dónde vas a usar la ropa. ¿Necesitas algo formal o los vaqueros serán suficiente? Además, es necesario que sepas qué quieres manifestar con lo que te pones. ¿Una falda plisada de color fucsia o un sencillo vestido negro? Y por último, ¿te queda bien o te hará sentir incómoda después de cenar en un restaurante con derecho a consumir sin restricción?

A menudo ocurre una similar manera de ver las cosas cuando te enfrentas a un catalizador. Este proceso se hará automático una vez que aprendas la técnica, así como la elección de la vestimenta adecuada para ir al trabajo. Entonces, antes de que sea natural, piensa primero en todas estas preguntas: ¿Esta verdad concuerda con nuestro humor en este momento? ¿Es adecuada para la edad y los intereses de mi hijo? ¿Podemos abarcar el tema con unas cuantas oraciones o necesitamos tener la Biblia a mano para estudio adicional? ¿Mis hijos serán lo bastante maduros para esta verdad o se atragantarán con ella? ¿Hay alguna otra verdad mejor para este momento?

La mayoría de las veces, estas preguntas se hacen y se responden por intuición: No recomendamos que lleven una lista de control de aquí para allá a fin de evaluar lo adecuado de algunas verdades. No obstante, sí necesitas practicar antes de que se perfeccionen tus instintos, de modo que *sepas* cuándo y cómo presentar una verdad.

Cuándo dejar pasar un momento

Sin embargo, algunos errores a la hora de vestirse son tan malos que deberían evitarse todo lo posible. Por ejemplo, sin importar la buena figura que tengas, no es adecuado que te pongas un traje de baño para asistir a una entrevista de trabajo en una agencia gubernamental, ni te vayas a poner el disfraz de Darth Vader en el bautismo de tu hijo. Los momentos de enseñanza oportuna tienen los mismos riesgos en potencia, y es necesario tener cuidado. Aun así, después de un poco de práctica, el sentido común evitará que cometas un error garrafal con los momentos de enseñanza.

Aquí tienes algunas pautas generales: Asegúrate de que tu hijo...
* esté de buen humor,
* esté bien alimentado,
* logre concentrarse en la conversación,
* esté alerta e interesado.

¿Parece sencillo? Bueno, es un poco más difícil que eso, porque como padre afectuoso, tu fervor te llevará a abalanzarte sobre cualquier catalizador que aparezca en tu territorio. Y una vez que te transformes en un experto para reconocer catalizadores, te parecerá que se encuentran por todas partes. Considera el siguiente ejemplo: ¿Alguna vez observaste que puedes darte cuenta del tipo de madera debido al diseño o la veta? La madera de pino tiene nudos y remolinos, el roble tiene rayas gruesas que te hacen pensar en un tigre. De la misma manera, se supone que los cristianos debemos tener un cierto patrón, una forma de ser que resalte y que nos separe de los demás.

Hay una tendencia natural a concentrarse en la gran idea en lugar de hacerlo en tu hijo. Tal vez creas que dedicarte al catalizador del momento de enseñanza es muy divertido, pero si a tu hijo no le interesa, el impacto del mensaje se mezclará con el decorado y desaparecerá. Demasiados momentos de enseñanza harán que tu hijo pierda el interés en el mensaje y quizá hasta en la relación.

Puedes usar una mala nota en un examen de matemática como catalizador, por ejemplo, pero tal vez quieras esperar hasta que tu hijo supere la desilusión inicial. O un acontecimiento alegre, por ejemplo, ganar el premio estatal por algún deporte, puede dar pie para una conversación bíblica, pero deja que tu hijo se regocije y disfrute de la emoción de la victoria antes de esperar que se concentre lo suficiente como para absorber una verdad. Jesús alimentó a los cinco mil antes de predicar. Esperó hasta que los discípulos estuvieran con Él en muchos milagros antes de comenzar a hablar de su muerte. La elección del momento es lo más importante.

He aquí un ejemplo de un momento inoportuno que me pasó a mí (Marianne). Desde nuestra casa, la biblioteca queda a un kilómetro y medio de caminata cuesta arriba. Justo ese sábado, Danielle y yo teníamos que ir a la biblioteca a fin de que se reuniera con un

No seas ciego

No todos los momentos de enseñanza oportuna deben tratarse de verdades bíblicas. También es valioso transmitir lecciones basadas en sentido común puro.

El Dr. James Dobson recuerda un momento de enseñanza oportuna cuando su hijo, Ryan, era adolescente. Una mañana se levantaron temprano para ir a cazar, una de las actividades preferidas entre padre e hijo. Se situaron en un escondite para ciervos, y a veinte metros se encontraba un comedero que operaba con un reloj automático. A las siete de la mañana, dejaba caer granos de maíz en una olla, para atraer a ciervos desprevenidos.

El Dr. Dobson continúa con la historia:

Ryan y yo nos acurrucamos en el refugio, hablando en voz baja acerca de lo que nos venía a la mente. Entonces, a través de la niebla, vimos aparecer en silencio en el claro a una hermosa hembra. Le tomó unos treinta minutos llegar al comedero donde nos escondíamos. Nuestra intención no era dispararle, pero era divertido mirar ese hermoso animal desde tan cerca. Era cautelosa en extremo; olía el aire y estaba alerta a los sonidos del peligro. Al final, avanzó despacio hasta el comedero, mirando aún a su alrededor con nerviosismo, como si presintiera nuestra presencia. Luego desayunó rápido y huyó.

Le susurré a Ryan: «Hay algo valioso que aprender de lo que acabamos de ver. Cuando te encuentras con una provisión gratis de maíz de buena calidad que aparece de improviso en el medio del bosque, ¡ten cuidado! Es probable que la gente que lo pusiera allí esté sentada en un refugio cercano a la espera para dispararte. ¡Mantén los ojos y los oídos abiertos!».

compañero a trabajar en un proyecto en grupo. Y aunque Danielle pasa horas al día corriendo para el equipo de atletismo, detesta la caminata en subida.

—¿Es necesario que caminemos? —preguntó.

—Sí. Necesito hacer ejercicio.

—¿Puedo correr hasta arriba?

—Sí, si quieres llevar mi computadora portátil para que pueda seguirte el paso.

Danielle se fue a buscar sus libros. Como quería que la tarde fuera positiva, la llamé por el pasillo:

—Si te apuras, tendremos alrededor de una hora antes de que llegue tu compañero y puedes jugar en una de las computadoras de la biblioteca.

—¡Bueno, vamos!

De repente, en medio de su entusiasmo, Danielle pasó a ser como un ovejero, mordisqueándome los talones para que saliera de la casa. Buscó mis zapatos y mis calcetines, tomó su bolso para los libros y la tarjeta de la biblioteca.

—Danielle —le dije—, recuerda este giro total de sentimientos la próxima vez que sientas que ser cristiana es aburrido o demasiado difícil. A menudo significa que perdiste la visión. Necesitas dar un paso atrás y concentrarse en lo que Dios hizo por ti, en tu futuro, y el entusiasmo volverá.

Pensé que era una de mis mejores analogías, ¡un perfecto momento de enseñanza!

Sin embargo, lo único que dijo Danielle fue: «Ya sé», su respuesta estándar cuando no está interesada o cuando está absorta en otra cosa.

Al principio, su actitud me pareció un poco brusca y pensé: *Aprenderá la lección aunque no quiera. Voy a hacer que se siente y la voy a forzar a buscar algunos versículos.* Entonces me contuve; acababa de interesarla con la perspectiva de jugar a su juego de computadora preferido. ¿Cómo iba a esperar que cambiara de marcha en su mente tan rápido y se concentrara en este concepto? Mi elección del momento fue mala. Guardaré la analogía para otro día.

Tomé mi mochila y dije: «¿Cuánto dinero ganaste con tu tienda virtual *"Neopets"* esta semana?». No quise arruinar la caminata, así que cambié de tema a algo más agradable. Sabía que nos esperaba un trecho largo y empinado, y que de otra forma, tendríamos una «batalla cuesta arriba».

Hay otras razones para dejar pasar momentos de enseñanza. Tal vez está presente toda la familia y la verdad que quieres impartir se expresa mejor en forma individual. O quizá la estén pasando tan bien juntos que no quieres arruinar el ambiente. Confía en tus instintos para la elección del momento adecuado, pero si no tienes al menos una oportunidad a la semana para dejar pasar un momento de enseñanza, tal vez necesites un plan para ayudarte a crear más oportunidades.

Lo que entra debe salir

Las verdades para los momentos de enseñanza oportuna aparecen con más facilidad cuando el padre está acostumbrado a estudiar la Biblia. Si la lectura de la Biblia es un hábito diario o semanal, la Palabra de Dios ya está en tu mente y esas verdades pueden recuperarse en forma mucho más rápida.

Si necesitas darle un repaso a algunos de esos versículos que ya olvidaste o es la primera vez que realizas un estudio bíblico, dos lugares en los cuales recoger sabiduría práctica con rapidez son los Evangelios y el libro de Proverbios. El Sermón del Monte se encuentra en Mateo 5—7, el Evangelio de Lucas tiene algunas parábolas interesantes con verdades profundas en los capítulos 10—21 y seguro querrás volver a leer la historia de la Pasión desde la perspectiva de Juan, que comienza con la Cena del Señor en el capítulo 13 y termina en el 21. Es un total de treinta y tres capítulos. Si lees un capítulo por día, al cabo de más o menos un mes puedes hacer un curso de actualización sobre la vida de Cristo.

Los Proverbios, además, están divididos de forma conveniente en trozos digeribles y constan de treinta y un capítulos. La lectura de un capítulo al día, te dará literalmente la sabiduría de Salomón.

Aquí tienes un momento de enseñanza oportuna de Albert Yeh, un científico de alto rango que trabaja en una empresa de tecnología y padre de tres hijos, que se basa en una verdad sacada del Sermón del Monte (Mateo 5:14-16):

Un día, mientras cambiaba una bombilla eléctrica inservible, Moriah, de cinco años de edad, quiso saber cómo funcionaba una lámpara. Saqué una bombilla transparente de sesenta vatios y le mostré el filamento conectado por los dos electrodos. Cuando la bombilla está conectada al tomacorriente, la electricidad fluye a través del filamento y produce luz. Cuando se rompe el filamento, no brilla la luz.

Le expliqué a mi hija que, como cristianos, somos iguales a las bombillas. Dios es como el tomacorriente que nos permite brillar como la bombilla si seguimos sus deseos.

Si desobedecemos las palabras de Dios, seríamos como el filamento roto que no puede brillar en el mundo.

A fin de encontrar ayuda para entender las Escrituras, recomiendo (Jim) leer la *Biblia del Diario Vivir*. Puedes leer una página por día y obtener nuevos conceptos espirituales a través del comentario. Es eficiente, eficaz e interesante. Si realizas este paso sencillo, aumentarás tu conocimiento y podrás ofrecerles a tus hijos una mejor carnada para que se enganchen con tus momentos de enseñanza oportuna. Hay un axioma basado en Isaías 55:11: «[Mi palabra] no volverá a mí vacía, sino que hará lo que yo deseo y cumplirá con mis propósitos». Te darás cuenta de que cuando estudias la Biblia, aun en trozos digeribles, habrá varias oportunidades para que la pongas en práctica todos los días.

Como mi hijo Joshua quiere ser pastor, tenemos momentos de enseñanza oportuna acerca del liderazgo. Hace poco, comencé a leer la obra de E.M. Bounds, *On Prayer*, y descubrí que los líderes elegidos por Dios son hombres que oran. Le transmito esos ejemplos bíblicos a Josh, sabiendo que necesita aprender a proteger su vida de oración a fin de conocer la voluntad de Dios.

La verdad te da más sed

¿Alguna vez has notado que el helado te da sed?

Ve a la heladería de la zona. Sin duda, tienen un bebedero. Aunque el helado es frío, dulce y se desliza por tu garganta, te deja muy sediento.

De la misma manera, un momento de enseñanza satisfactorio puede crear sed de más verdad. Recuerdo (Jim) un momento de enseñanza oportuna que nos llevó con naturalidad a un estudio bíblico. Cuando mis hijos tenían doce, diez y ocho años, asistían a una cooperativa de enseñanza en el hogar. Un día, cuando regresé a casa del trabajo, pregunté:

—Bueno, ¿qué hicieron hoy en la escuela?

Me dijeron que la maestra les había pedido a los estudiantes que escribieran todas las cosas que les daban miedo.

—¿Y cuál fue el resultado? —pregunté.

—Papá, fue muy interesante —contestó Josh—. ¡A lo que más le tenían miedo los niños era a Dios! Después, le tenían miedo a su papá.

Con rapidez contesté a ese comentario:

—Oigan, no me tienen miedo, ¿verdad?

—Ay, papá, no escribimos eso. Eso fue lo que escribió la mayoría de los niños —contestó Joshua en representación de la familia.

—Hablemos de este miedo a Dios. ¿Qué sintieron? ¿Le tienen miedo a Dios? —dije.

Titubearon hasta que al final admitieron que les preocupaba un poco que Dios los castigara.

—Entonces, quiero que hagan lo siguiente —les dije y expliqué nuestro plan de acción.

Fuimos al final de una Biblia de estudio y buscamos la palabra «temor» en la concordancia. Luego de leer los pasajes, descubrimos que el temor debería ser una humildad reverencial en lugar de un miedo a las represalias. Tememos a Dios porque lo amamos y no queremos actuar mal delante de Él, no porque tengamos miedo a que nos caiga un rayo o que nos pase alguna otra cosa mala.

Ahora que mis hijos conocen el temor, ¡no tienen temor!

Al hablar del temor

Las verdades que compartimos con nuestros hijos a través de los momentos de enseñanza oportuna pueden disipar sus temores. Beth Naylor recuerda cuando su hija de cinco años, Molly, recibió su primera Biblia:

Molly comenzó a tener pesadillas. Una noche, comenzó a gritar dormida: «¡No! ¡No! ¡Basta!».

Fui a su habitación e intenté despertarla despacio. Cuando al final se despertó aturdida, le pregunté: «Mi amor, ¿qué estás soñando?»

Con temor en los ojos, Molly dijo: «Una maestra me obligaba a leer la Biblia y todavía no sé leer». Esto me dio la oportunidad de decirle a Molly que Dios no nos pide algo que no podamos hacer.

Aun cuando los hijos estén listos para irse del hogar, todavía necesitan orientación para ayudarlos a manejar las preocupaciones. Doreen Olson, esposa de un pastor, madre de dos hijos y ministra ejecutiva de la formación cristiana para una denominación de tamaño medio, recuerda la lucha de su hija para elegir una universidad.

Puedo decir que Kjerstin [Share-stin] estaba llena de angustia. Había hecho una lista con las ventajas y desventajas de las dos universidades que tenía en consideración. El listado no fue de ayuda; es más, fue un obstáculo. La fecha límite de admisión de los dos lugares se aproximaba con rapidez. Cuando le pregunté qué creía que Dios quería que hiciera, se echó a llorar. «¡Creo que Dios quiere que vaya a la universidad que menos me gusta!»

¿Esa es la imagen que le hemos dado de Dios?, pensé. «¿Por qué un Dios amoroso y misericordioso privaría a uno de sus hijos de los deseos de su corazón?», le pregunté. «A menos que te dirigieras camino a hacerte daño, no creo que el carácter de Dios sea estar buscando a cada momento formas de limitar nuestro placer por la vida». Entonces hablamos acerca del carácter de Dios y de su voluntad.

Para mi hija fue un gran alivio saber que a Dios le interesa más tener una relación con ella que cualquier otra cosa. Le dije que a veces Dios me indicaba que cualquiera de los dos caminos que consideraba era bueno, mientras me quedara cerca de Él. Kjerstin estaba entusiasmadísima de tener la libertad para elegir la universidad que le gustaba.

La verdad de la iglesia

Los que elaboran los planes de estudios quieren alcanzar a personas desde la cuna hasta la tumba. Una iglesia puede comprar boletines espirituales para la Escuela Dominical apuntados a recién nacidos.

Aun así, el llamado de Deuteronomio 6:6 es para que los padres, no los maestros de la Escuela Dominical, enseñen a sus hijos. Sin embargo, muchos padres parecen estar cómodos con dejarle la responsabilidad de enseñar a la iglesia.

A continuación veremos por qué esta actitud de no inmiscuirse no es la mejor para tus hijos: no puedes esperar que la maestra de la Escuela Dominical tenga una relación cercana con más de una docena de niños. Sin importar lo divertida o talentosa que sea, no tiene el nivel de compromiso ni la trayectoria personal para comprender a tu hijo de la misma manera que tú. La maestra de la Escuela Dominical no tiene forma de medir el impacto de la lección; tú sí. Además, una moda actual entre los que elaboran los programas para las Escuelas Dominicales es crear material para una clase con maestros rotativos. El programa *GodPrints*, publicado por *Cook Communications Ministries*, por ejemplo, está diseñado para más de un maestro porque, en especial en las iglesias grandes, los padres no pueden esperar que los mismos adultos estén presentes semana tras semana.

Debido a la falta de relación, los momentos de enseñanza oportuna que ocurren durante la hora de la Escuela Dominical no pueden tener el mismo impacto que los tuyos. Los minutos que pasas con tu hijo en el auto luego de la iglesia pueden constituir la enseñanza más valiosa del domingo por la mañana.

Debbie Faber, madre de cuatro hijos, cuenta la siguiente historia:

> Lexie tiene nueve años y medio. Está en esa etapa en la que ya no solo recoge información acerca de Dios; debe poder entenderla, la información tiene que encajar en su cosmovisión práctica. La semana pasada, mientras volvíamos de la iglesia, le pregunté qué había aprendido en la Escuela Dominical. Me dijo que dieron la historia de la creación. De repente estábamos en medio de una conversación a fondo acerca de por qué la gente está en la tierra. «¿Por qué nos crearon, mamá?», preguntó. «Tiene que haber una razón».
>
> La conversación se trató del propósito de nuestra vida: vivir de acuerdo a un llamado y agradar y glorificar a Dios, todo en términos que pudiera comprender.

La Escuela Dominical es fantástica, pero a veces los niños se van con más preguntas que respuestas. Depende de los padres llenar los espacios en blanco.

¿Deberías sacar a tu hijo de la Escuela Dominical? ¡Nunca! La Escuela Dominical es valiosa, en especial cuando los padres toman la iniciativa de darle continuidad a la lección semanal. Lo mismo se puede decir del grupo de jóvenes. Por lo general, ¿cuántos chicos tienen los líderes a su cargo? ¿Diez? ¿Veinte? ¿Más de cien? El mismo Jesús eligió solo a doce y vivieron juntos durante su ministerio con el fin de causar el máximo impacto. A pesar de que la mayoría de los líderes de jóvenes son una influencia positiva, tienen tiempo y recursos emocionales limitados; no pueden llegar a todos los chicos en lo personal.

Una manera de usar el tiempo del grupo de jóvenes como catalizador para momentos de enseñanza oportuna en casa es estando

Entrega especial

Es asombroso lo que Dios hace cuando los niños lo buscan de corazón. Hacía poco que nos habíamos mudado a Austria, y mi hijo, Stefan, tenía siete años. Una mañana, observó cómo su hermana mayor, Emilie, leía su Biblia durante el desayuno antes de ir a la escuela; era la Biblia que le habían regalado en nuestra iglesia local en Pasadena, California. Aunque Stefan tenía varios libros de cuentos de la Biblia, no tenía una Biblia «de verdad» y quería una como la de Emilie. Sentía que ya estaba lo bastante grande como para tener la suya, y me pareció bien. «Es probable que obtengas una la próxima vez que vayamos a California», le aseguré. Entonces se fue a la escuela.

Esa misma tarde, llegó un paquete por correo de la encargada de los niños de nuestra iglesia en California. Hacía poco, les habían dado a todos los niños de primer grado una Biblia en una ceremonia un domingo por la mañana, y decidió mandarle una a Stefan. Era igual a la de Emilie. A todos nos impactó el tiempo de Dios, y Stefan tiene un mayor respeto por su Biblia porque fue una entrega especial de Dios.

Becky Foster Still

en contacto con los que trabajan con los jóvenes en la iglesia. Una vez que averiguas los temas que tienen planeados los líderes, tienes que tratarlos tú mismo, con preferencia antes de que lo haga el líder de jóvenes. En mi vida antes de los gemelos, era (Marianne) voluntaria para el grupo de jóvenes en una iglesia muy organizada. El concilio de la iglesia había creado una lista de asuntos para que tratara el líder de jóvenes y *en mi primera noche como voluntaria*, me dieron la tarea de enseñar sobre las enfermedades de transmisión sexual a niñas entre doce y catorce años. La mayoría de las niñas apenas sabía mi nombre, y mucho menos todavía de la clamidia. La lección fue incómoda, por no decir algo peor. Estoy segura de que si las madres hubieran sabido de qué iba a hablar, hubieran querido hablarlo con sus hijas primero. Robé el privilegio que les pertenecía a esas mamás y ni siquiera me di cuenta, ni yo ni ellas. Al mirar atrás, quisiera haberme negado a dar esa lección y en lugar de eso llevar a las niñas a tomar un granizado. (En el capítulo 9 se habla más acerca de los momentos de enseñanza oportuna y de la llegada a la mayoría de edad).

Si los padres asumen la función principal, sin embargo, el programa de la iglesia puede ser un excelente catalizador para momentos de enseñanza oportuna. Doreen Olson recuerda un programa de la iglesia que influyó en su familia:

Durante las semanas previas al día de Acción de Gracias, hablábamos mucho sobre todas las razones que teníamos para estar agradecidos. Hablábamos de la actitud de Jesús hacia los pobres y de lo que Dios esperaba de nosotros en cuanto a compartir lo que tenemos. Nuestra iglesia y su asociación con *World Relief* nos proveyeron una vía de aprendizaje memorable en particular. Algunas instrucciones que venían junto con una ofrenda recolectada en una lata de sopa nos guiaron a dar de acuerdo con lo que se nos había dado. Cada noche, cuando nos reuníamos a cenar, nuestros dos hijos, de nueve y doce años, aprendían algo acerca de los pobres del mundo. Por ejemplo, aprendimos que un gran por ciento de la población mundial no tiene calefacción adecuada en días de mucho frío. Mis hijos pusieron sesenta y ocho monedas de cinco centavos en la lata, una por cada grado de calor que aparecía en el termostato. Otro día, contamos todas nuestras colchas e hicimos una donación. Estas actividades motivaron a Aaron y a Kjerstin a aprender acerca de los niños menos afortunados; observé cómo creció su generosidad a través de estas creativas actividades familiares.

Hechos son amores y no buenas razones

Jim Weidmann a menudo cita Proverbios 20:11: «Por sus hechos el niño deja entrever si su conducta será pura y recta». Los padres atentos pueden observar el comportamiento de sus hijos y saber qué verdades absorbió el niño y cuáles todavía tiene que aprender. El famoso pensador y científico Galileo resumió otro aspecto de la formación en la verdad al decir: «Todas las verdades son fáciles de entender una vez que se descubren; la cuestión es descubrirlas». Muchos niños instruidos en la iglesia se alejan de las verdades bíblicas porque aunque conocen todas las historias, aún no han «descubierto» ninguna verdad transformadora. La verdad bíblica se puede entender y apreciar solo cuando se vive por fe o cuando se descubre en el laboratorio científico de la vida. Los momentos de enseñanza oportuna les ofrecen a los padres una manera de ayudar a sus hijos a que descubran verdades y entiendan lo que tiene Jesús para ofrecerles.

capítulo ocho

El reto y el privilegio
de ser vulnerable

Karie Hughes sabe todo acerca de la vulnerabilidad y del perdón. Como se sentía sola y deprimida después de divorciarse, fue a un club nocturno, conoció a un tipo y se acostó con él. Esa única noche condujo a meses de culpa y vergüenza, mientras cargaba con un embarazo indeseado y daba al bebé en adopción. Sus dos hijos, que entonces tenían cuatro y siete años, fueron inocentes testigos de su dolor.

Para restaurar la credibilidad como cristiana con sus hijos, no solo les confesó a Dios y a ellos, sino que también comenzó a trabajar como orientadora en una agencia cristiana de cuidado de la familia, a fin de ayudar a mujeres en situaciones parecidas al contarles su experiencia del perdón de Dios. En la actualidad, les habla a grupos de adolescentes en todo el país acerca de la abstinencia sexual y de las normas bíblicas de pureza, a través de una organización que ella misma fundó, *Passion and Principles*.

A través de su mensaje, habla acerca del poder redentor del amor de Cristo, de su perdón y de la promesa que se encuentra en Romanos 8:28: «Dios dispone todas las cosas para el bien de quienes lo aman, los que han sido llamados de acuerdo con su propósito». No alienta a sus hijos a ser iguales a ella, alienta a todos a que sean iguales a Cristo.

Si Karie no hubiera sido tan sincera, vulnerable y transformada de manera visible, sus hijos podrían acusarla de ser una hipócrita y abandonar la fe. Tendrían una excusa para pecar de la misma manera.

Entonces, como la perfección de Jesús cubrió sus errores, la relación con sus hijos permanece fuerte.

«A pesar de eso, la vergüenza nunca se va», nos recuerda. «Allí estoy parada frente a cientos de chicos contando mi historia, y en lo único que puedo pensar es en mis dos hijos, sentados al fondo, en la mesa de los libros, escuchando. Me gustaría que no tuvieran que saberlo».

El pecado de Karie salió a la luz debido a su embarazo. Sin embargo, no todos los pecados del pasado se pueden detectar con tanta facilidad. ¿Qué sucede con los pecados pasados o privados que todos tenemos, los que nadie excepto Dios podría descubrir si no habláramos de ellos? ¿Por qué les diríamos a nuestros propios hijos que usamos drogas ilegales, que nos hicimos un aborto, que no acudimos a la llamada a filas o que hicimos trampa en un examen? ¿Qué hace que valga la pena? Tal vez llegue un momento en el que sientas que tu adolescente puede beneficiarse en lo espiritual si sabe de tus pecados pasados o de tus experiencias dolorosas. Hablar de tu pasado puede ser un momento de enseñanza oportuna que cause un impacto como el de un torpedo. Entonces, ¿cómo puedes asegurarte que el impacto sea positivo? ¿Cuándo y cómo les hablas a tus hijos del abuso con las drogas, de la impureza sexual o de alguna otra actividad impía o ilegal? ¿Debes hacerlo? Tim Sanford, un consejero profesional, ofrece las siguientes pautas generales a tener en cuenta antes de darles información dañina en potencia a tus niños mayores o adolescentes:

1. Trata los pecados del pasado o las experiencias traumáticas antes de contárselas a tu hijo. Debes tener paz espiritual y emocional antes de hablar con tu adolescente o niño mayor.

2. Lo que digas y el momento en que lo digas siempre deben ser para beneficio de tu hijo, no para el tuyo. No lo hagas para aliviar tu ansiedad, por enojo, necesidad de desahogarte, deseo de vengarte de tu ex cónyuge, ni para limpiar tu conciencia.

3. Di siempre la verdad, nunca mientas. Puedes no decir algo o no revelar información gráfica, pero no blanquees los acontecimientos. Si los niños te descubren mintiendo una vez, se preguntarán qué otras mentiras les habrás dicho.

4. Si los detalles son desagradables, solo da los suficientes como para transmitir lo que deseas. Si tus hijos te presionan pidiendo más información, solo niégate, diciendo algo así: «Los detalles no son la

cuestión; lo importante es que al tomar malas decisiones, me puse a mí y a otros en riesgo».

5. A menudo, los adolescentes son lo bastante maduros como para manejar la información y prefieren escucharla de tu boca, en lugar de enterarse por otro lado. Si temes que en la próxima reunión la tía Sofía les cuente a tus hijos de tus «días de fiestear», es mejor que se enteren primero por boca tuya. El beneficio adicional es que estás a la ofensiva en contra del pecado, no estás defendiendo tu reputación.

6. Habla con ellos cuando tengas tiempo para contarles todo. No te apures ni lo «deslices» en cualquier lugar. Si alguna pregunta te toma por sorpresa, date tiempo para pensar en la respuesta más sabia. Tal vez hasta quieras pedirle a tu cónyuge que te apoye o te guíe y que oren juntos antes de sacar a relucir el tema. Está bien, dile a tu hijo algo así: «Es una buena pregunta y mereces la mejor respuesta que te pueda dar. Necesito pensarlo primero».

7. Dales la oportunidad de hacer preguntas y sé lo más sincero posible si es que te preguntan.

8. Háblales del trayecto desde el «error» hasta la «sanidad». Necesitan ver y escuchar más que el simple resumen de tu versión y el final feliz; necesitan comprender la gracia de Dios a través del proceso.

La sinceridad implica que tal vez tengas que responder algunas preguntas bastante incómodas. Cuando mi hijo mayor tenía cinco años (de Jim), preguntó acerca del sexo y todavía no ha parado de hacer preguntas. Nuestros hijos nos han enfrentado con audacia a Janet y a mí acerca del porqué exacto de esperar para tener relaciones sexuales. Ahora, como padre, puedo decir: «Quiero contestar tu pregunta, pero te voy a responder en el momento y en el contexto adecuados».

Todos necesitamos un lugar para sincerarnos, para revelar los detalles y emociones íntimas que nadie más escuchará. Es necesario que te asegures de guardar los secretos de tus hijos y de respetar su privacidad. Durante estos momentos de sinceridad, puedes estar a su lado y guiarlos, alentarlos y traer luz espiritual a la situación. Deberías guiarte por Efesios 4:29: «Eviten toda conversación obscena. Por el contrario, que sus palabras contribuyan a la necesaria edificación y sean de bendición para quienes *escuchan* [énfasis añadido]».

Jim Weidmann recomienda que los padres evalúen la madurez emocional, social y espiritual de sus hijos antes de hablar acerca de los errores que cometieron. Sobre todo en la esfera de la impureza sexual o el aborto, es mejor esperar hasta que tu adolescente pueda manejar ese tipo de conversación y tratarlo con responsabilidad y confidencialidad.

Examen de manejo

Un día entré a un estacionamiento y una mujer se bajó de su auto y comenzó a gritarme. Su irracional intensidad e insultante enojo me aturdieron. Lo único que llegué a descifrar de lo que despotricaba fue que la obligué a apartarse de la calle y que por poco la mato. Entonces me enojé y le dije que no sabía de qué estaba hablando, y ella se subió al auto y se fue muy ofendida.

Alrededor de cuarenta y cinco minutos después, cuando se calmaron mis sentidos, me di cuenta de lo sucedido. Cometí un error de manejo; pensé que estaba en un carril simple para girar a la izquierda, pero en realidad el cruce tenía un carril doble para girar a la izquierda. Había girado y me había pasado al carril de la mano derecha. En efecto, le había cortado el paso a la mujer de manera ilegal.

Cuando llegué a casa, decidí usar mi error para un momento de enseñanza oportuna. Volver a relatar el acontecimiento le enseñó a mi hijo de diecisiete años, Peter, que aun los conductores experimentados cometen errores y a conducir siempre a la defensiva, en especial en situaciones de giros a la izquierda. Luego hablamos del enojo de la mujer. Me abrumaron tanto sus sentimientos que no pude pensar bien. Le hubiera pedido disculpas si me hubiera explicado mi error de una forma razonable. Podríamos habernos ido en paz, pero el enojo me privó de tres cosas: en primer lugar, de información clara; en segundo lugar, de la oportunidad de darle mi punto de vista; y en tercer lugar, la oportunidad de restaurar la relación.

Este giro de los acontecimientos, aunque algo desafortunado, proporcionó un ejemplo perfecto para mostrarle a mi hijo cómo el enojo, aunque sea justificado, puede arruinar la oportunidad de una reconciliación cuando no se modera con dominio propio.

Lynn Sidebotham

Los temas delicados deberían hablarse en forma individual, quizá durante un viaje juntos a solas. A los niños les lleva tiempo digerir ese tipo de información, y querrás estar allí y concentrarte en ellos mientras procesan las noticias dolorosas o decepcionantes. Junto con las consecuencias del error, es necesario que les enseñes que el conocimiento implica responsabilidad. Si hay alguna posibilidad de que tus hijos usen la información como excusa para decir: «Mamá (o papá) lo hizo y terminó bien», espera, o señala con claridad que «bien» no es lo que Dios quiere para ellos. Dios quiere lo mejor.

¿Confesiones verdaderas?

Los detalles de tu vida de pecado no deberían exhibirse en público. El objetivo de contarlos no es competir con el contenido de un programa de chismes de mayor audiencia e impresionar a tus hijos con el alcance de tus aventuras de maldad. Por el contrario, bajo las circunstancias adecuadas, puede ser útil explicarles a tus hijos a través de un momento de enseñanza oportuna que has transitado esos caminos prohibidos y que son dolorosos. Puedes usar esos recuerdos para crear un momento de enseñanza oportuna.

Por ejemplo, un padre de cinco hijos llamado Barney, recuerda un episodio de su adolescencia en el que por presumir delante de un amigo, se robó un equipo eléctrico para autos de cuarenta dólares en la tienda *Sears*. Los muchachos llevaron el aparato robado a la casa de un amigo, donde tuvieron que mentir acerca de su origen. Luego de jugar con el aparato durante unas horas, se acabó la emoción. Dos años más tarde, mientras estaba en la universidad, Barney aún se sentía culpable y sabía que Dios quería que restituyera. Llamó a su padre y le dijo lo que había hecho. Fueron juntos a *Sears* y hablaron con el oficial de seguridad. Luego de pagar, Barney tuvo la oportunidad de decirle al oficial por qué había regresado después de tanto tiempo: «Soy cristiano y no podía sentirme bien hasta arreglar las cosas».

Aunque Barney no les cuenta a sus hijos todos los detalles de una sola vez, les dice que si hacen las cosas mal, la culpa y la vergüenza los seguirán. También les dice lo bien que se sintió cuando pudo resarcir su mala acción y volver a tener la conciencia limpia. Por último, les dice por experiencia que la confesión y el perdón de Dios son reales.

Cuando llegan las crisis

Cuando estaba en el preescolar, Rachael Gemmen se dio cuenta de que no se parecía al resto de la familia: su piel es oscura, la de sus padres y sus hermanos es clara. Comenzó a hacer preguntas como: «Mamá, ¿por qué no soy blanca como el resto de la familia?». «¿Soy adoptada?» y «¿Cuándo me pondré blanca?»

Rachael fue concebida cuando a su madre, Heather, la violó un extraño. ¿Qué se le dice a un niño concebido en circunstancias tan violentas? ¿Cuándo se lo dices?

Heather hubiera querido evitar que Rachael se enterara de la manera dolorosa en la que comenzó su vida, pero las respuestas a sus preguntas solo se encuentran en la verdad. Heather y su esposo, Steve, esperaron hasta que Rachael expresó curiosidad antes de darle las respuestas sinceras, pero simples. Solo le dijeron a su hija lo que necesitaba saber y la tranquilizaron diciéndole que su familia y Dios la aman, que su lugar en la familia está asegurado. «Otra persona te puso en mi vientre», dijo Heather, «pero papi es tu verdadero papá. Estamos muy felices de que Dios te haya elegido para nosotros». También le afirmaron su belleza, ayudándola a celebrar su piel morena y su cabello rizado.

Los malos recuerdos aún le traen dolor emocional a Heather. Sin embargo, pudo eclipsar los recuerdos negativos con el gozo actual de tener una hija, lo cual hizo que las conversaciones sobre el asunto sean cómodas hasta cierto punto. Heather espera que la relación de confianza y amor que han creado ayude a su hija a comprender los hechos con tranquilidad, incluso cuando tenga la edad suficiente como para entender en verdad lo que es la violación.

Jeff Leeland también alienta a los padres que sufrieron o que están pasando por una crisis a hablar al respecto sin sentimentalismo. Sí, puedes demostrar inquietud, dolor, tristeza, pero el pánico o la desesperación pueden devastar a un niño pequeño. Cuando un padre pierde el control de sus sentimientos, el mundo del niño se torna inestable y aterrador. Durante la época en que su hijo Michael estaba en una zona de peligro debido a la leucemia, Jeff y su esposa, Kristi, tuvieron una actitud positiva y optimista a través de la oración. Al demostrar paz, mantuvieron la atmósfera familiar tranquila y sus otros tres hijos no sufrieron demasiada ansiedad. El mensaje que recibieron los niños Leeland fue: «Si papá y mamá confían en Dios, yo también puedo hacerlo».

Al enfrentar una situación devastadora en potencia con la paz de Dios, les dices a tus hijos que Él tiene el control. Esto crea confianza entre tú y tus hijos, y cuando vengan a contarte otros problemas, sabrán que no reaccionarás en forma exagerada porque tienes «la paz de Dios, que sobrepasa todo entendimiento» (Filipenses 4:7). Además, sabrán que no te están sobrecargando, porque te han visto depositar «en él toda ansiedad» (1 Pedro 5:7).

Las circunstancias de la vida hicieron vulnerables a Heather y a Jeff, y sus hijos se beneficiaron de las conversaciones sinceras y afectuosas que tuvieron con sus padres. Debido a esas conversaciones, sus hijos confían más en Dios y tienen una relación más íntima con sus padres. La crisis de Heather bendijo a su familia en formas inesperadas. «Mis hijos pueden preguntarme lo que sea», dice. «Mis amigos se asombran por las preguntas que me hacen con franqueza. Luego de hablarles acerca de la violación, ya no hay nada que no podamos hablar. Aun más, cada uno de mis hijos sabe que Dios los eligió de manera personal a fin de que sean parte de nuestra familia. ¿Qué otra cosa podría darles más seguridad?»

Jeff también sabe que los niños necesitan un modelo a seguir mientras procesan el dolor. «El dolor no es el enemigo», dice. «Es la manera en que lo usas. El dolor puede llevarte a Dios, como sanador y fuente de consuelo. También puede enseñarte a encontrar esperanza más allá del momento presente. Al hablar a través del dolor, los padres pueden dirigir a sus hijos hacia el propósito supremo de Dios».

Rendición de cuentas

Un día, planeaba (Jim) hacer algunos trámites en el auto con el pequeño Jacob a mi lado. Como hacía siempre, abrí la puerta del garaje y saqué el auto. Del auto se escapó un «*¡PUM!*». Mi boca soltó un insulto, al darme cuenta de que había chocado el auto con la puerta automática que bajaba, astillándola en pedacitos.

Miré a Jake; tenía las pupilas grandes como planetas. Me miró como si fuera un marciano. Con una palabra de enojo, había destruido la imagen del «padre-héroe» que tenía en sus ojos de siete años. Mi reputación se había estrellado junto con la puerta del garaje. Y al igual que la puerta, mi corazón estaba astillado. Si hubiera tenido la posibilidad de restaurar al instante la puerta del garaje o mi antigua

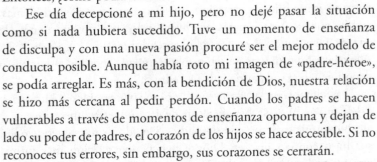

imagen en la mente de Jacob, hubiera elegido restaurar nuestra relación. Entonces, ¿cómo podía hacerlo?

Ese día decepcioné a mi hijo, pero no dejé pasar la situación como si nada hubiera sucedido. Tuve un momento de enseñanza de disculpa y con una nueva pasión procuré ser el mejor modelo de conducta posible. Aunque había roto mi imagen de «padre-héroe», se podía arreglar. Es más, con la bendición de Dios, nuestra relación se hizo más cercana al pedir perdón. Cuando los padres se hacen vulnerables a través de momentos de enseñanza oportuna y dejan de lado su poder de padres, el corazón de los hijos se hace accesible. Si no reconoces tus errores, sin embargo, sus corazones se cerrarán.

A medida que crecen los niños, descubren nuestras incoherencias, nuestras fallas y también nuestros pecados. Se dan cuenta cuando aceleramos en la autopista, cuando chismeamos acerca del director del coro, cuando nos endeudamos con la tarjeta de crédito, cuando decimos mentiras blancas para evitar manejar el auto colectivo, cuando leemos novelas llenas de lujuria, cuando le contestamos mal al empleado de la tienda de comestibles y cuando mentimos acerca de la edad del menor, a fin de obtener un boleto gratis en una aerolínea. Además, cuanto más conocen la Biblia, con más facilidad descubren nuestras debilidades morales. Debes reconocer tus errores y pedir perdón.

Cuando tus hijos tienen la edad suficiente como para distinguir entre el bien y el mal, tienen la edad suficiente para que rindas cuentas por tus acciones. En cuanto puedan leer el velocímetro y saber lo que es una señal de límite de velocidad, están listos para ser tus oficiales de policía del asiento trasero. James Werning, padre de cuatro hijos, les da permiso para preguntar: «Papá, ¿estás yendo demasiado rápido?», cuando van en el auto. Es su forma de decir: «¡Baja la velocidad, estás excediendo el límite!». Después de todo, sus vidas están en las manos de él. Cuando James baja la velocidad en lugar de discutir, también les da la oportunidad de ver cómo aceptar la crítica.

Luego de una noche familiar en la que hablamos de la codicia, mi esposa e hijos (de Jim) iban juntos en el auto. Lo que se ve en los barrios del sur de Denver puede deslumbrarte. Las casas son nuevas y grandes… y costosas. Al verlas, mi esposa Janet quedó cautivada con su belleza y dijo: «Miren esas. Piensen en todo el espacio que tendríamos si pudiéramos comprar una. Todo sería nuevo».

«¡Mamá!, estallaron los niños. «¡Se supone que no tienes que codiciar la casa de tu prójimo!»

Con humildad, Janet reconoció que se había equivocado. Esa respuesta les dijo dos cosas a los niños. En primer lugar, los adultos también deben seguir las reglas de la Biblia; y en segundo lugar, todos necesitamos recordatorios para mantener nuestra concentración en las leyes de Dios.

Solía pensar (Marianne) que todo el chocolate que entraba a la casa era de mi propiedad personal. No importaba quién lo trajera ni dónde estaba escondido: era mío. Esto sucede desde que mi hija Danielle era pequeña. Vaciaba su canasta de Pascuas o las bolsitas de sorpresas de las fiestas y sacaba cualquier cosa que fuera marrón y deliciosa. Ella se podía quedar con los pirulís, los caramelos duros y las gomitas, pero el chocolate era mío. Ahora que es mayor, no ve las cosas a mi manera; dice que es robar.

Cuando compartes la lucha

Durante una época difícil de mi vida como cristiana, le escribí una nota a mi hija acerca de mis luchas y mis preguntas. En la superficie, puede ser que parezca tonto, porque mi hija cuestionaba en serio su propia fe. ¿No sería más inteligente mantenerse callada acerca de esos temas? ¿Echaría por tierra su frágil fe?

No me pregunten por qué le mandé un diario de mi lucha de tres páginas, pero lo hice. La nota que me mandó como respuesta me sorprendió:

Es un honor para mí que me digas algo como esto. Me asombra que podamos tener esta clase de relación en la que puedas sentirte cómoda para comentar algo tan personal [...] Aquí estoy, sumida en dudas sobre todas las esferas de mi fe, y enterarme acerca de tus luchas con tu fe, me hace sentirme más fuerte en la mía [...] A menudo le digo a la gente que si pudiera tomar a alguien como modelo para formar mi fe, serías tú. Te doy gracias por eso.

Lissa Johnson

Huy, supongo que de ahí viene la expresión «es como robarle un dulce a un bebé». Sin embargo, ahora sé cómo se siente, porque me molesta bastante cuando Justin encuentra las miniaturas de chocolate en la guantera de la furgoneta, y lo único que queda aparte de la bolsa es la baba de color marrón y roja en su barbilla. Así que me reformé, pero debo admitir que los viejos hábitos son difíciles de erradicar. Solo soy un noventa por ciento confiable si encuentro por accidente algún chocolate en su cajón de las medias o en su mochila.

Como soy una infractora repetitiva, la desilusión de Danielle conmigo es enorme, aun si después de pasar varios meses con un registro limpio de libertad condicional tomo solo un pequeñísimo pedazo de chocolate. Los momentos de enseñanza oportuna que hemos tenido con respecto a estas situaciones han sido dolorosos. Cuando Danielle pregunta: «¿Cómo es posible que lo vuelvas a hacer?», puedo decirle que me produce un dolor en el alma que ni una caja entera de chocolates de primera calidad puede calmar. Como en casa no toleramos en absoluto el robo y ella es la única persona que puede sorprenderme haciéndolo, me ha puesto en una posición incómoda. Detesto que la niña sea la que haga cumplir las reglas. Sin embargo, es mejor que la negación obstinada, porque eso abriría una brecha total en nuestra relación.

Debido a mi disposición para admitir mi error al rendirle cuentas a mi hija, ahora tenemos el vocabulario y una historia para hablar del pecado. Me cree cuando le digo que no comience a formar malos hábitos, incluso los pequeños, porque son muy difíciles de romper y pueden destruir la confianza de otra persona. Al menos tiene la esperanza de que me haya arrepentido, porque llevo mucho tiempo sin robar chocolate y no he asaltado el botín de las fiestas de este año. Aun así, no creo que tenga puesta su esperanza en mí, eso sería tonto y mi niña no es ninguna tonta. Su esperanza está depositada en mi otra adicción: Dios. Sabe que me escabullo para hablar con Él en oración.

El otro día, faltaban unos dulces de su cómoda y me acusó de habérmelos llevado. Con sinceridad, le dije que no lo había hecho y me creyó, pero tal vez no se debió de forma exclusiva a mi nueva virtud. Es probable que tenga algo que ver el hecho de que Justin encontró la manera de abrir los cajones de su cómoda.

La empatía alienta

Para alentar, es necesario que entiendas cómo están las emociones de tus
hijos. Todos los niños son diferentes. Tienes que ser sensible a la diferencia
de personalidades y asegurarte de saber lo que sucede con cada uno en la
esfera emocional. Lo que estimula a uno, destruye el espíritu de otro. Para
alentarlos con empatía, debes saber leerlos, y a veces puedes fallar.

Cuando puedes ofrecerle empatía a tu hijo, te haces sensible a sus
sentimientos y sabes cuándo ser fuerte, cuándo compartir, cuándo
hablar de las verdades difíciles y cuándo simplemente escuchar. Los
momentos de enseñanza oportuna aumentan cien veces cuando
puedes escuchar con los oídos del corazón.

Cuando era pequeña (Marianne), mi padre me dijo con lágrimas
en los ojos que el perro del vecino le había arrancado la cabeza a mi
codorniz. Esas lágrimas eran importantes, porque a papá nunca le
gustó el pájaro. Era estúpido, feo y hacía un desastre en mi dormitorio
y en el patio; mi papá a menudo lo llamaba «cerebro de pájaro». Sin
embargo, me dejó llorar toda la tarde, sin mencionar el hecho de que ya
no tendríamos estiércol de pájaro por todos lados. Tampoco me recordó
que de todos modos ya no jugaba con la codorniz. Esas lágrimas fueron
especiales, porque me mostraron que se acordaba de cómo era ser niño
y de sufrir una pérdida.

En otra ocasión, vi lo que sucedió cuando olvidó cómo es ser
joven. Un día, mi sobrina de cinco años perdió su collar de plástico
barato y comenzó a quejarse. En un intento de ayudarla a sobreponerse
en lo emocional, le dijo: «Si es lo peor que te pasa en la vida, tienes
suerte». Sin apreciar la sabiduría de su consejo, rompió en llanto y
huyó de la habitación.

¿Cómo y cuándo eliges acercarte y ofrecer apoyo emocional y
empatía? ¿Cuándo dices: «Es hora de levantar la cabeza y prepararte
para la próxima pelea»?

Paseo por el mundo de los recuerdos sentimentales

A fin de comenzar el proceso de evaluación para responder en circunstancias emotivas, recuerda cuando tenías la edad de tu hijo e intenta
responder las siguientes preguntas en tu mente o por escrito:

Sopa de tomates

—Prueba esto —dijo Jolene, mi hija adolescente.

Me acercó una cucharada de pimiento con carne a la boca.

Acepté y lo probé. A los dieciséis años, Jolene cocina mejor que yo. Era su propia receta. No podía identificar ni uno de los ingredientes, pero tenía un sabor conocido.

—Me gusta —le dije, mientras me servía el pimiento con carne bien caliente en un tazón.

Le agregué queso cheddar y dejé que la comida se me deshiciera en la boca. Al final, identifiqué el ingrediente desconocido.

—Sopa de tomates —dije.

—¿Qué?

—Siento el gusto de la sopa de tomates.

Al ver la expresión afligida en su cara, me apresuré a añadir:

—Pero está muy buena.

Como Jolene sabe que detesto la sopa de tomates, pensó que mentía, a pesar de los cumplidos sinceros que le hice. Mientras Jolene comía desganada, yo comía con evidente placer, intentando convencerla de que estaba sabrosa.

—No puedo creer que dijeras sopa de tomates —dijo haciendo un puchero—. No te gusta nada que tenga sopa de tomates.

—¡No es verdad! Mira mi tazón.

Le mostré los lados raspados.

—No puedo creer que dijeras sopa de tomates —repitió.

Ya era suficiente.

—Basta de farfullar. Estoy cansada.

Fue la gota que colmó el vaso. Jolene me gritó. Yo le grité. En una pausa, Dios habló. ¿Te acuerdas de mí? Las palabras murieron en mi garganta.

—Jolene —dije—. Me equivoqué. Deberíamos arrodillarnos en este mismo lugar y pedirle a Dios que nos perdone; y necesito pedirte que me perdones.

Me miró sorprendida y luego se puso de rodillas en el piso frío de linóleo. Oramos abrazadas. El perdón sustituyó al enojo.

Cada vez que Jolene o yo volvamos a comer sopa de tomates, lo recordaremos.

Darlene Franklin

- Cuando tenías la edad de tu hijo, ¿quién querías ser?
- ¿En quién esperabas transformarte?
- ¿Cuáles eran tus penas más profundas? ¿Cómo te hacían sentir?
- ¿Qué hacías casi siempre cuando enfrentabas una crisis?
- ¿Cómo te sentías cuando tus amigos participaban en algo que sabías que no era bueno? ¿Qué hacías?
- ¿Qué hacías cuando alguien te gritaba?
- ¿Cuál de tus maestros te intimidaba? ¿Por qué?
- ¿De qué persona te sentías más cerca?

Una vez que retrocedas en el tiempo y recuerdes cómo era tener la edad de tu hijo, haz algunas preguntas para te aseguren que entiendes toda la historia: «¿Qué sucede?». «¿Qué pasó?» «¿Qué sientes en este momento?» «Recuerdo que tenía miedo. ¿Eso fue lo que sentiste?»

Una vez, la hice buena (Marianne) cuando murió el ratón de mascota de Danielle. La mascota, Reepicheep, fue su recompensa por sacar las mejores notas en quinto grado. Recordé cuánto significó para mí la empatía de mi padre cuando se comieron a mi pájaro, e intenté acercarme de manera similar escribiéndole un poema sobre el dolor. Sin embargo, Danielle no estaba triste por la muerte: ¡Estaba enojada porque la decepcionó el ratón! Mi empatía poética fue un desperdicio porque no le pregunté cómo se sentía.

En otras ocasiones, puedo saber con certeza lo que está experimentando. He visto cómo media docena de entrenadores de fútbol trabaja con ella en la cancha y olvidan prestarle atención a sus sentimientos. Cuando se lastima durante un partido y pide salir, no sirve que un entrenador le diga: «No fue nada» o «Si fueras fuerte, volverías a salir al campo». En el caso de Danielle (y de la mayoría de los niños), primero debes reconocer que su dolor es real. Una frase sencilla como: «Esa sí que fue una caída fea, seguro que dolió», es todo lo que necesita para responder: «Sí, me dolió, pero estoy lista para volver a salir».

A fin de averiguar si eres bueno para responder con empatía, realiza esta pequeña prueba:

Golpeas la puerta del dormitorio de tu hija de trece años. Oyes un ahogado «adelante» y te das cuenta de que está llorando. Cuando entras, ves un montoncito de cabello oscuro en el tocador y una tijera al lado. Ella se encuentra boca abajo en la cama, con la cabeza cubierta con una colcha. Durante unos cinco minutos, no deja que le veas la cara. Cuando al fin levanta la cabeza, notas que intentó cortarse un pedacito de flequillo, una pequeña flecha en el nacimiento del cabello. Le dices...

a. *¿Importa en verdad si el pelo tarda un poco en crecer? Eres joven. Nadie lo notará, y si lo hacen, ya lo habrán olvidado para la época del instituto, y es cuando la apariencia importa en realidad.*

b. *Mi amor, veo que estuviste arreglándote el cabello. Cuando tenía tu edad, odiaba mi cabello; era la época de las permanentes. Una amiga intentó hacerme una, y lo único que logró fue encresparme todo el cabello. Me sentía como la novia de Frankenstein.*

c. *¡Tienes suerte! Conozco la tienda ideal. Tienen unas cintas de pelo muy bonitas que puedes ponerte. Cubrirá ese pedacito y nadie lo verá. ¿Quién sabe? Tal vez comiences una nueva moda.*

d. *Vaya, ¿qué sucedió? ¿Intentas competir con Harry Potter con esa estrella en la frente?*

e. *Nunca hubiera hecho una cosa así cuando tenía tu edad. Ni siquiera me preocupé por mi cabello hasta ser mayor. ¿Por qué rayos hiciste algo así?*

La respuesta *b* es la única que te proporciona una plataforma para consolar, guiar y caminar al lado de tu hija a través de este momento emotivo. Con la respuesta *b*, no te dirá que «no entiendes».

Aunque la respuesta *a* puede ser verdad, no la ayuda en el nivel emocional en el que se encuentra. No está lista para mirar ni un poquito hacia el futuro, ni hablar de pensar en el instituto.

La respuesta *c* puede ser parte de la respuesta adecuada luego de que pase la crisis. Tu hija necesitará tiempo para adaptarse y formar un plan, pero debería pensar en uno por su cuenta; de esa manera, si no resulta, no puede culparte. Intervenir como el «gran padre que resuelve los problemas» logra dos cosas: (1) Le dice a tu adolescente: «No puedes hacer esto por tu cuenta», y (2) lo priva de la oportunidad de crecer a través del fracaso y de asumir toda la responsabilidad por sus acciones.

La respuesta *d* tal vez sea lo que estás pensando, pero no lo digas en voz alta a menos que quieras que tu hija se encierre en el baño durante seis años. Tus hijas recordarán cada comentario negativo que hagas acerca de su apariencia hasta que tengan unos ochenta años, y solo lo olvidarán cuando comiencen a sufrir de algún tipo de demencia. Tal vez un poco de humor pueda aliviar la tensión en unos días, pero en el momento de la crisis, las únicas cosas adecuadas son las preguntas y la empatía.

La última respuesta, la *e*, es un ejemplo de un escollo común en el que quedan atrapados los padres a menudo. Cuando estableces empatía, es necesario que pruebes que puedes entender a tu hijo aun si no logras identificarte de inmediato con el problema. Es necesario que ayudes a tu hijo a reconocer factores en común, no diferencias. Así que aun si nunca arruinaste tu cabello, podrías contarle acerca de algún otro momento vergonzoso, y por fortuna, la mayoría de los padres tiene mucho que contar de esos momentos.

El *campo de las* pesadillas

Cerca de nuestro hogar hay campos inmensos que las serpientes cascabel encuentran muy atractivos, y a pesar de que vivimos en un buen barrio, nuestra ciudad tiene su cuota de otro tipo de depredador: el que busca a los niños. Un día, volví a casa del trabajo y esperaba encontrar a mi hijo, Matt, de vuelta de la escuela secundaria. No estaba, no había ningún mensaje telefónico, no había ninguna nota. ¿Adónde estaba? Llamé a mi esposo, y me dijo que saldría de inmediato del trabajo para ayudarme a buscarlo. Justo cuando me metía al auto para buscar, pasó un vecino y dijo que había visto a Matt caminando para casa con aire despreocupado. Lo encontré y le dije que entrara en el auto. Después que se me pasó el enojo, le expliqué lo asustada que estuve, imaginando todo tipo de cosas horribles que podrían haber pasado. Más tarde pude explicarle que después que terminé octavo grado, me castigaron durante todo el verano porque una noche salí con unas amigas sin decirle a nadie a dónde iba.

Desde la perspectiva de Matt, solo salió a caminar y se perdió, sin pensar que el incidente asustaría a sus padres. Cuando le dije que fui igual que él, estuvo dispuesto a comunicarse.

Beth Weeden

Cuando les muestras a tus hijos que sabes lo que pasan, les das esperanza, aun a los pequeños. Ray F., padre de cuatro hijos, tuvo hace poco la oportunidad de hablar y orar con su hijo Joseph, de seis años. He aquí la historia:

Joseph tenía pesadillas todas las noches, y le dije que lo mismo me sucedía a mí cuando era pequeño. Una noche, le pedí a Dios que pararan las pesadillas y así fue. Esa noche, lo arropé en la cama y le dije que deberíamos orar. No quiso orar conmigo y dijo que lo haría más tarde cuando estuviera solo. De todas formas oré, a fin de que pudiera escucharme. Al día siguiente le pregunté si había orado y me dijo que sí. Las pesadillas terminaron.

Dale Faber, padre de tres hijas, dice que el uso de historias de su pasado autoriza a sus niñas a ser diferentes a sus hermanas. Un buen ejemplo es un episodio de la vida de su hija Leah:

Leah tenía cuatro años y no veía la hora de ir a la escuela como su hermana mayor, Lexie. Cuando acompañábamos a Lexie a la escuela, Leah y yo la observábamos mientras pasaba por las barras paralelas. «Cuando estés lista para ir a la escuela, también podrás hacerlo», le dijo Lexie a Leah. Las barras paralelas se transformaron en un símbolo de madurez para Leah, y practicaba en ellas con fidelidad cada vez que podía. Una vez que pudo cruzar tres barras, aumentó su confianza.

Un día, la pequeña Jessie nos acompañó al patio de la escuela. «Mira esto, Jessie», dijo Leah, y cruzó sus tres barras antes de caerse. Jessie también quiso intentarlo, así que la levanté y la coloqué en las barras. Cruzó todos los travesaños en el primer intento. El éxito de su hermana menor aplastó a Leah. Su alma estaba muy herida, su autoestima estaba hecha pedazos y tenía mis dudas de que se recuperara con rapidez sin algo de ayuda.

La llevé aparte y le expliqué que a mí también me superaron en pasatiempos físicos cuando era más joven. «¿Te acuerdas del Dr. Ron?», le pregunté. Asintió para mostrar que se acordaba de nuestro amigo de la familia. «Cuando éramos chicos, me vencía en todos los deportes. Era más alto, más rápido y más fuerte. Sin embargo, me di cuenta de que no importaba; tenía que hacerlo de la mejor manera posible, y también descubrí otras cosas, como la tarea escolar, en la que era excelente».

La breve historia pareció animarla, pero hasta que volvió a cruzar las barras paralelas, no estuve seguro de que sus heridas se hubieran curado. Jessie se burlaba de Leah porque ella podía cruzar las barras y su hermana no. Leah le dijo: «¿Y qué? Papá dice que no importa. El Dr. Ron le ganaba cuando eran niños, pero a papá le iba bien en la escuela». Con el tiempo, aprendió a arreglársela para pasar por todas las barras, y sé que aprenderá a arreglársela en la vida. Es su especialidad.

Repartición de manera equitativa

No todos los beneficios de ser vulnerables y de hablar acerca de los sentimientos son para los niños. Los padres también ganan muchas cosas. Beth Weeden nos cuenta acerca de un momento de enseñanza oportuna en el que su único hijo le respondió con empatía:

Matt no era de mostrar afecto. Nunca decía «Te amo», ni te daba cumplidos, ni te abrazaba. A los trece años, sabía que ponía el dedo en la llaga porque le había dicho cuánto necesitaba y deseaba afecto. Un día, colgué el teléfono después de hablar con mi padre, que también suele ser poco cariñoso; pero ese día papá fue el primero en decir «Te amo». Matt vio lo emocionada que estaba, y ese fue el inicio de una tendencia. Ahora, Matt nos dice con libertad a mí y a su papá que nos ama.

Cuando los niños aprenden a mostrar empatía, puedes apelar a esos sentimientos para crear un momento de enseñanza oportuna. No tuve (Marianne) suerte al tratar de hacer que Danielle fuera más compasiva en el grupo del estudio bíblico. Intentar moldearla tampoco tuvo mucho éxito. Como es tan segura de sí misma, espera que todos los que la rodean actúen con la misma capacidad, seguridad de sí mismos y alarde. Como resultado, no se muestra muy comprensiva con la inmadurez de sus hermanos menores y con los amigos que son reservados o tímidos. Cuando dije durante un momento de enseñanza oportuna que fui una de esas personas inseguras y confundidas durante la secundaria, capté su atención. Pude explicar el miedo y la incertidumbre que enfrentan las personas tímidas cada día. A través de mi historia, logró entender que algunas personas le temen al fracaso, a las burlas o a intentar cosas nuevas. Aunque es probable que Danielle no sea enfermera ni psicóloga cuando crezca, ahora puede identificarse con la gente que no tiene sed de aventura o que no es propensa a repentinos arranques de actividad para llamar la atención.

Anhelan escuchar la historia

Ya sea que tu historia se trate de la continua fidelidad de Dios desde que aceptaste a Cristo cuando eras pequeño, o que sea una saga reciente de una crisis y una transformación, tu hijo necesita conocer cómo obró la fe en tu vida.

O cómo no obró.

Russell creció siendo el hijo de un misionero pionero en China. Su padre era un hombre temeroso de Dios, pero no acostumbraba hablar demasiado acerca de sus propias luchas espirituales. Como resultado, a Russell le costaba identificarse con su papá. Hasta el día de hoy, ya un hombre maduro, Russell quisiera haber tenido la oportunidad de conocer el lado humano de su padre, una leyenda de quien cree que nunca estará a su altura.

Tu adolescente necesita ver la realidad de Dios en tu vida, incluyendo los altibajos de tu relación con Él. Está bien, incluso provechoso, que tu joven sepa que tienes preguntas y que los dos busquen juntos respuestas en la Biblia.

Una magnífica sesión entre padre y adolescente consta de que cada uno se turne para trazar su peregrinación espiritual en una hoja de papel, en un juego que se llama «cumbres y valles». Cuando dibujas una cumbre, que representa un punto alto en tu andar con Cristo, o un valle, que representa un punto bajo, proporcionas una breve descripción de lo que sucedió y de lo que aprendiste de esa situación.

Además, no tienes que contar tu historia espiritual una sola vez. Tu adolescente necesita ver cómo caminas con Dios cada día. Por ejemplo, ¿intentas tener un momento de paz? ¿Cómo resulta? ¿Qué te frustra al respecto? ¿Cómo oras por las cosas difíciles? ¿Qué sucede si parece que Dios no contesta? ¿Alguna vez te enojas con Dios? ¿Alguna vez parece distante?

Cuando tu adolescente ve que tu experiencia con Dios incluye dudas, euforia, vacío, llenura, satisfacción, mal humor, errores y perdón, es más probable que entienda que tu experiencia es relevante. Es difícil tener una relación con una leyenda, pero los creyentes bien humanos pueden ser magníficos padres y mentores espirituales.

Vulnerabilidad y relación

La vulnerabilidad es una clave para la intimidad en una relación. Hace que el padre y el hijo pasen a un nivel más profundo de comprensión y apreciación mutua. Si tu hijo nunca se entera de tus luchas físicas, emocionales, sociales y espirituales, es probable que estés dando una falsa imagen, que tus hijos no logren alcanzar y con la cual no pueden identificarse.

Los niños necesitan enterarse de las victorias y los fracasos de tu vida; de tus dudas, tus triunfos, tus momentos de soledad, de euforia,

Lo que quisiera que mis padres hubieran hecho diferente

- «Enfatizar más en los devocionales personales».
- «Tener un mayor desarrollo espiritual en casa, como devocionales familiares, noches familiares y charlas personales».
- «Hacer que la formación espiritual sea algo más cotidiano, en lugar de un inmenso montón cada pocos meses».
- «Contar historias personales o conflictos espirituales de sus vidas».
- «Quisiera que mis padres me hubieran preguntado con franqueza lo que pensábamos acerca de lo que sucedía a nuestro alrededor, para que pudieran explicarnos cómo obraba Dios».

de desilusión con Dios, de oraciones respondidas, de bendición y de los momentos de espera. Entonces es más probable que entiendan cómo puedes identificarte con ellos y con sus situaciones.

Cuando estaba en la escuela de aviación (Jim), realicé el vuelo de la primera etapa. Encendí los motores. Era mi primer vuelo solo en un avión. Al principio todo marchaba bien; iba volando por allí, realizaba

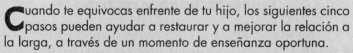

Pies de arcilla

Cuando te equivocas enfrente de tu hijo, los siguientes cinco pasos pueden ayudar a restaurar y a mejorar la relación a la larga, a través de un momento de enseñanza oportuna.

1. Todos los padres cometen errores, toman malas decisiones, se cansan, se ponen de mal humor y actúan con egoísmo; en resumen, todos los padres pecan. Y un doloroso día, tu hijo se dará cuenta. Es solo cuestión de tiempo hasta que se empañe la imagen de héroe, o lo que es peor, se caiga por completo debido a una experiencia traumática como el divorcio, una aventura extramatrimonial o un arrebato de violencia física. Debes reconocer tu pecado.

2. Cuando un padre peca enfrente de su hijo o en su contra, debe usar esos momentos para disculparse y pedirle al niño que lo perdone. Al explicarle el perdón y solicitarlo, creas un momento de enseñanza oportuna para explicar el perdón de Dios por medio de Jesucristo.

3. Cuando hablas del evangelio del perdón, Jesús se revela como el verdadero héroe. Un héroe perfecto puede tomar su lugar solo cuando se deja de lado la imagen del «padre como héroe».

4. Si no sustituyes la imagen perdida del «padre como héroe» con la imagen de Cristo, tu hijo se queda sin alguien a quién admirar, se queda sin un héroe.

5. Cuando pides perdón, la relación con tu hijo se hace más íntima y fuerte porque lo que la mantiene unida es la perfección de Jesús en lugar de la tuya. Además, presentas un nuevo modelo a seguir, el de la humildad. Ahora tus hijos también pueden ver cómo pedir perdón.

mkh

aterrizajes de toque y despegue, pero no podía escuchar la torre de control porque el pronóstico del clima se diseminaba a través de la radio de navegación. Entonces, apagué la radio de navegación para escuchar la torre. Cuando solicité un cambio de circuito, lo único que pude escuchar fue mi propio aliento entrecortado y los motores. De repente, otro avión se unió a mi circuito. No lo escuché anunciar la entrada. Cuando llegué al área del circuito, había otro avión. Tampoco escuché que solicitara la entrada. Me identifiqué por radio, pero no pude escuchar ninguna respuesta. Decidí aterrizar. Cuando comencé a descender, bajé los alerones y puse el freno aerodinámico. Al llegar a la cabecera, divisé dos balizas. Significaban «vuelve a empezar», pero nunca nadie me lo había dicho. Al descender a tierra, olvidé bajar el tren de aterrizaje. El sonido que hizo el avión cuando pegó contra la pista fue como el de diez mil uñas arañando una pizarra. *Voy a explotar*. Hay chispas por todos lados y un tanque lleno de gasolina.

No exploté, pero sí que lo había echado a perder. No podía echarle la culpa a nadie por el daño del avión de entrenamiento T-37 ni por el peligro que había creado para mí y para los demás pilotos; no tenía salida, no tenía excusa. Más adelante, me enteré de que cuando apagué una de las radios, también se apagó la otra.

Sin embargo, ahí no se terminó el episodio. Era solo el principio. Tenía que volver a empezar y subirme a la cabina para volver a volar.

He usado esa historia para decirles a mis hijos que no puedes darte por vencido, en especial con las cosas de Dios. Aun cuando estrellamos nuestros aviones, debemos volver a subirnos e intentar planear, dejando que Él sea el viento debajo de nuestras alas.

La vulnerabilidad no es una debilidad; es parte de la experiencia humana. Al ser sinceros y honrados con nuestros hijos, ellos lo serán con nosotros. Necesitan saber que también tenemos problemas. A través de esos momentos difíciles, tenemos el privilegio de crear momentos de enseñanza oportuna que les muestren a nuestros hijos cómo confiar en el Señor y en su fuerza.

capítulo nueve

Momentos que marcan un hito

Hay un sitio en la Web llamada *Where's George?* para la gente que no tiene nada que hacer. Una vez que entras, puedes ingresar el número de serie de un billete de un dólar y rastrear las ciudades por las que ha estado. El sitio también te permite calcular el lugar en el que aparecerá en el futuro, mediante un estudio del patrón de otros billetes. *Where's George?* satisface un interés humano natural de saber dónde ha estado algo y de anticipar el lugar al que irá.

De la misma manera, los niños anhelan saber dónde estuvieron. No hay un niño de cuatro años que mire sus fotos de bebé sin sentir una sensación de orgullo y realización. Aprendió a caminar, a hablar, a vestirse sin ayuda, a correr, a cantar, a dibujar y a decir el abecedario. En cuanto pueden hablar, los párvulos expresan el deseo de ser grandes, de experimentar cosas nuevas. Quieren saber lo que van a hacer a continuación. Los niños preescolares quieren atarse los cordones; los de tercer grado quieren dominar las tablas de multiplicar. Los niños de la escuela primaria quieren pasar a la secundaria; los preadolescentes de secundaria sueñan con el instituto. Y así continúa; todos los niños anhelan alcanzar el próximo punto en el mapa de la madurez. Es parte de la condición humana.

En la casa de los Weidmann, Jim y Janet marcan la altura de los niños todos los años en una puerta especial. Si durante uno de los años de crecimiento no notaran alguna diferencia en la altura de uno de los niños, se alarmarían. ¡Querrían llevar al niño al médico de inmediato!

Los momentos que marcan un hito satisfacen el deseo natural de las personas de anticipar y celebrar el crecimiento espiritual: de registrar de forma gráfica el desarrollo de la fe. Los hitos les permiten a los padres medir el crecimiento espiritual de sus hijos; si no hay crecimiento o si es lento, los padres se enteran y pueden intervenir.

Los hitos espirituales no son un concepto nuevo. Por generaciones, la comunidad judía ha honrado la celebración del crecimiento cuando los niños cumplen trece años. Hoy en día se llama *bat mitzvah* (en el caso de las niñas) y *bar mitzvah* (en el caso de los niños). Aun Jesús pidió el bautismo, y ese acontecimiento marcó el principio de su ministerio público. Si usas los momentos que marcan hitos como indicadores de madurez espiritual para tus hijos, sabrán dónde han estado y a dónde van en su viaje espiritual.

Los hitos constituyen el momento de enseñanza más formal porque a menudo implican algún tipo de ceremonia y un programa bíblico estructurado.

Esfuérzate un poco más

La celebración de los hitos espirituales constituye el momento de enseñanza supremo. Los hitos consolidan los lazos espirituales entre padres e hijos, y fortalecen la relación, haciendo que los futuros momentos de enseñanza oportuna tengan un mayor impacto. El mensaje del hito también marca una profunda verdad espiritual que señala madurez. A continuación, veremos ocho razones para que te esfuerces un poco más en la formación espiritual de tu hijo.

1. El ochenta y cinco por ciento de las personas que aceptan a Cristo, lo hacen entre los cuatro y los dieciocho años. Los momentos que marcan un hito crean catalizadores de aprendizaje durante la época en que, por naturaleza, tu hijo es más receptivo para recibirlos. Las celebraciones te ayudan a asegurarte de estar en el lugar y el momento adecuados para enseñarle a tu hijo acerca de Dios.

2. Los hitos te permiten darle un tono positivo a la manera en que comunicarás y relatarás los conceptos relacionados con la fe a tu hijo. Él sabrá que puede hablarte acerca de asuntos espirituales profundos y que recibirá una respuesta afectuosa.

3. Cuando los padres se comprometen a usar los hitos, se consolida su función de líderes espirituales del hogar.

4. Los momentos que marcan un hito producen un proyecto para la herencia espiritual que puede durar por generaciones. Cuando se colocan uno al lado del otro, los hitos crean un cimiento sobre el cual se construye la madurez espiritual de tus hijos.

5. Las ceremonias que marcan un hito inspiran reverencia, y generan un deseo y respeto hacia el crecimiento espiritual. Al igual que la niña que anhela perforarse las orejas, tener su primera cita o sacar la licencia de conducir, tu hijo también esperará y anticipará el próximo momento que marque un hito.

6. Los momentos que marcan un hito les dan a los padres una plataforma para tratar asuntos que tienen que ver con el desarrollo y con lo espiritual, antes de que se transformen en problemas. El ejemplo clásico es el hito de «la preparación para la adolescencia» (el cual trataremos más adelante). Los dos hijos de Jim Weidmann lo detuvieron en medio de su conversación acerca de la anatomía y le dijeron: «Papá, estoy muy contento de que me lo dijeras. ¡Pensé que me estaba muriendo de cáncer!». También les dijo que sus compañeros los juzgarían por su apariencia, su inteligencia, su dinero y su habilidad atlética. Jim pudo explicarles que Dios mira el corazón y que su verdadera identidad proviene de Él. Alentó a sus hijos a no dejar que otros criterios se transformen en un problema.

7. Los hitos les proporcionan a los padres una manera de involucrarse en el crecimiento espiritual de sus hijos. Seguir la trayectoria de los hitos proporciona un calendario de acontecimientos para no olvidar ni pasar por alto el desarrollo espiritual de los preadolescentes y adolescentes.

8. Los niños que experimentan hitos están equipados con el mapa que les muestra cómo llegar a su destino final: la vida eterna por medio de Jesucristo.

Hay siete hitos, pero los cinco que mencionaremos en este capítulo son el bautismo, la Cena del Señor, la preparación para la adolescencia, la pureza sexual y el rito del pasaje (el cruce a la adultez).

Los momentos que marcan un hito se sellan mediante una ceremonia

Cuando planees un hito, mantén el tono festivo. Esto es parecido a una fiesta de cumpleaños o una graduación del instituto. Ropas nuevas... ¡sí! Un regalo especial... ¡sí!

Luego, hay que planear el acontecimiento en sí. David y Peggy Wilber ayudaron a su hijo de diez años a planear su bautismo. En lugar de bautizarse en la iglesia, Michael decidió que quería bautizarse en un lago, en un campamento familiar al que asistían una vez al año. El pastor que lo bautizó fue un tío; todos en el campamento conocían bien a los Wilber y llegaron varios invitados especiales de sorpresa para presenciar el momento. Como Michael ayudó con los planes, allí pudo estar la gente que para él era más significativa en lo espiritual: la abuela, los primos, los tíos y las tías. Ahora, un retiro especial de vacaciones también será el lugar de un recuerdo clave para Michael.

Al igual que lo harías en el caso de una fiesta de cumpleaños, invita a los abuelos, a otros parientes y a cualquier otra persona interesada a los momentos que marcan un hito. Podrían ser los compañeros cristianos de tu hijo, sus entrenadores, los maestros de música o antiguos maestros. Haz lo que sea para crear una atmósfera llena de esplendor por la ocasión. Al celebrar el bautismo como «el día del nuevo nacimiento en Cristo», tienes un hito como punto de referencia para decir: «¡Sí, crees!».

No hace falta que planees todo el bautismo solo. La iglesia a la que asistes ya tendrá la estructura; luego puedes asegurarte que se consideren las preferencias personales de tu hijo. Puedes hablar con antelación acerca de la ceremonia, dándole a tu hijo la oportunidad de hacer preguntas y sugerencias. Cuando llegue el día, la planificación anticipada garantizará que tu hijo capte y aprecie el elemento espiritual profundo del bautismo.

Robert Lewis, escritor, padre y pastor, elogia el valor de la ceremonia en su libro *La crianza de un caballero moderno*:

Las ceremonias son las ocasiones especiales que entretejen la tela de la existencia humana: las bodas, los banquetes de las entregas de premios, las graduaciones, el día en que obtienes el rango más alto de los niños exploradores o en el que te aceptan en una hermandad estudiantil. Recordamos estos momentos por la ceremonia.

Piensa en los momentos importantes de tu vida.

Con algunas excepciones, el valor de esos momentos se selló con una ceremonia. Alguien se tomó el tiempo para planificar los detalles, preparar el discurso y comprar los premios, de modo que te sintieras especial.

La ceremonia debería ser una de las joyas de la corona que ayude a un niño a convertirse en hombre (o a una niña a convertirse en mujer) [...]

Las ceremonias vienen en todas las formas y tamaños. Aun así, la verdad es que las buenas ceremonias tienen cuatro características en común.

En primer lugar, las ceremonias memorables son costosas. Cuanto más tiempo, consideración, planificación, esfuerzo y dinero inviertas en una celebración, más memorable será.

Por ejemplo, puedes celebrar tu aniversario de bodas dándole a tu esposa una bonita tarjeta con tu firma [...] Sin embargo, como sabe toda mujer, y como ha descubierto todo hombre casi siempre a la fuerza, el mejor enfoque es más costoso, tales como una tarjeta, rosas, una cena y un poema que te llevó horas escribir. En el idioma de la ceremonia, esto constituye un golpe maestro, un gran impacto. Cuanto más alto sea el costo, más se recuerda. Cuanto más das, mayor es el impacto.

En segundo lugar, las ceremonias atribuyen valor. Al apartar tiempo, hacer el esfuerzo, gastar dinero y valernos de una ceremonia significativa, declaramos el alto valor de una persona. Al mismo tiempo, las ceremonias le atribuyen valor a las creencias y a los valores éticos que consideramos importantes [...]

En tercer lugar, las ceremonias memorables hacen uso de los símbolos. Las bodas se simbolizan con un anillo, la Navidad con una estrella, la graduación con un diploma. Cada uno de estos símbolos trae a la memoria una gran cantidad de recuerdos agradables [...]

Por último, quizá lo más importante es que las ceremonias memorables le otorgan visión a la vida [...] La ceremonia marca el pasaje de una etapa a otra. Dice con convicción, con energía y con majestuosidad: «¡A partir de este momento, la vida será diferente!».

El objetivo de las celebraciones que marcan un hito es colocar el recuerdo del crecimiento espiritual en el mapa de vida de tu hijo.

Aquí tienes dos ideas más para ceremonias de momentos de enseñanza oportuna:

1. Una ceremonia de bendición. Esta puede ir desde algo muy sencillo (unas pocas personas que oren por tu adolescente) hasta algo sofisticado (una comida, una bendición formal, oraciones y regalos). Antes de que el hijo de Ed y Christy Smith, Eric, partiera para una universidad estatal, querían enviarlo con una bendición. Invitaron a sus amigos más íntimos y a sus padres, así como a la familia y a los miembros de la iglesia. Todos se reunieron en la casa de los Smith para un refrigerio y una conversación, entonces la atención se centró en Eric. Muchas de las personas hablaron acerca de las características que admiraban en Eric, y de formas en las que lo vieron crecer a través

Citas de adolescentes

De los hijos:

«Papá, quiero que me recuerdes la pureza al menos una vez al mes».

«Quiero que mi papá me enseñe sobre las muchachas y las citas amorosas».

«Papá, quisiera que me hablaras de las relaciones sexuales y que pasaras más tiempo conmigo».

«Me gustaría que mi mamá me mostrara lo que les gustará a las muchachas cuando salga con ellas».

De las hijas:

«Papá, quisiera que hubiéramos entablado una relación espiritual más fuerte antes, así sería más fácil hablar contigo ahora».

«Papá, quisiera que me preguntaras más acerca de mis relaciones, y que siguieras insistiendo en no tener relaciones sexuales».

«Mamá, quisiera que te sientas más cómoda cuando analizamos cosas, porque eso me haría sentir más cómoda a mí».

«Mamá, quisiera que me hubieras hablado cuando era pequeña. Ahora que esperaste a que creciera, me siento incómoda porque es raro».

recopilado por **Karie Hughes** y *Passion and Principles*

de los años. Otros le ofrecieron aliento y consejo para prosperar en la universidad. La ceremonia terminó con la oración de varias personas por una bendición especial para su vida en los años futuros. Para Eric, y para todos los presentes, fue un tiempo muy significativo y conmovedor.

2. Un *bar mitzvah* (*bat mitzvah* en el caso de las niñas) cristiano. Si alguna vez asististe a un *bar mitzvah* o *bat mitzvah* tradicional, sabes lo sagradas e inspiradoras que son esas ceremonias. El *bar mitzvah* se realiza cuando un niño judío cumple trece años y alcanza la edad del deber y la responsabilidad religiosa. La idea es entrelazar temas cristianos con el modelo judío, en el que a menudo se recitan pasajes de la Biblia, se toma algún juramento o compromiso verbal hacia la fe, se conmemora el paso de la niñez a la adultez y luego se celebra y se hace fiesta.

Los hitos reafirman las verdades espirituales

La primera vez que el pequeño Josh vio una celebración de la Cena del Señor, le dolió en el alma no poder participar. Le dijo a su madre: «A todos le dieron una merienda, ¡y a mí no me dieron nada!».

La mayoría de los niños quiere participar en este rito de pasaje, pero muchos no pueden entender el significado hasta que tienen alrededor de ocho o nueve años. Mediante este hito, tu hijo entra al rito del recuerdo cristiano, a recordar el nacimiento, la muerte, la resurrección y el regreso de Jesucristo.

Si se explica como es debido mediante un momento de enseñanza oportuna, puedes asegurarte que tus hijos entiendan el simbolismo y los beneficios espirituales que ofrecen la ceremonia. Si miras el banco de la iglesia donde se sientan los Weidmann, verás a cuatro niños con la cabeza inclinada. Como toman la Comunión con mucha seriedad, consideran el pan y la copa con reverencia.

La Cena del Señor también representa el mensaje de salvación de Cristo. Cuando Sean Bruner tenía nueve años, ya entendía el simbolismo de la salvación que había en la ceremonia, porque sus padres les habían impreso el significado en su corazón. Un domingo, su tío Joe, que no era cristiano, asistió a la iglesia con los Bruner. Durante el mensaje previo a la Comunión, se presentó el evangelio. Cuando comenzó la ceremonia, Sean le preguntó al tío Joe: «¿Y tú, tío Joe? ¿Aceptaste a Jesús?».

Le respondió: «Hablaremos de eso más tarde».

Cuando el plato pasó cerca de Joe, Sean dijo: «Bueno, ¿lo hiciste o no lo hiciste?». Le preocupaba que Joe tomara la Cena del Señor sin preparar su corazón primero.

Para Kurt, el padre de Sean, el momento fue un poco tenso, pero no pudo evitar ponerse contento porque su hijo entendió y reconoció la importancia de la Comunión

Si los padres se toman el tiempo para asegurarse de que sus hijos sepan el significado que tiene este hito, cada Comunión puede ser un momento de enseñanza acerca del sacrificio de Cristo en la cruz. Los hitos no solo ayudan a los niños a recordar verdades bíblicas específicas, sino que también los ayudan a vivirlas.

Los hitos ayudan a prepararse para el futuro

Todos los hitos ayudan a los niños a mirar el camino espiritual que tienen por delante. Después de un momento que marca un hito, los niños pueden estudiar su mapa de viaje y hacer planes para la vida. Pueden anticipar los valles y las montañas espirituales, las praderas y el terreno rocoso. El hito de preparación para la adolescencia ayuda a los niños a prepararse para su futuro como adultos. En el libro *Spiritual Milestones*, Jim Weidmann expresa sus pensamientos acerca de lo difícil que puede ser la adolescencia y del porqué nuestros hijos necesitan orientación:

Estaba en mi segundo año de la academia de la Fuerza Aérea y a punto de vivir uno de los obstáculos más duros hasta el momento: sobrevivir a un simulacro de prisionero en un campamento de guerra. El instructor dijo que tendríamos mucho entrenamiento a través de nuestra carrera, un entrenamiento que haría que la Fuerza Aérea fuera una organización mucho mejor. Sin embargo, esta experiencia nos benefició a nosotros, no a la Fuerza Aérea. Como verás, los expertos militares descubrieron que el mayor temor y más debilitante de cualquier prisionero es el mismo terror a lo desconocido. Así que nuestro entrenamiento como prisioneros se creó con el único propósito de exponernos a lo que podía llegar a pasar.

No, no nos torturarían ni nos matarían de hambre. Sin embargo, aprenderíamos acerca del dolor, y de seguro tendríamos hambre. Al experimentar (al menos en nuestra mente) lo peor que podía pasar, y al aprender las mejores maneras de sobrellevarlo, nos reconfortó saber que estábamos preparados. Si alguna vez terminábamos en un campo de prisioneros, no tendríamos tanto terror. Podíamos esperar sobrevivir a la experiencia.

Ahora bien, no pretendo igualar la entrada a la adolescencia con atravesar las puertas de un campo de prisioneros oscuro y sombrío en una jungla remota. Aun así, seamos sinceros: la madurez puede ser bastante temible. ¿Recuerdas tu primer barrillo? ¿El primer período menstrual? ¿La primera cita? Y algo aun más abrumador: ¿Recuerdas la primera vez que te diste cuenta de que el maravilloso mundo de la libertad adulta viene en el mismo paquete que importantes dosis de responsabilidad y de rendición de cuentas?

Se encuentran al borde del desarrollo, vacilando entre la niñez y la edad adulta. El adolescente en ciernes se enfrenta al miedo y a la inquietud; y al observar sus incursiones en el mundo de los adultos, vemos una comedia de errores imprevisible e irregular. A veces retroceden dos pasos (y se comportan de una manera increíblemente infantil) por cada uno que avanzan hacia la toma de decisiones maduras y sabias.

Como padres, tenemos un propósito: preparar a nuestro adolescente para esta transformación increíble en un ciudadano responsable y maduro de la sociedad adulta. Así que, en el momento que marca un hito llamado «la preparación para la adolescencia», recuerda que como tu hijo está pasando por tantos cambios, los momentos de orientación deben revelar y explicar lo desconocido y abarcar las infinitas transformaciones a punto de suceder. El propósito de este momento de enseñanza oportuna es reducir el temor, identificar los problemas sociales, emocionales, físicos y de identidad a la luz de la comprensión espiritual. Esto le dará a tu hijo la sabiduría para crecer a través de todos los cambios drásticos de manera pacífica y piadosa.

El hito de preparación para la adolescencia da resultados cuando sucede durante un fin de semana. También se recomienda escuchar la versión de audio de *Preparémonos para la adolescencia*, del Dr. Dobson.

Señales y maravillas

Los símbolos mejoran los hitos y proveen una manera concreta de conmemorarlos. Además, al añadirle una nueva dinámica a las responsabilidades espirituales de tu hijo, lo ayuda a darse cuenta de que está madurando. He aquí lo que recomendamos:

HITO	SÍMBOLO	PRIVILEGIO
Bautismo	Certificado	Mayor participación en los devocionales familiares y guiar en oración.
Comunión	Cáliz de comunión con su nombre grabado	Puede reflexionar de manera más profunda en la Comunión.
Preparación para la adolescencia	Permite que el hijo escoja algo que le represente. Ejemplo para las muchachas: pulsera con dijes. Ejemplo para los muchachos: una navaja	Los padres definen una nueva responsabilidad y un nuevo privilegio.
Pureza	Anillo	Más confianza de los padres. Por ejemplo, permitirle salir en una cita doble con supervisión.
Rito de pasaje	Una cruz o un emblema familiar, una espada (para los niños), un collar con un dije de corazón o una pulsera de dijes (para las niñas)	Algunas sugerencias: • Dirección del tiempo de oración familiar. • Dirección de una noche familiar. • Asumir la función de un adulto cuando se ausente algún padre. • Procurar nuevas responsabilidades en la iglesia.

Después de experimentar este hito, los padres han atesorado recuerdos de los muchos momentos de enseñanza oportuna que generó. Janet Weidmann recuerda el fin de semana con su hija Janae:

Nunca olvidaré el fin de semana que disfrutamos con Janae. Pusimos la fecha en nuestro calendario con semanas de anticipación, lo cual aumentó nuestra expectativa del viaje. Le dije a Janae que íbamos a hablar de lo que le esperaba al pasar de la infancia a la madurez de la mujer. No dije demasiado acerca de que hablaríamos de la intimidad sexual, ya que es solo una parte de la información que trata el Dr. James Dobson en su maravillosa serie de casetes titulada: «Preparémonos para la adolescencia».

Janae y yo nos subimos a la furgoneta luego de despedirnos de la familia y nos dirigimos a una ciudad que quedaba a alrededor de una hora en auto. Ya había reservado la habitación en un hotel y estaba ansiosa de pasar un fin de semana maravilloso con mi querida hija. Había empacado todo lo que necesitaba para hacerle la manicura y la pedicura y para poder trenzarle el cabello mientras escuchábamos los casetes y hablábamos. Por supuesto, también llevamos nuestros bañadores para meternos en la piscina del hotel.

Cuando entramos a la autopista, le dije a Janae que pondría el primer casete, pero que si en algún momento tenía alguna pregunta o comentario, se sintiera en libertad de parar el casete para hablar al respecto. Escuchar la voz del Dr. Dobson en esos casetes fue como tener un tercer amigo invisible en el auto. Estaba muy agradecida que fuera Dobson el que explicara algunos de los temas. Sé que Jim sintió lo mismo cuando partió para pasar un momento que marca un hito con nuestros dos niños [...]

Janae y yo pasamos un fin de semana maravilloso y memorable, y todavía experimentamos una sensación cálida y tierna al pasar por «nuestro hotel» cada vez que vamos por esa ciudad. Recordamos muchas cosas: Las veces que nos reímos, cuando caminamos de la mano, cuando nos acostamos en el césped y susurramos mientras mirábamos el cielo estrellado, las veces en que Janae se quedó atónita al enterarse de que su mamá y su papá pudieran hacer semejantes cosas. Creamos recuerdos especiales que conservaremos siempre.

Cuando les explicamos a otros padres lo que hacemos con nuestros hijos durante esta incursión de la preparación para la adolescencia, muchos dicen: «¡A mi hijo le daría mucha vergüenza!» o «Mi hijo se cerrará por completo y no hablará conmigo acerca de esas cosas». Sin embargo, hemos descubierto que si vamos poco a poco y planeamos con antelación temas ligeros de conversación, nuestro fin de semana afuera se vuelve mucho más exitoso. Déjenme explicar. En la semana previa al fin de semana afuera, le puedes decir a tu hijo: «No veo la hora de irnos juntos. Me gustaría mucho comprender lo que ya sabes acerca de algunas de las cosas sobre las que hablaremos; el sexo, por ejemplo. ¿De qué te has enterado a través de tus amigos, de la televisión o en alguna otra parte? Estos pequeños «montajes» pueden ayudar a que el fin de semana sea más cómodo para los dos.

Padres, sé que puede ser un fin de semana muy incómodo para ustedes y para su hijo, debido al tema a tratar. Después de todo, a muchos de nosotros nunca nos presentaron estos «hechos de la vida» dentro de un contexto bíblico. Por lo tanto, sean muy sensibles con sus hijos a medida que los escuchan e intentan entender lo que ya saben y aprendieron fuera de la casa acerca de cada uno de los asuntos.

Los hitos preparan a tus hijos para el camino cristiano de las siguientes maneras: el bautismo establece su herencia con Cristo; la Comunión los limpia a fin de poder tener una relación diaria con Jesús; la preparación para la adolescencia los ayuda a anticipar y a lograr con éxito el convertirse en adolescentes; y el rito del pasaje los equipa para la adultez.

Los hitos proporcionan un punto de referencia

Algunos temas son tan intensos que no se pueden terminar de tratar en un solo momento de enseñanza oportuna o celebración de un hito. La relación sexual es uno de esos temas intensos. Mis hijos mayores (de Jim) asisten a una iglesia que tiene un gran grupo de jóvenes. Allí, los chicos aceptaron anillos de pureza y hablaron de las razones para dejar la relación sexual para después del matrimonio. Sin embargo, como quería asegurarme que entendieran todo, creé un momento de enseñanza oportuna con el ejemplo del «paquete de regalo».

Siempre intento asegurarme que mis hijos escuchen los mensajes importantes varias veces de diferentes maneras. Cuanto más creativo sea el proceso y cuanto más único el momento, más fácil será de recordar. Así que creé un momento de enseñanza oportuna a fin de refinar el concepto de la pureza. Los senté en un sofá, a Joshua, a Jacob y a Janae, y dije:

—Oigan, tengo un regalo para cada uno de ustedes.

Les di un regalo con un hermoso envoltorio a cada uno. Sus rostros adquirieron una expresión de confusión una vez que rompieron el papel, ya que cada uno tenía el dulce favorito de uno de sus hermanos.

Fingí una disculpa.

—Huy, me equivoqué. Les di el regalo equivocado. Aquí tienen cinta adhesiva. A ver si pueden arreglar el paquete.

Bueno, hicieron todo lo que pudieron y volvieron a envolver los regalos. Luego los intercambiaron para que a cada uno le tocara su dulce preferido. Por segunda vez, desenvolvieron los regalos.

—Pues bien —les pregunté—, ¿qué les pareció?

—No fue especial. Ya sabíamos qué era —dijo Joshua.

—¡Ajá! —dije—. Así sucede con la pureza. Es un regalo que solo podemos dar una vez. Si lo das fuera del matrimonio, deja de ser tan especial, no es puro.

Sin embargo, un programa sólido en la iglesia y un buen momento de enseñanza oportuna no finalizaron la lección. Una vez que realizas el trabajo preliminar sobre la pureza sexual a través de un hito, puedes usar conversaciones generales, momentos de enseñanza menos formales, a fin de reforzar el concepto. Es necesario que hables de las diferencias entre la lujuria, el amor y el enamoramiento pasajero. Tienes que decirles a tus hijos que sentirán lujuria, que tendrán algún capricho pasajero y que un día se enamorarán. Tal vez, incluso, se desenamoren. Si así es la condición humana, si así es el mundo real, ¿cómo deberían lidiar con todo eso?

Tus hijos deben saber que las personas (sí, incluso los cristianos) tienen la tendencia a inclinarse hacia la impureza, y que deben aprender a controlar sus pensamientos, a concentrarse en lo que es puro y a alejarse de lo que no lo es.

También tenemos momentos de enseñanza oportuna para conservar los resultados. En general, lo hacemos mientras elegimos una película para ver. Les pregunto: «¿Miramos una película apta para mayores de diecisiete (de ordinario no), o qué les parece una apta para mayores de trece?». Nos ponemos a conversar acerca de lo que puede echar raíces en nuestro corazón, acerca de por qué deberíamos cuidar lo que incorporamos y hacemos preguntas como estas: «¿Mirar esta película nos ayudará a concentrarnos en lo que es puro?». El hito formal prepara el momento de enseñanza informal. Es más fácil porque ya estableciste el punto de referencia.

Durante su hito de preparación para la adolescencia, Robert Lewis habló con su hijo acerca de la relación sexual y le explicó su función como hombre:

Hablen sobre la relación sexual

Un informe del *Journal of Adolescent Health* de septiembre de 2002 revela: «Las relaciones cercanas con los padres, en especial con la mamá, a menudo pueden retrasar el comienzo de la actividad sexual de los adolescentes».

El autor del estudio, el Dr. Robert Blum, director del *Center for Adolescent Health and Development* de la universidad de Minnesota, dijo: «Es menos probable que las adolescentes que se sienten más cercanas a su madre, en especial las adolescentes más jóvenes, comiencen a tener relaciones sexuales. Además, los niños cuyos padres conocen a sus amigos y conversan con los padres de sus amigos también tardan más en comenzar a tener relaciones sexuales».

Entre los otros hallazgos citados en el informe están:

- Las madres pueden influir en el comportamiento sexual de sus hijas comunicándoles con claridad su total desaprobación de la relación sexual prematrimonial.

Nuestras conversaciones fueron animadas, explícitas a veces (hablamos con franqueza acerca de la relación sexual), y formaron vínculos relacionales de padre e hijo. Al finalizar el estudio (lo planeé para cuando cumplió trece años), preparé una ceremonia sencilla y llevé a Garrett a cenar y le dejé pedir cualquier comida del menú. Eligió su comida favorita: un bistec.

Durante una hora, nos sentamos y hablamos sobre la adolescencia, la hombría y la mayor cantidad de responsabilidades. En ese momento, presenté la definición de hombría: «Un hombre es alguien que rechaza la pasividad, que acepta la responsabilidad, que guía con valentía y que espera la mayor recompensa: la que otorga Dios». Le expliqué estas frases e ilustré cada concepto en una forma sencilla.

Luego, le pedí a Garrett que memorizara la definición, lo cual hizo casi de inmediato. Le dije que sería la «estrella polar» de su hombría y que planeaba referirme a ella muchas veces

- Al parecer, la ausencia de una relación cercana entre las madres y sus hijas adolescentes mayores aumenta la probabilidad de la relación sexual.

- Cuando los adolescentes ven que tienen buenas relaciones familiares, oportunidades y apoyo de los padres para tener éxito en la escuela, se percibe una demora en el comienzo de la actividad sexual.

- Aunque las madres tienden a subestimar la actividad sexual de sus adolescentes, cuando sospechan que su hijo es activo sexualmente o que está a punto de serlo, en general tienen razón.

¿La conclusión del estudio? «Los padres deben estar seguros de sus valores y luego expresárselos con claridad a sus niños y adolescentes».

¡Vaya! La ciencia moderna confirma lo que Dios les dijo que hicieran a los israelitas siglos atrás: que imprimieran valores sólidos en sus hijos.

en los años siguientes. Entonces, terminé esta celebración especial y solemne orando para que Dios bendijera su vida.

Las sorpresas inesperadas que surgieron en esa ceremonia aparecieron más adelante. Desde entonces, me ha sorprendido la cantidad de oportunidades que he tenido para formar el comportamiento de mi hijo al referirme a nuestra definición de hombría. Es lo bueno de aclarar y definir los valores.

Recuerdo la vez que salimos a cenar con la familia y que Garrett se abalanzó hacia el restaurante, olvidando sostener la puerta para que pasaran su madre y sus hermanas. Lo detuve en plena marcha y le dije:

—Oye, ¿qué hace un verdadero hombre en una situación como esta?

—Bueno, papá, supongo que un verdadero hombre asume la responsabilidad de las mujeres con las que está —dijo Garrett de inmediato.

Bingo.

—Así que, en lugar de abalanzarte hacia el restaurante —le contesté—, compórtate como un caballero y sostén la puerta.

Una vez que le das la definición de la hombría a tu hijo, las pequeñas experiencias cotidianas se transforman en oportunidades para reforzar el retrato bíblico de la hombría.

Mi esposa, Sherard, me contó hace unos meses acerca de una niña de la escuela que se interesó en Garrett. Otra jovencita, en calidad de mediadora para esta relación en ciernes, comenzó a llamarlo por teléfono a fin de explorar la posibilidad de un romance con su amiga.

Garrett lo consideró por un tiempo. Entonces una noche, se hizo cargo y llamó de plano a la niña interesada. Le dijo que no podía ser su novio.

Sherard oyó la conversación por casualidad (no, no estaba escuchando por el otro teléfono) y cuando Garrett colgó, lo felicitó por la manera en que manejó la situación. Sin dudarlo, casi como si tal cosa, Garrett explicó: «Mamá, ¡un verdadero hombre debe rechazar la pasividad y aceptar la responsabilidad en este tipo de situación!».

No hay nada que reconforte el corazón de un padre como el progreso.

Aun nuestras hijas, Elizabeth y Rebekah (las dos son mayores que Garrett) se han beneficiado de nuestra continua conversación. Nos han escuchado referirnos una y otra vez a las características de un hombre auténtico. Aunque no se den cuenta, están formando en el subconsciente una imagen de lo que es un verdadero hombre.

Como la relación sexual y la edad adulta son temas tan dominantes y amplios, se deben tratar en formas creativas a lo largo de la adolescencia de tu hijo. El establecimiento de hitos de preparación para la adolescencia, del rito de pasaje y de pureza sexual, les proporciona a los padres puntos de referencia en el mapa a fin de analizar estos asuntos a través de los momentos de enseñanza oportuna para conservar los resultados durante los años de formación de sus adolescentes.

Los hitos les muestran a tus hijos hacia dónde se dirigen

Un momento que marca un hito prepara a tu hijo para el futuro, dándole lo que necesita saber. Los hitos también ayudan a formar una imagen del gozo de la vida cristiana. El bautismo apunta a la salvación; la Comunión apunta a la vida con Cristo y en Cristo; la preparación para la adolescencia elimina el misterio a la pubertad; la pureza sexual apunta hacia un matrimonio santo y al regalo del sacrificio; y el rito del pasaje apunta hacia un futuro de servicio al Señor.

Unas semanas antes del hito del rito de pasaje de mi hijo Jacob (de Jim), tuvimos un momento de enseñanza oportuna sobre sus dones pastorales. Fue justo antes de que me contara acerca de cuatro mormones que lo llamaron a participar de una discusión relacionada con la deidad de Cristo.

—A ver si lo entiendo —le dije—. ¿Hoy les dijiste a cuatro niños mormones que Jesús es el Creador y se quedaron boquiabiertos?

—Sí —dijo—. Creo que fue así.

—Eso es maravilloso —le dije—. ¿Lo disfrutaste?

—¿Sabes? Lo disfruté de verdad.

—Lo que les dijiste estuvo muy bien en lo doctrinal; eres bueno en eso —le dije—. ¡Es uno de tus puntos fuertes! ¡Y te gusta! Esto es lo que significa ser dotado en esa esfera.

Para los adolescentes, es importante saber que Dios los ha equipado para servir en maneras que les traigan satisfacción. No hay mayor gozo en la vida que descubrir los dones que Dios te ha dado y ponerlos en práctica. A través del hito del rito de pasaje, puedes ayudar a tu hijo a descubrir y a afirmar esos dones. Se puede hacer de manera informal, a través de momentos de enseñanza informales o formales, o mediante un rito de pasaje. En cuanto a mí, recomiendo que se usen los dos.

En esencia, un rito de pasaje es un tiempo de compañerismo con mentores seleccionados por el muchacho. Cerca de los quince

Un derecho... sobre el rito del pasaje

Cuando Allan Mesko llevó a su hijo, Brian, al centro de conferencias *Ozark*, a más o menos una hora al oeste de Little Rock, el muchacho de dieciséis años pensó que solo iban a pasar la noche en la montaña. Sin embargo, Allan tenía otros planes.

Se registraron con la pareja que dirigía el campamento, y al rato el hijo de esta pareja invitó a Brian a ir a caminar. Mientras los dos adolescentes caminaban con tranquilidad por un sendero, el director de la escuela cristiana de Brian salió de atrás de un árbol de repente. Lo primero que pensó Brian es que debía estar alojándose allí.

Entonces, luego de un rápido saludo, el otro niño regresó a la casa. Brian y su director siguieron caminando. El hombre le explicó que su padre le había pedido que le dijera algunas ideas acerca de la hombría. Con la Biblia en la mano, abrió las cartas de Timoteo y destacó pasajes específicos relacionados con la hombría.

Luego de un rato, llegaron a un tipi y Brian vio a un amigo adentro. Este hombre ocupó el lugar del director. Mientras caminaban al lado de lagunas y a través de praderas, le habló a Brian acerca de las diferentes elecciones que tendría que enfrentar como hombre. También dijo algo que Brian nunca olvidará: «Brian, tal vez un día realices esta caminata con mi hijo».

momentos que marcan un hito

años, los muchachos se retraen y son menos receptivos a la enseñanza. Así que quería afirmar el concepto en la mente de mis hijos de que tienen un destino y una validez sólidos en Cristo. Me dejé llevar un poco con los preparativos, pero es imposible exagerar en cuanto a la importancia que tiene este hito.

Describiré algo de lo que hicimos para Jacob. Le dije: «Quiero que identifiques a seis hombres que hallan tenido un impacto espiritual en tu vida». Durante las semanas, nos reunimos a desayunar con los hombres elegidos y hablamos acerca de diferentes aspectos de la vida cristiana. El mentor contó cómo Dios había obrado en su vida. Para la ceremonia final, cada uno de los hombres le hizo tres preguntas a Jacob y él también pudo hacerles preguntas.

Se dirigieron hacia el bosque, donde un maestro de escuela de Brian estaba sentado en un banco. A él le tocaba abarcar las características de la hombría.

Luego de un rato, se dirigieron de vuelta a la hospedería; ya Brian pensaba que se habían terminado las sorpresas. Se equivocaba. Había cuatro amigos adultos más esperándolo en la posada. Allan asó unos costosos bistecs en la parrilla y los celebrantes bebieron refrescos en jarras. Luego de la cena, el grupo se reunió formando un círculo, y cada uno de los hombres mencionó cualidades especiales que vio en Brian. El jovencito no sabía qué decir.

Después, Allan le regaló el libro *Frente a la Vida*, de James Dobson, firmado por todos los hombres. También le regaló una placa que decía: «Para mi hijo, Brian Benjamín Mesko, en reconocimiento a tu iniciación en la comunidad de los hombres. Con mucho amor y alegría, Papá». A fin de terminar la ceremonia, los hombres se juntaron alrededor de Brian y oraron por él.

Antes de irse del campamento a la mañana siguiente, Allan y Brian hicieron el mismo trayecto que hizo Brian la noche anterior. El joven le contó lo que escuchó y le mostró a su padre los lugares clave. Después, mientras Brian estaba ocupado con el hijo de los directores del campamento, Allan fue con el auto a tomar fotos en esos lugares. Más adelante, le entregó las fotos a Brian.

«Cuando pienso en esa noche, me inunda el gozo», dice Brian. «Estoy muy agradecido por tener un papá que hiciera algo como eso».

Los temas de discusión fueron la adultez y cómo enfrentar los diferentes aspectos de llegar a ser un hombre o una mujer de Dios. (Véase el capítulo 11 para temas de discusión en el rito del pasaje). Debido a que estuvimos afirmando los dones espirituales de Jacob por algunos años, a los catorce años ya había descubierto esos dones y buscaba un lugar para usarlos. Durante una de las partes del rito del pasaje de Jacob, tuvo la oportunidad de contarles a sus mentores por qué sentía que estaba listo para ser un hombre espiritual. Les contó acerca de lo sucedido una semana antes:

Estaba en una reunión de *Revival Generation* con unas cinco mil personas en Carolina del Sur y mi hermano Joshua era el encargado. Alrededor de veinte minutos antes de que empezara, me dijo: «Oye, Jake, necesito que des un discurso». Luego dijo: «Necesitamos algo vivaz, algo divertido». Así que usé el ejemplo de mi caminar con Cristo comparándolo con el caminar de Dorothy en el camino de ladrillos amarillos. Sabía que necesitaba varias cosas en esta relación; lo primero que me hacía falta era la mente de Cristo. ¿Cómo iba a saber lo que Jesús haría si no tenía la mente de Cristo? Así que imité a un espantapájaros y canté una cancioncita. Para entonces, la multitud estaba enloquecida.

Hablé acerca del próximo personaje que encontró Dorothy, el hombre de hojalata. Necesitaba un corazón. Y les dije que a mí me hacía falta un corazón apasionado para Dios. Imité al hombre de hojalata y pasé al león. Dije que había descubierto que necesitaba valentía para defender mi fe.

La charla salió bien y todos se reían, pero no pensé que había tenido un impacto demasiado grande, hasta que un hombre fornido me hizo señas para que me acercara al frente de la plataforma. Me dijo: «Hay una niña aquí abajo que necesita hablar contigo». Así que mire a esta niña de trece años y me di cuenta de que estuvo llorando porque se le había corrido el rímel de las pestañas. Se extendió ofreciéndome un osito de peluche andrajoso. Lo tomé y me di cuenta por su mirada que significaba mucho para ella. Quería un abrazo, así que me eché en la plataforma, me estiré hacia el borde y

192

la abracé con un brazo. Le dije: «Después te busco, porque quiero hablar contigo».

Cuando terminó la reunión, salí corriendo de la plataforma, me abrí paso entre la multitud y la encontré. Una vez más, comenzó a llorar. Levantando el osito, le dije: «¿Por qué me lo diste?».

Me dijo: «Cuando estabas en la plataforma, me diste esperanza. Desde el tiroteo en *Columbine*, no sabía lo que era la paz. No sabía dónde encontrarla».

Luego me fui hacia el fondo de la plataforma y el hombre fornido me preguntó:

—¿Qué te dijo?

—Es muy buena y todo... —le contesté.

Después de una pausa, dijo:

—Hay un par de cosas que debes saber de esa niña. En primer lugar, el osito de peluche es su consuelo; significa todo para ella. Lo tiene desde que nació; eso es todo lo que tiene. En segundo lugar, debes darte cuenta de que la niña es sorda, yo le traduje tu charla con lenguaje de señas. Aceptó a Cristo.

En ese momento, me di cuenta de que a través de mí, Dios puede hacer que un sordo oiga. Fue la confirmación de Dios de que soy un hombre espiritual y de que tengo que asumir las responsabilidades de un hombre espiritual.

Los hitos son momentos para afirmar

Los hitos espirituales le transmiten a tu hijo que lo amas tanto como para crear un momento especial para enseñarle. El tiempo y el gasto involucrados, tanto en lo monetario como en lo emocional, valen la pena. Le dejarán recuerdos a tu hijo, indicadores de hitos, para que los valoren y se aferren a ellos cuando dejen el hogar y deban elegir un camino a seguir.

Puedes transmitirle tu bendición a tu hijo con bombos y platillos. Los niños necesitan y anhelan escuchar que están creciendo en una forma que te agrada a ti y a Dios. He aquí una carta que Janet Weidmann le escribió a Jacob en su rito de pasaje:

Jacob:

Desde el momento en que te pusieron en mis brazos, supe que eras un regalo de Dios. En esos preciosos instantes después de tu nacimiento, pensé en lo maravilloso que sería que tú y tu hermano mayor fueran los mejores amigos, y ha sido muy divertido ver cómo se desarrolla la relación. Siempre has tenido un lugar muy especial dentro de nuestra familia. Te rodean el gozo y la humildad.

Eras mimoso mientras eras pequeño, siempre bajabas con tu lindo pijama de fútbol y te subías a mi regazo para el abrazo de la mañana. Ya no te subes a mi falda, ¡gracias a Dios!, pero siempre estás para darme un abrazo al pasar y decirme cuánto me amas. Tú me alientas cuando necesito un poco de ánimo.

Jacob, ahora ya no eres solo mi hijo, eres uno de mis mejores amigos. Tu crianza ha sido un viaje muy feliz, y espero con expectativa los años futuros.

Hoy, te bendigo desde el corazón de una madre que está lleno de un gran orgullo del niño que fuiste, del joven que eres y del hombre maravilloso por completo que serás. He orado por muchas cosas para ti, aun desde que estabas en mi vientre, y te bendigo con todo lo que he orado por ti. Te bendigo con un corazón sincero, lleno de suprema integridad; con un espíritu tierno y compasivo; con un cuerpo fuerte y saludable; con muchas amistades profundas y leales; con una esposa e hijos amorosos y devotos; con la valentía y la fuerza de carácter para enfrentarte a todos los desafíos que te traiga la vida; con días llenos de alegría.

Lo más importante, mi oración es que siempre disfrutes de una relación profunda con Dios todos los días de tu vida.

Jacob, siempre tendrás mi amor y mi bendición. Estoy muy orgullosa de ser la persona a la que llamas «mamá».

Te amo muchísimo,

Mamá

El propósito primordial de los momentos que marcan un hito es afirmar el hecho de que tu hijo va por buen camino, hacia una vida con Dios. Después del bautismo de Jesús, su Padre dijo: «Este es mi Hijo amado; estoy muy complacido con él» (Mateo 3:17). De manera similar, debemos decirles a nuestros hijos que nos complacen a nosotros... y a Dios.

capítulo diez

Respuestas a las preguntas de los padres

PREGUNTA: ¿Cómo logro un equilibrio entre aprovechar cada momento de enseñanza oportuna y el peligro de estar exagerando?

Respuesta: La elección del momento es lo más importante. Usa el radar de tu relación para darte cuenta si el momento es adecuado. Si aún no estás seguro, es preferible que te quedes callado. Seguro que no quieres arruinar un momento divertido en familia con una lección que no se valorará. Puedes dejar pasar una lección de vez en cuando, pero si tu hijo es el catalizador, ¡muévete! Cuando surge la pregunta o tu hijo hace algo que pide a gritos una conversación, no pierdas la oportunidad. Quita las piedras falsas de tu repertorio de enseñanza y los diamantes brillarán aun más.

PREGUNTA: ¿Qué hago si mi hijo hace una mueca de disgusto cuando le hablo de Dios?

Respuesta: Deja de hablar y disciplínalo de forma firme, justa y tranquila. Por ejemplo, envíalo a su habitación hasta la hora de la cena y prohíbele el uso de aparatos electrónicos.

Su comportamiento irrespetuoso da la pauta de que hay que esforzarse más en la relación; ningún niño respeta a un adulto (o a un momento de enseñanza) si le permiten ser descortés. Luego de la disciplina, planea salir con tu hijo para hacer alguna actividad que él elija y diviértanse. Al cabo de algunos días de buen comportamiento, y cuando pueda recibir tu consejo acerca de otros temas como los deportes, los deberes de la escuela o las amistades, estás listo para intentar otro momento de enseñanza espiritual. Durante un tiempo, concéntrate solo en entablar la relación entre padre e hijo, a fin de que en lugar de hacer una mueca de disgusto, pueda decir: «Oye, papá, no estoy de acuerdo con lo que dices porque...». Y comienza a hacerle preguntas; al darle parte de la responsabilidad de la conversación, será menos probable que te responda con críticas o con muecas de disgusto.

PREGUNTA: ¿Qué hago si no se arraiga un momento de enseñanza oportuna?

Respuesta: El doctor James Dobson utiliza el ejemplo de una pequeñísima maleza redonda que tiene muchas espinas para que los padres se animen sabiendo que sus momentos de enseñanza oportuna tendrán resultados algún día:

> ¿Alguna vez tuviste la experiencia de caminar en medio de un área desierta al final del verano y sentir en los zapatos y alrededor de los tobillos el escozor de las pequeñas malezas redondas llenas de espinas? Esas malezas finitas y de color marrón están armadas con docenas de espinas filosas que se prenden a los calcetines y poco a poco se abren paso hasta la piel. Son insoportables.
>
> Aun así, déjame contarte algo interesante acerca de estas malezas. Dentro de esas vainas espinosas no hay una, sino muchas semillas, que germinan en diferentes años. Si la primera semilla no brota un año, debido a una sequía o a otra mala situación, la segunda sigue esperando en la tierra. Cuando llega la siguiente estación, comienza a abrirse y a crecer. Entonces, si no echa raíz, aún hay una tercera semilla esperando a que llegue el año siguiente. Son las cápsulas originales de «efectos retardados». El otro día, estaba pensando en estas malezas, porque se relacionan con los niños. Los padres hacemos un gran esfuerzo por enseñarles ciertos conceptos y modales a nuestros hijos, con la esperanza de que algunos echen raíz y crezcan. Con todo, muchas de esas semillas no germinan y los esfuerzos parecen en vano. Sin embargo, la buena noticia es que esa enseñanza también puede ser como una cápsula de

efectos retardados. Tal vez esté latente durante una década o más y de repente atraviese la tierra y brote.

La clave es permanecer fiel a la causa; continuar plantando semillas y no desanimarse. Quizá la cosecha tarde años, pero vale la pena esperar.

PREGUNTA: ¿Puedo usar momentos de enseñanza oportuna con niños pequeños?

Respuesta: Por supuesto, si te concentras en enseñar conceptos sencillos acerca del amor de Dios y de la creación, y cuentas algunas historias de la Biblia que sean fáciles de entender. También puedes afirmar el buen comportamiento de tu hijo mediante un momento de enseñanza oportuna. Sin embargo, recuerda que no verás demasiados cambios en el comportamiento de tu hijo hasta que logre entender los conceptos de la gratificación a largo plazo y las consecuencias, y que pueda expresar sus deseos con claridad. Ese desarrollo casi siempre aparece alrededor de los cuatro años.

La principal regla general para tus hijos es la siguiente: Cuando crezcan, deberían poder decir: «No recuerdo un día de mi vida en el que no supiera que Dios y mis padres me amaban».

PREGUNTA: ¿Los momentos de enseñanza oportuna dan resultados con los nietos?

Respuesta: Si los abuelos tienen una buena relación con sus nietos, ¡sí! Los momentos de enseñanza oportuna dan buenos resultados en el contexto de cualquier relación segura entre un adulto y un niño.

PREGUNTA: Mi hija está en el tercer año de la universidad. ¿Cómo adapto el concepto de los momentos de enseñanza oportuna para los hijos adultos?

Respuesta: Puedes ser un mentor para tu hija, aun si tú tienes ciento siete años y ella está llena de vida a los ochenta. La clave se encuentra en permitirle a tu hija que pase de ser una adolescente, estudiante universitaria dependiente a una hija adulta independiente, y luego a una esposa y madre.

Hay hitos para los años de adulta, como su boda, la cual querrás conmemorar y estar allí para ayudarla. Las verdades sobre las que hablarás con ella cambiarán a medida que ella cambie, y es probable que debas mantenerte alejado de las lecciones objetivas o de cualquier

otra cosa que parezca sobreprotección. Mantén una relación saludable y
ella querrá y necesitará tus consejos. Si esperas a que haga una pregunta,
podrás contarle de tu experiencia y dirigirla según las Escrituras.

PREGUNTA: ¿Debería intentar tener un momento de enseñanza oportuna si los amigos de mis hijos están presentes?

Respuesta: Es muy raro que un momento de enseñanza dé resultados
con amigos alrededor. Por lo general, la elección de ese momento no es
buena, porque tu hijo les está prestando atención a sus amigos en lugar de
ponerte atención a ti. Además, es posible que se sienta avergonzado.

Sin embargo, en algunas familias hay amigos que se sienten tan
cómodos y relajados en tu hogar que son como de la familia. Si ese
es el caso, aquí tienes tres pautas para considerar antes de utilizar
un momento de enseñanza oportuna cuando el amigo de tu hijo
está presente: (1) ¿Cuán buena es la relación que tienes con la visita?
¿La pondría incómoda al orar contigo? Si tienen una buena relación
espiritual, es probable que se arraigue la enseñanza. (2) ¿Este momento
de enseñanza acercará a tu hijo y a su amigo, o creará tensión? (3) ¿De
qué índole es el momento de enseñanza? ¿Es adecuado que haya otra
persona escuchando? Tal vez tu hijo se sienta avergonzado al recibir
un cumplido o al hablar de temas relacionados con la pureza sexual.

PREGUNTA: ¿Qué sucede si sé que hay un versículo bíblico que se refiere al momento de enseñanza oportuna, pero no puedo recordarlo con exactitud?

Respuesta: No puedes esperar a memorizar toda la Biblia para
enseñarle a tu hijo acerca de Dios. Parafrasea el versículo lo mejor que
puedas y búscalo lo antes posible o desafía a tus hijos mayores a que lo
hagan. Si lo transformas en un juego, puedes usar la falta de memoria
como una manera de extender el momento de enseñanza oportuna.

PREGUNTA: Las lecciones objetivas se parecen a las analogías o metáforas extendidas. Detestaba eso en la escuela. ¿Hay algún consejo para mí?

Respuesta: Quédate con lo que sabes. Si la lista de lecciones objetivas
del capítulo 11 hace que recuerdes la clase de inglés de primer año, no
la uses. En cambio, concéntrate en utilizar momentos de enseñanza
oportuna a fin de transmitir principios concretos de fe y crear una
conciencia del amor de Dios.

PREGUNTA: Mis hijos conocen la Biblia mejor que yo. ¿Aun así debería intentar tener un momento de enseñanza oportuna?

Respuesta: Sí. Puedes usar su conocimiento, en lugar de dejar que te intimide. Hazles preguntas como: «¿Qué sabes acerca de la caída de Jericó?» o «¿Qué dice la Biblia acerca de darles a los pobres?». Diles que también te interesa aprender. De esa manera, moldeas la humildad y la disposición de aumentar tu conocimiento.

PREGUNTA: Mis hijos necesitan aprenderlo todo. ¿Por dónde comienzo?

Respuesta: Deja que te guíen los catalizadores. Sin embargo, intenta siempre concentrarte en una verdad básica acerca de un concepto fundamental de la vida cristiana. Casi todos los momentos de enseñanza oportuna pueden terminarse con una de las siguientes ideas: (1) Dios nos ama, por eso debemos seguir ese principio. (2) Es por eso que necesitamos que Jesús perdone nuestros pecados y nos redima. (3) Es una de las formas en que Dios nos muestra que nos ama. (4) Los cristianos no somos de este mundo; tenemos una guía espiritual, el Espíritu Santo y, por lo tanto, hacemos las cosas de otra manera.

PREGUNTA: Estoy seguro de que mis hijos no escucharán durante un momento de enseñanza porque pueden oler un sermón a kilómetros de distancia. ¿Qué debo hacer?

Respuesta: Todos los niños pueden apreciar el aprendizaje, porque el conocimiento aumenta su poder personal y su sentido de autoestima. Y por más que no lo admitan, el aprendizaje estimula el intelecto. El conocimiento espiritual va a satisfacer el alma de tus hijos porque todos los humanos estamos creados para pensar en Dios. Esa mezcla hace que la enseñanza y el aprendizaje acerca de Dios sean naturales.

Si le temen a los sermones, tal vez sea por una buena razón. Pídeles que te digan lo que piensan que es un sermón y toma nota mental. Luego diles: «Bueno, si quiero enseñarte algo, ¿cuál es la mejor forma de hacerlo?». Escucha, y cuando sea práctico, aplica sus sugerencias. Hacerles preguntas quita la sensación de sermón y ayuda a que la conversación se mantenga concentrada en lo que es importante para ellos.

PREGUNTA: ¿Está mal que algunas veces me divierta con mis hijos sin intentar transformar las situaciones en momentos de enseñanza oportuna?

Respuesta: Por favor, diviértanse; cuanto más mejor. La alegría que disfrutes con tus hijos hará que los momentos de enseñanza sean más eficaces a la larga. ¡Armen un jolgorio!

PREGUNTA: Cuando llego del trabajo, estoy agotado y listo para relajarme. No tengo energías para pensar. ¿Cómo puedo relacionarme con mis hijos si estoy tan cansado?

Respuesta: Anímate y tómate algo de tiempo para ti por la noche. Los momentos de enseñanza oportuna pueden ocurrir en cualquier instante y lugar. No tienen por qué ser después del trabajo. Es más, si no tienes el corazón puesto en la tarea, tus hijos se darán cuenta. Los momentos de enseñanza oportuna demandan poco esfuerzo físico, pero sí tienes que estar en sintonía mental y a la disposición de tus hijos. En lugar de eso, planea momentos de enseñanza oportuna con antelación para el tiempo que vayas a pasar con tus hijos, o ten algunas preguntas listas para los viajes cortos en el auto.

PREGUNTA: ¿Qué me dicen de un momento de enseñanza oportuna basado en una noche de películas?

Respuesta: Véase el ejemplo en la página 120.

PREGUNTA: No soy un maestro nato. ¿Estás seguro de que puedo hacerlo?

Respuesta: ¡Sí! Lo que te hace el maestro perfecto para tu hijo es el hecho de que eres su padre. Ese lazo especial es mucho más importante que cualquier cantidad de experiencia o rasgo de personalidad que puedan tener los maestros «natos». Si tienes una relación saludable con tu hijo, es la misma relación la que te da una credencial de enseñanza automática; tu hijo te escuchará porque hay amor entre ustedes. ¡Dios te dará lo que necesitas! Ora junto con el autor de Hebreos, que escribió: Que «el Dios que da la paz [...] los capacite en todo lo bueno para hacer su voluntad» (Hebreos 13:20-21).

PREGUNTA: Mi hijo asiste a la Escuela Dominical y al grupo de jóvenes. ¿No es suficiente?

Respuesta: La Escuela Dominical y el grupo de jóvenes son un buen fundamento para estudiar la Biblia. Sin embargo, como el aprendizaje ocurre en medio de un grupo tan numeroso, es difícil saber si tu hijo asimiló o absorbió las lecciones. Hay un viejo dicho que dice: «La mayor distancia del mundo es el recorrido que va desde la cabeza al corazón». A menos que interactuemos con nuestros hijos y que les hagamos preguntas relacionadas con la fe, no sabremos si ponen en práctica, o incluso si creen, las lecciones que les enseñan en la iglesia. Una buena manera de planear un momento de enseñanza oportuna es averiguar lo que se está enseñando en la Escuela Dominical y otras clases de la iglesia. De esa forma, puedes reforzar más adelante esos conceptos con momentos de enseñanza oportuna.

capítulo once

101 oportunidades comunes para enseñanzas poco comunes

Imagínate que tus mejores momentos de enseñanza oportuna son anuncios de sesenta segundos acerca la verdad de Dios, y deja los «mensajes comerciales» informativos de treinta minutos donde pertenecen: la televisión por cable de la noche. Las situaciones y los versículos de la Biblia que se proporcionan son para que elijas y tomes algunos. Si surge alguna idea diferente por completo, úsala. Más adelante, tal vez quieras usar las verdades y versículos adicionales como base para un estudio bíblico familiar, pero no arruines la belleza del momento de enseñanza oportuna amontonando demasiados versículos en una frase con gancho.

Recuerda estas reglas para un momento positivo de enseñanza oportuna:

- Comienza la conversación con preguntas y mantenla.
- Si puede hacerlo, dale a tu hijo la oportunidad de explicar la verdad espiritual.
- Afirma cada uno de los intentos respetuosos de responder.
- Mantenlo claro.
- Concéntrate en el catalizador.
- Explica las verdades de manera que apelen a la perspectiva del niño.

Momento de enseñanza oportuna #1: Una mentira

Catalizador: Sorprendes a tu hijo diciendo una mentira, o se presenta una situación de mentira en los medios de comunicación.

Verdad #1: A Satanás se le llama «padre de mentira», y Dios no puede mentir. La sinceridad proviene de un corazón redimido; la mentira es mala. (Éxodo 20:16; Proverbios 19:22; Juan 8:44; Colosenses 3:9; Tito 1:2)

Preguntas: ¿Cuál es la peor mentira de todas? (Dios no existe; la segunda es que Jesús no resucitó). ¿Por qué crees que la mayoría de las personas mienten? ¿Alguna vez te mintieron? ¿Qué sentiste en ese momento? ¿Cómo callarse puede ser una mentira? Aun si no te atrapan, ¿quién sabe que mentiste?

Verdad #2: La mentira arruina la credibilidad de una persona. No se puede confiar más en ella, ni se le pueden dar privilegios. (Gálatas 6:7)

Preguntas: Si mientes en algo pequeño, ¿después será más fácil mentir en algo grande? Si estuvieras en mi lugar, ¿volverías a confiar en ti? ¿Por qué? ¿Cuánto tiempo debería pasar antes de que pueda volver a confiar en ti? ¿Alguna vez te mintieron? ¿Qué sentiste?

Momento de enseñanza oportuna #2: El chisme

Catalizador: Tu hijo repite algún rumor feo acerca de alguien.

Verdad relacional: El chisme destruye las relaciones y no es digno. (1 Timoteo 3:11; Proverbios 20:19; Santiago 3:11)

Preguntas: ¿Cómo crees que tal persona se sentiría si se enterara de que dijiste eso? ¿Es información de primera mano? Si no es así, ¿cómo sabes que es verdad? Aun si fuera verdad, ¿qué bien puede hacer contarlo? ¿Le has contado este rumor a alguien más? ¿Qué puedes hacer para ayudar a detener rumores como ese?

Momento de enseñanza oportuna #3: El embarazo en la adolescencia

Catalizador: Una adolescente soltera que conoces tuvo relaciones sexuales y está embarazada.

Verdad #1: La relación sexual está hecha para disfrutar dentro del contexto del matrimonio; cualquier otra cosa es impura. (Hebreos 13:4; 1 Juan 2:14-16)

Preguntas: ¿Por qué crees que Dios quiere que los seres humanos tengan relaciones sexuales solo con sus cónyuges? ¿Consideras que la muchacha esperaba quedar embarazada? ¿Por qué crees que decidió no esperar hasta el matrimonio? ¿Es una buena razón? (¿O eso es amor?) ¿Qué beneficios trae la abstinencia antes del matrimonio? ¿Le encuentras sentido a la abstinencia?

Verdad #2: Aunque en este país es legal, el aborto no es una opción en la Biblia. (Salmo 139:13-16; Deuteronomio 5:17)

Preguntas: ¿En qué circunstancias deberías considerar el aborto? ¿Qué es lo mejor para el bebé hoy en día? ¿Cuáles son tus planes para criar hijos?

Momento de enseñanza oportuna #4: Demasiadas cosas en tu plato

Catalizador: Te encuentras en un restaurante con derecho a consumir sin restricción. Tu hijo no se come toda la comida que eligió o elige varios postres.

Verdad: Aunque la comida es «gratis», igual es malo ser glotón. El dominio propio es una virtud. Hablen de los siguientes dichos: «La comida te entra por los ojos» y «Come para vivir, no vivas para comer». (Proverbios 23:19-21; Tito 1:7-8; Gálatas 5:23)

Preguntas: ¿Qué sería comer demasiado? ¿Qué señales te da el cuerpo cuando es momento de dejar de comer? ¿Le haces caso a esas señales? ¿Quién paga la comida que no ingieres? ¿Crees que es aprovecharse del sistema? ¿Crees que es considerado? ¿Crees que Jesús lo haría?

Momento de enseñanza oportuna #5: La embriaguez

Catalizador: Tu hijo tiene contacto con alguien que está ebrio.

Verdad: El alcohol afecta el cuerpo de la persona y hace que pierda el control de sus acciones. A los ojos de Dios, es vergonzoso y a veces daña a otras personas, también es peligroso, en especial si conduce el ebrio. (Proverbios 20:1; Gálatas 5:19-21)

Preguntas: ¿Qué dice la Biblia acerca de tomar alcohol? ¿Qué dice acerca de embriagarse? ¿Alguno de tus amigos toma alcohol? ¿Respetas lo que hace tal persona ahora que la viste ebria? ¿Por qué crees que toma? ¿Qué harás cuando estés en algún lugar y te ofrezcan un trago? Muchos de tus amigos comenzarán a tomar. ¿Qué planeas hacer si comienzan a hacerlo mientras te encuentras allí?

Momento de enseñanza oportuna #6: Cuando se toma el nombre del Señor en vano

Catalizador: Estás mirando una película o un programa de televisión y alguien usa el nombre del Señor en vano o dice groserías.

Verdad #1: Dios no quiere que se use su nombre de manera que no sea reverente y que eleve el espíritu, que no honre y no sea respetuosa. (Deuteronomio 5:11)

Verdad #2: Dios también espera que nos abstengamos de usar palabras que no edifiquen o que sean ofensivas. (Efesios 4:29, 5:4)

Preguntas para ambas verdades: ¿Cuál es tu criterio para el lenguaje de las películas? ¿En qué circunstancias apagarías el televisor o te irías del cine? ¿Cuáles crees que son los criterios de Dios? ¿Necesitas reconsiderar tu criterio personal? ¿Importa si los que hablan de mala manera son los «buenos» o los «malos»? Sí o no, ¿por qué?

Momento de enseñanza oportuna #7: Te sientes feo

Catalizador: Tu hijo está alterado porque tiene acné, porque no puede arreglarse el cabello o porque se siente gordo o poco viril. Tu hijo deja que este «desastre» externo le impida disfrutar el día.

Verdad: Dios no evalúa a las personas por su apariencia externa; tu hijo debe aprender que aún es valioso y que tiene un propósito para el día, aunque se sienta despreciable. (1 Samuel 16:7; Salmo 32:10-11; Colosenses 3:23-24)

Preguntas: Deja que tu hijo sepa que tuviste días como esos y que aún los tienes, pero que sigues adelante y ayudas a la familia o vas a trabajar, etc. ¿Crees que Dios te juzgará por tu apariencia? Aun si fueras la persona más fea de la tierra, lo cual no es cierto, ¿puedes agradar a Dios de igual manera? ¿Tus amigos te juzgan igual que Dios? ¿A quién es más fácil agradar, a Dios o a tus amigos? ¿De quién puedes estar seguro de que te amará sin importar tu apariencia?

Momento de enseñanza oportuna #8: El orgullo

Catalizador: Tu hijo participa en una actividad deportiva, competencia académica o un juego como el Monopolio. Después de ganar, hace algún comentario despectivo sobre sus oponentes.

Verdad #1: Es deshonroso hablar mal de tus oponentes o enemigos o desearles mal. (Proverbios 17:5, 24:17-18; Romanos 12:16-18)

Preguntas: Creía que ganaste, ¿por qué hablas así? ¿Qué diría Jesús acerca de tal persona? Ganaste, ¿qué haría alguien con espíritu deportivo? ¿Qué crees que siente tal persona en este momento? ¿Alguna vez te sentiste así?

Verdad #2: Dios detesta el orgullo. (Proverbios 8:13, 11:2, 13:10, 16:18, 29:23)

Preguntas: ¿Qué dirá tal persona de ti? ¿Por qué ganar un juego o concurso te hace mejor que otro? ¿Quién te dio ese talento en primer lugar? ¿Crees que a Dios le agrada tu actitud? Sí o no, ¿por qué? ¿Qué quiere Dios que hagas con tus talentos?

Momento de enseñanza oportuna #9: Quien lo encuentra se lo queda

Catalizador: Tu hijo encuentra algo de valor en un estacionamiento, por ejemplo, un collar, lentes de sol costosos o dinero.

Verdad: Encontrar algo que no te pertenece no es robar, pero deberías hacer todo lo posible para encontrar al dueño. Cuanto más valioso sea el objeto, mayor esfuerzo tendrías que hacer para localizar al dueño. Nunca es bueno decir: «Quien lo encuentra se lo queda, el que lo pierde llora». (Deuteronomio 22:1-3; Filipenses 2:4)

Preguntas: ¿Alguna vez perdiste algo y te lo devolvieron? ¿Qué sentiste? ¿Recuerdas cuando perdimos _____? ¿No hubiera sido maravilloso si alguien lo hubiera devuelto? Cuando encuentres al dueño, ¿cuál será su reacción? Si fueras millonario, ¿quisieras quedarte con este objeto de todas formas? Sí o no, ¿por qué? Si en verdad «necesitas» este objeto, ¿no crees que Dios te lo daría de una manera que no dañe a otro?

Momento de enseñanza oportuna #10: Te sientes un fracaso

Catalizador: Tu hijo se siente un fracaso; perdió en una competencia, sacó bajas notas, lo rechazaron los amigos, lo sacaron del equipo deportivo, cometió un error en un concierto de piano o no encontró una cita para el baile de graduación.

Verdad: ¡Dios lo ama de todas maneras! Jesús murió por tu hijo antes de que lo mereciera. (Romanos 5:6-11; 2 Corintios 12:9-10; Hebreos 11:13)

Preguntas: *Ninguna.* Cuéntale a tu hijo acerca de alguna vez en la que te sentiste un fracaso. Dile que lo amas y que respetas el tiempo que le llevará recuperarse en lo emocional de una desilusión tan grande.

Momento de enseñanza oportuna #11: ¡Perdido!

Catalizador: Tu hijo se pierde o se separa de ti por un tiempo en el centro comercial, el parque de diversiones o en algún otro lugar muy concurrido. Cuando vuelven a encontrarse, hay una cercanía especial.

Verdad: Dios siente una alegría parecida cuando tu hijo cree en Cristo por primera vez o cuando se arrepiente de sus pecados. (Lucas 15:3-32)

Preguntas: ¿Cómo te sentiste mientras estábamos separados? ¿Crees que estaba preocupado? ¿Cómo se siente Dios cuando nos «alejamos» de Él al hacer cosas que son malas? ¿Cómo se siente cuando volvemos a Él?

Momento de enseñanza oportuna #12: Una tremenda reprimenda

Catalizador: Reprendes a tu hijo en público, luego te sientes mal al respecto y le pides perdón; o uno de tus hijos hostiga a su hermano en público y le dices al agresor que pida perdón.

Verdad: Es mejor disciplinar en privado; es más probable que alguien reciba el consejo si se da con amabilidad y sin humillación o vergüenza pública. (Mateo 18:15; Gálatas 6:1)

Preguntas: ¿Qué se siente cuando alguien señala tus errores en público? Si alguien quiere que cambies, ¿cuál es la mejor manera de decírtelo? ¿Recuerdas alguna vez en la que alguien te dijo que hacías algo malo y te enojaste?

Momento de enseñanza oportuna #13: El alarde

Catalizador: Tu hijo cree que es el mejor debido a alguna habilidad secular, popularidad o don espiritual.

Verdad #1: Todos somos pecadores, salvos por gracia. Nadie tiene nada de qué hacer alarde excepto de que Dios le dio dones. (Romanos 3:23, 12:3, 16-18; Gálatas 5:26, 6:3)

Verdad #2: Se espera más del que más tiene. Dios da dones espirituales para edificar la iglesia. Todos los dones deberían considerarse recursos para ayudar a los demás. (Mateo 25:14-40; Lucas 17:47-48; 1 Corintios 14:12)

Preguntas: ¿Quién te dio los talentos que tienes? ¿Qué crees que Dios quiere que hagas con un talento tan grande? ¿Por qué crees que Dios te dio tanto? ¿Espera más de tu parte, o menos, debido a tus habilidades?

Momento de enseñanza oportuna #14: La queja

Catalizador: A tu hijo le espera una tarea desagradable; entonces se queja, se queja y se queja.

Verdad: Tu hijo debe aprender a sobreponerse a la monotonía de algunas tareas y a mirar más allá de las molestias y lo desagradable de la tarea. Toda tarea es noble si se hace por las razones adecuadas. No hay ninguna otra manera de crear un carácter fuerte y perseverancia. (Eclesiastés 2:24; Filipenses 2:12-18; Colosenses 3:17, 23-24; Santiago 1:2-4; Romanos 5:3-5)

Preguntas: ¿Te gusta estar con gente quejosa? ¿Te gustaría estar conmigo si me quejara de llevarte a la escuela, de lavar los platos o de ir a trabajar? ¿La queja te da energía? ¿Hace que la tarea sea más fácil? ¿Cuál es la mejor manera de emprender una tarea difícil? ¿Recuerdas alguna vez que hayas tenido algo desagradable para hacer y que pasó rápido porque pensaste en otra cosa? ¿En qué puedes pensar mientras realizas esta tarea? ¿Cómo abordaría Jesús esta tarea?

Momento de enseñanza oportuna #15: Un momento robado

Catalizador: Tu hijo roba algo tuyo, o de una tienda o de un amigo. O alguien que conoce tu hijo tiene algo que se llevó de tu hogar, del patio o del pupitre de tu hijo en la escuela.

Verdad #1: El respeto por los derechos de propiedad es uno de los asuntos clave del Pentateuco: ¡No robes! El Nuevo Testamento se hace eco de esta verdad. (Éxodo 20:15; Efesios 4:28)

Preguntas: ¿Por qué crees que Dios incluyó «No robarás» en los Diez Mandamientos? ¿Te gusta que otros te roben?

Verdad #2: El Señor proveerá para tu hijo; él debería aprender a orar pidiéndole a Dios que supla sus necesidades y que le dé una manera de ganar dinero para no sentirse tentado a robar. (Proverbios 30:7-9; Mateo 6:8-13; Efesios 4:28; Filipenses 4:19)

Preguntas: ¿Hay alguna diferencia entre robar pan para comer y robar un DVD? ¿Por qué? ¿Dios sabe cuándo necesitamos algo? ¿Cómo? Si confías en Dios, ¿debería ser difícil esperar para obtener lo que deseas?

Momento de enseñanza oportuna #16: La homosexualidad

Catalizador: Tu hijo se encuentra con alguien que es gay: un pariente, un compañero de la escuela, un maestro, un vecino o un amigo. O en los medios de comunicación, alguien admite que es homosexual y que tiene un «compañero para toda la vida».

Verdad #1: A las relaciones entre el mismo sexo se les llama «una abominación», «vergonzosas», «anormales», «deshonrosas» y «en contra de la sana doctrina». (Levítico 18:22; Romanos 1:26-32; 1 Corintios 6:9-11; 1 Timoteo 1:10)

Preguntas: ¿Qué sabes acerca de la homosexualidad? ¿Sabes lo que dice la Biblia al respecto?

Verdad #2: El matrimonio en la Biblia está designado para un hombre y una mujer. En la Biblia no hay matrimonios entre gente del mismo sexo. (Génesis 2:18-25; Marcos 10:6-9)

Preguntas: ¿Qué dice la Biblia acerca del matrimonio? ¿Tiene sentido? Si solo se trata de una ceremonia legal, ¿te parece que los compañeros sexuales del mismo sexo deberían poder casarse? Sí o no, ¿por qué?

Verdad #3: A un homosexual que no es cristiano, al igual que a cualquier mundano, habría que ganarlo con oración y amor y tratarlo con respeto. (1 Corintios 5:9-12) Nota: Ser respetuoso no significa correr riesgos de seguridad.

Preguntas: Si Jesús se preocupaba por las prostitutas y los cobradores de impuestos, ¿cómo crees que trataría a los homosexuales? ¿Te resulta difícil estar con homosexuales? ¿Cuáles son algunas de las cosas que te molestan de la homosexualidad? ¿Alguna de esas cosas podría hacer que odies o que le faltes el respeto a un homosexual?

Verdad #4: Alguien que manifiesta ser cristiano y lucha con deseos homosexuales debería vivir en castidad y pureza, y abstenerse de la inmoralidad sexual. (El Dr. Dobson recomienda buscar ayuda profesional. Es probable que sea más que una «etapa», y un adolescente que se encuentra en esta situación necesita mucho apoyo amoroso y una enseñanza clara acerca de la naturaleza de la sexualidad humana). Las mismas normas de dominio propio existen para hombres y mujeres heterosexuales solteros. (1 Corintios 6:9-11, 10:8; Tito 2:5-6)

Preguntas: ¿Crees que es posible que una persona con deseos homosexuales lleve una vida que agrade a Dios?

Momento de enseñanza oportuna #17: Alimento para considerar

Catalizador: Tú o tu hijo escuchan o leen acerca de la virtud de alguna comida para preservar la vida, o se enteran del plan de cinco vegetales o frutas diarias para una dieta saludable.

Verdad: La comida natural que Dios diseñó para nosotros es nutritiva; cuando elijas qué comer, intenta mantenerte lo más cerca posible de la presentación original de Dios (frutas, vegetales y granos simples, como la avena). Dios también quiere que comamos carne. (Génesis 1:29, 9:3; Daniel 1:11-16)

Preguntas: ¿Cómo eliges lo que comes? ¿Podrías elegir mejor? ¿Qué comidas se diseñaron en un principio para que comieran los humanos?

Momento de enseñanza oportuna #18: El divorcio

Catalizador: Tu hijo se entera de un matrimonio que se disuelve o ve un programa de televisión o una película en la que se presenta el divorcio como una opción atractiva para gente que «se desenamoró» o que «no podía llevarse bien».

Verdad #1: Dios aborrece el divorcio; es el resultado de corazones endurecidos o de la impureza sexual. (Malaquías 2:16; 1 Corintios 7:10-11; Marcos 10:1-11)

Preguntas: ¿Qué es un corazón endurecido? ¿El corazón de las personas se endurece de repente, o es algo que sucede poco a poco? ¿Por qué crees que Dios aborrece el divorcio? ¿Tienes el corazón endurecido contra alguien? ¿Qué puedes hacer al respecto?

Verdad #2: A fin de prepararse para un matrimonio que agrade a Dios, tu hijo debe aprender a respetar, a perdonar, a ejercer dominio propio (la pureza sexual) y a ser sacrificado. (Efesios 5:21-32; 1 Pedro 3:1-7; Colosenses 3:5, 12-14, 18-19)

Preguntas: ¿Quieres que tu matrimonio dure para toda la vida? ¿Qué clase de cónyuge quieres ser? ¿Cómo puedes prepararte ahora para ser un buen cónyuge en el futuro? ¿Qué puedes hacer para mantener la pureza sexual? ¿Qué cualidades espirituales quieres para tu cónyuge? ¿Cómo las reconocerías?

Momento de enseñanza oportuna #19: Las injurias raciales

Catalizador: Estás con tu hijo y oyen un chiste o un comentario ofensivo desde un punto de vista racista.

Verdad #1: Dios creó a todas las personas a su imagen. (Génesis 1:27)

Preguntas: ¿Crees que Dios hizo a un grupo de personas superior a otro? ¿Toda la gente está creada a imagen de Dios? ¿Crees que la gente blanca, afroamericana, latinoamericana, asiática, etc. no fue creada por obra de Dios? ¿Crees que en cada raza se encuentra la huella de Dios? ¿Crees que debes buscar maneras de despreciar la creación de Dios?

Verdad #2: La forma de hablar de un cristiano debería edificar a otras personas, no derribarlas. (Efesios 4:29)

Preguntas: ¿Jesús repetiría ese chiste? Sí o no, ¿por qué? ¿Qué te resulta difícil de entender en cuanto a la gente blanca, afroamericana, latinoamericana, asiática, etc.? ¿Esas dificultades te impiden ser amigable o respetarla?

Momento de enseñanza oportuna #20: La falta de respeto

Catalizador: Tu hijo hace una mueca de disgusto cuando le hablas, te responde con sarcasmo o demuestra de alguna manera que no te respeta.

Verdad: Honrar a tus padres agrada al Señor. Si no puedes honrar a tus padres, tendrás problemas con tu jefe, con tu cónyuge y hasta con Dios. Mostrarles respeto a tus padres demuestra que tienes dominio propio y humildad. Honrar a tus padres te forma para que tengas éxito en el futuro. ¡Honrar a tus padres evita que te castiguen! (Deuteronomio 5:16; Efesios 6:1)

Preguntas: ¿Cuándo una persona es adulta? ¿Los adultos deberían dejar de honrar a sus padres en algún momento? Cuando seas padre, ¿dejarás que tus hijos te deshonren? Sí o no, ¿por qué? ¿Por qué crees que Dios les dio padres a los niños? ¿Cómo crees que se sienten los padres cuando sus hijos actúan de manera irrespetuosa? ¿Por qué un padre le daría un privilegio a un hijo irrespetuoso? Si una persona es irrespetuosa con sus padres, ¿le resultará más fácil o más difícil respetar al Señor?

Momento de enseñanza oportuna #21: ¡Tu hijo comparte!

Catalizador: Tu hijo hace el sacrificio de compartir un juguete, dinero o una posesión de valor. Esto va más allá de lo que debe hacer.

Verdad: Dios ama al dador alegre; afirma que tu hijo demuestra un fruto del Espíritu: la bondad. (Proverbios 22:9; 2 Corintios 9:7; Gálatas 5:22; 1 Timoteo 6:18)

Preguntas: ¿Por qué crees que Dios ama al dador alegre? ¿Qué sientes en tu interior? ¿Es la misma clase de alegría que experimentas cuando recibes algo? ¿Qué diferencia hay? ¿Cuál es la más importante?

Momento de enseñanza oportuna #22: La amabilidad

Catalizador: Sorprendes a tu hijo siendo amable con un hermano o vecino, cuando a menudo hay conflictos.

Verdad: La amabilidad es una virtud que aprueba Dios. Es un fruto del Espíritu. (Miqueas 6:8; Gálatas 5:22; Colosenses 3:12)

Preguntas: ¿Cómo te sentiste al ser amable? Si siempre trataras a tu hermano de esa manera, ¿nuestra casa no se parecería más al cielo? Cuéntame acerca de alguien que fuera amable contigo.

Momento de enseñanza oportuna #23: El arrepentimiento

Catalizador: Tu hijo se siente mal por algo que hizo.

Verdad: El arrepentimiento es bueno; te avisa cuando necesitas pedir perdón y reparar daños. A Dios lo pone feliz que la gente se arrepienta. (Lucas 13:3, 15:8-10; 2 Corintios 7:10)

Preguntas: ¿Qué fue lo que hiciste que te hizo sentir tan mal? ¿Qué quieres hacer en cuanto a ese sentimiento? ¿Sabes que Dios te perdonará por hacer algo mal? ¿Quieres pedirle a Dios que te perdone? (Cuéntale a tu hijo acerca de algo que hayas hecho mal, por lo que después te arrepentiste y pediste perdón a Dios y a otros).

Momento de enseñanza oportuna #24: La prudencia

Catalizador: Ves que tu hijo está pasándose de la raya en alguna esfera. Está arriesgándose o actuando sin planear con antelación;

espera, de manera imprudente, que las cosas salgan bien. Quizá sea no usar el casco cuando monta bicicleta, juntarse con un grupo rebelde, acercarse de manera sexual a un novio o no estudiar para un examen importante.

Verdad: Arriesgarse de manera tonta al no planear con anterioridad es imprudente, al igual que ver cuánto te puedes acercar al peligro físico o espiritual. (Proverbios 22:3; Mateo 25:1-13, LBLA).

Preguntas: En general, dirige las preguntas para que los niños admitan que no piensan que les sucederá a ellos. ¿Por qué no podría pasarte? ¿Qué riesgos estás dispuesto a correr con el pecado? (Cuéntale a tu hijo acerca de una vez en la que hiciste algo imprudente por lo cual te lamentaste).

Momento de enseñanza oportuna #25: La diligencia

Catalizador: Ayudas a tu hijo con sus deberes de la escuela. Te das cuenta de que intenta hacer la menor cantidad de trabajo posible para cumplir con la tarea. O cuando practica algún instrumento musical o realiza tareas de la casa, trata de hacer la menor cantidad de trabajo para «terminar» en lugar de esforzarse por lograr calidad.

Verdad: La diligencia en los deberes escolares, las tareas de la casa o los ensayos conducirán a una vida más fructífera. También es un modelo para ser diligente en lo espiritual. (Proverbios 10:4, 21:5; 2 Timoteo 2:15, LBLA)

Preguntas: ¿Por qué intentas realizar la menor cantidad de trabajo? Si fueras la maestra, ¿qué nota le pondrías al trabajo? ¿Crees que Dios se da cuenta cuando tratas de ser su siervo con diligencia y cuando solo intentas librarte de la obligación? Aun si sacas la mejor nota en el trabajo, ¿qué nota te pondría Dios? ¿Qué clase de hábitos quieres crear en los deberes escolares y el trabajo espiritual?

Momento de enseñanza oportuna #26: Las maquinaciones

Catalizador: Sorprenden a tu hijo maquinando algo: intentando no tener que realizar las tareas del hogar, queriendo conseguir una mensualidad mayor, obtener algún privilegio de sus hermanos, arreglárselas para volver más tarde o usar medias verdades para evitar el trabajo.

Verdad: La deshonestidad no produce fruto espiritual. (Proverbios 24:8-9; Filipenses 2:4)

216

Preguntas: ¿Inviertes toda esta energía para agradarte o para agradar a Dios? ¿Jesús usaría ese argumento? ¿Quién te preocupa, tú o la otra persona? ¿Qué pensarán las personas contra las que maquinaste cuando se enteren de que eres cristiano?

Momento de enseñanza oportuna #27: El egoísmo

Catalizador: Tu hijo insiste que le compres algo, pero ya le dijiste que no.

Verdad: El apetito de una persona egoísta nunca se satisface. Solo Dios puede satisfacerlo de verdad. (Salmo 73:25; Proverbios 27:20; Eclesiastés 5:10, 6:7)

Preguntas: ¿Por cuánto tiempo le darás valor? ¿Qué querrás la semana que viene? ¿Qué querrás el año que viene? ¿Cómo puedes ganar el dinero para comprarlo? Hay una sola cosa que puedes desear y siempre tener más que suficiente, ¿qué es? (Cuéntale acerca de la ocasión en que deseaste algo, pero una vez que lo tuviste, el objeto no te dio la satisfacción que esperabas).

Momento de enseñanza oportuna #28: La violencia en la televisión

Catalizador: Una película o un programa de televisión violento en extremo.

Verdad: La violencia no agrada a Dios; no será parte del cielo, ni debería ser parte de nuestros pensamientos. (Salmo 11:5; Proverbios 3:31; Isaías 60:18; Filipenses 4:8)

Preguntas: ¿Qué te atrae de esta película? ¿En verdad te gustaría ver algo así en la vida real? ¿Cuándo apagarías el televisor? ¿Qué es demasiada violencia? ¿Debes intentar ver hasta dónde puedes acercarte a esa norma antes de apagar el televisor o deberías esforzarte por mantenerte alejado de esa línea?

Momento de enseñanza oportuna #29: Dios te creó

Catalizador: Tu hijo expresa una admiración reverente al ver un recién nacido o un documental acerca de las complejidades del cuerpo humano.

Verdad: Dios es el Creador, con mucho cuidado hizo a mano cada parte de tu ser. (Génesis 1:27; Salmo 100:3, 139:13-16)

Preguntas: ¿Qué sientes al ver los deditos de un bebé? ¿Se puede describir con palabras la maravillosa complejidad del cuerpo humano? ¿Crees que Dios aún siente afecto por las personas que creó? Sí o no, ¿por qué?

Momento de enseñanza oportuna #30: Las palabras que eliges usar

Catalizador: Tu hijo dice algo hiriente, aunque sea verdad.

Verdad: Quedarse callado es mejor que usar palabras hirientes. (Proverbios 17:28; Eclesiastés 3:1, 7; Mateo 12:36; Efesios 4:32)

Preguntas: ¿Cómo crees que se sintió tal persona cuando dijiste eso? ¿Esa persona piensa que eres amable? Si esa persona quisiera convertirse en cristiana, ¿te preguntaría de Dios? ¿Recuerdas alguna vez en que alguien te dijera algo cruel? ¿Cómo te sentiste? ¿Cómo quiere Dios que nos hablemos?

Momento de enseñanza oportuna #31: El dormilón

Catalizador: Tu hijo no quiere ir a la iglesia porque se acostó muy tarde el sábado.

Verdad: La iglesia necesita a tu hijo, y él debería planificar las cosas con antelación a fin de poder ir a alabar. (Hebreos 10:25; 1 Corintios 12:27)

Preguntas: ¿Qué cosas *deberían* ser más importantes que encontrarse con otros cristianos? ¿Qué cosas *son en realidad* más importantes para ti que la iglesia? ¿Qué te gustaría hacer en la iglesia para que sea más importante para ti? ¿Vas para dar, para recibir o para las dos cosas? ¿Qué dones tienes para ofrecer a la iglesia?

Momento de enseñanza oportuna #32: La venganza

Catalizador: Tu hijo se enoja y daña a alguno de manera física o emocional. O los medios de comunicación muestran a alguien que quiere vengarse.

Verdad #1: El enojo no logra lo que desea Dios. (Proverbios 29:22; Efesios 4:26; Santiago 1:19-20)

Preguntas: Cuando estabas enojado, ¿quién tenía el control, tú o el enojo? ¿Te sientes mejor? ¿Cómo se siente tal persona? ¿Es eso lo que quiere Dios? ¿Qué puedes hacer para tener el control la próxima vez?

Verdad #2: El castigo o la venganza es tarea de Dios. (Deuteronomio 32:35; Romanos 12:21)

Preguntas: De acuerdo con la Biblia, ¿hay alguna razón para justificar el hecho de hacerle algo cruel a otra persona? ¿En verdad querías que tal persona saliera herida? ¿Alguna vez te hicieron lo mismo? ¿Qué se siente?

Momento de enseñanza oportuna #33: Las palabras precipitadas

Catalizador: Tu hijo dice algo precipitado como: «¡Te odio!», «¡Es un completo idiota!», u «¡Ojalá nunca hubiera nacido!».

Verdad: Tendremos que dar cuenta por las palabras que digamos. (Proverbios 12:23, 18:7; Mateo 5:21-22; Santiago 3:1-12, 5:9)

Preguntas: ¿Lo dices en serio? ¿Cómo puede ser que algunas veces las palabras sean más crueles que los golpes físicos? ¿Qué significa: «A palabras necias, oídos sordos»? ¿Es verdad? Si te lo dijera a ti, ¿cómo te sentirías? (Cuéntale a tu hijo algo cruel que te dijeron y de cómo te afectó).

Momento de enseñanza oportuna #34: Planes para la fiesta de cumpleaños

Catalizador: Se planea una fiesta de cumpleaños o alguna otra celebración.

Verdad #1: Dios tiene planes para la vida de tu hijo; le interesa su futuro y quiere que lo anticipe con alegría. (Jeremías 29:11)

Verdad #2: Tu hijo necesita buscar a Dios a través de la oración y con todo su corazón para comprender su plan. (Jeremías 29:12-13)

Preguntas: Esta es una linda fiesta que planeas, ¿crees que Dios tiene planes para ti en este año? ¿Cómo puedes averiguar cuáles son esos planes? ¿Qué podría impedir que disfrutaras de un futuro con Él? ¿Qué ofrecería su invitación? ¿La aceptarías?

Momento de enseñanza oportuna #35: ¡Un choque!

Catalizador: Pasas por el lugar en el que hubo un choque entre autos y el equipo de rescate está atendiendo a una o varias víctimas.

Verdad #1: Dios sana nuestras heridas. (Jeremías 33:6; Santiago 5:15-16)

Preguntas: Ninguna. Oren por la víctima, por la familia de la víctima y por el equipo de rescate.

Verdad #2: Nadie conoce la hora en que va a morir ni el momento en que llegará una tragedia. (Eclesiastés 9:12; Lucas 12:16-21; 1 Tesalonicenses 5:12)

Preguntas: ¿Qué crees que iba pensando esta mañana el conductor del auto? ¿Te parece que estaba preparado para este acontecimiento? Si murieras hoy, ¿estarías preparado? ¿Qué dice la Biblia acerca de estar listos para la venida de Jesús?

Momento de enseñanza oportuna #36: Saturno se levanta

Catalizador: Ven los símbolos del zodíaco o una previsión del horóscopo.

Verdad #1: Las estrellas y los planetas se mueven por órdenes de Dios. Los cielos son evidencia de que Él es el poderoso Creador. (Génesis 1:1; Nehemías 9:6; Salmo 8:3, 19:1, 97:6, 102:25; Romanos 1:20)

Preguntas: ¿Quién hizo los cielos y la tierra? ¿Qué mensaje nos da las estrellas? ¿Por qué buscar respuestas en las estrellas cuando podemos preguntarle a Dios, su Creador, de manera directa mediante la oración?

Verdad #2: El intento de predecir el futuro u obtener rasgos de personalidad a través de las estrellas y los planetas es adivinación. Dios es la fuente de sabiduría. Deberíamos buscarlo y no enredarnos en la brujería y la adivinación. (Levítico 19:26; 2 Reyes 17:16-17, 21:6; Gálatas 5:19-20)

Preguntas: ¿Quién conoce el futuro? ¿Qué bien trae buscar mensajes en las estrellas? ¿Es inofensivo o la gente que lee los horóscopos le desagrada a Dios? ¿Cómo puedes obtener sabiduría? ¿Por qué crees que la gente busca información en las estrellas o en las bolas de cristal y esas cosas? ¿Adónde buscas conocimiento y sabiduría? Si confías en Dios, ¿importa cómo sea el futuro?

Momento de enseñanza oportuna #37: Una armadura

Catalizador: Ven una armadura, una espada o una foto de un caballero o de un soldado romano.

Verdad: La fe es como una armadura que nos protege de los poderes malignos. (El cinturón de la verdad, la coraza de justicia, el escudo de la fe: Efesios 6:10-18)

Preguntas: ¿Cómo piensas protegerte contra Satanás o contra la tentación? ¿Cómo puedes hacer para que tu mente no acepte falsa información, ataques a tu forma de pensar? ¿Cómo puedes prepararte para la batalla espiritual? ¿Qué sucede si no estás preparado?

Momento de enseñanza oportuna #38: Las reglas

Catalizador: Participan en un juego de mesa y deben consultar las reglas.

Verdad: La Biblia es nuestro reglamento para la vida. Al seguirla, podemos enterarnos de cómo recibir la vida eterna. (Salmo 119:105; Proverbios 6:23; Proverbios 3:5-6)

Preguntas: ¿Qué sucede cuando sigues las reglas de la Biblia? ¿Qué sucede cuando no lo haces? ¿Todo el mundo cree que la Biblia es el reglamento de la vida? ¿Y tú? ¿Qué partes de la Biblia te resultan más difíciles de cumplir? (Cuéntale a tu hijo acerca de alguna vez en que seguiste la Biblia porque sabías que era lo adecuado, no porque era fácil).

Momento de enseñanza oportuna #39: El lavado de las manos

Catalizador: Se están lavando las manos con tu hijo.

Verdad: Así como lavarse con jabón limpia las manos, la Biblia, o la Palabra de Dios, limpia el alma o el corazón de una persona. (Juan 15:3; Efesios 5:26)

Preguntas: ¿Qué puede purificar el corazón de una persona? ¿Por qué es necesario que un corazón sea limpio? ¿Recuerdas alguna vez en que tu corazón fuera limpio? ¿En qué se parece a lavarse las manos? Si te lavas las manos una vez, ¿es suficiente para mantenerte limpio y saludable? Si tu corazón se lava una vez, ¿es suficiente para mantenerte en el camino de la pureza y la integridad? (Ahora sería un buen momento para hablar sobre alguna vez en que la enseñanza de la Biblia cambió tu corazón).

Momento de enseñanza oportuna #40: El cambio de estación

Catalizador: Llega la primera helada del invierno, las hojas de los árboles cambian de color, los días comienzan a alargarse por el verano o florecen los azafranes.

Verdad: Así como las estaciones cumplen un tiempo, también lo hace el Señor. Él volverá. Debes estar listo. (Mateo 24:7; Filipenses 4:5; Santiago 5:7)

Preguntas: Jesús dijo que regresaría, ¿lo crees? Si Jesús regresara mañana, ¿qué harías hoy? ¿Cómo puedes prepararte?

Momento de enseñanza oportuna #41: La oración

Catalizador: Oras con tu hijo.

Verdad: El Señor quiere que oremos pidiendo que se haga su voluntad en esta tierra, por nuestras necesidades físicas, pidiendo perdón y fuerza para resistir el mal. (Mateo 6:9-15)

Preguntas: ¿Por qué Dios quiere que oremos pidiendo perdón? ¿Cuál es la voluntad de Dios y cómo podemos conocerla? Si oramos para ganar la lotería, ¿Dios contestará esa oración? Sí o no, ¿por qué? ¿Oras a diario pidiendo fuerza para resistir la tentación y para vencer tu naturaleza pecadora?

Momento de enseñanza oportuna #42: Los ancianos

Catalizador: Los medios de comunicación caricaturizan a los ancianos como gruñones, feos, tontos o indeseados por alguna otra razón.

Verdad: Dios quiere que honremos a los ancianos porque son sabios. A cuarenta y dos jóvenes que se burlaron de la calvicie del profeta Eliseo los atacaron unos osos debido a su falta de respeto. No te burles de los ancianos. (Éxodo 20:12; 2 Reyes 2:23-24; Proverbios 3:35, LBLA, 16:31, 20:29; 1 Pedro 5:5)

Preguntas: ¿Por qué nuestra cultura no honra a los ancianos? ¿Qué es la debilidad a los ojos de Dios? ¿Los ancianos son débiles? ¿Me cuentas acerca de algún anciano a quien respetes? ¿Cómo quieres ser cuando envejezcas? ¿Cuáles son tus planes para transformarte en la clase de anciano que respeta la gente?

Momento de enseñanza oportuna #43: Las personas con sobrepeso

Catalizador: Escuchan un chiste acerca de gente con sobrepeso por televisión o en alguna otra parte. O tu hijo hace un comentario grosero respecto al peso de alguien.

Verdad #1: Dios mira el corazón de la persona, no su apariencia. (1 Samuel 16:7)

Preguntas: Si tal persona escuchara tu comentario, ¿cómo se sentiría? ¿Dios ve a esa persona de una forma diferente a la tuya? ¿Cuál es la opinión con mayor validez? ¿Cómo quieres que te juzguen? ¿Jesús habría dicho una cosa así? Desde luego, muchas personas con sobrepeso comen de más, pero solo porque su pecado sea visible, ¿significa que no tienen perdón o que no intentan hacer lo bueno? ¿Qué clase de pecados que la gente comete tiene resultados visibles? ¿Por qué está de moda burlarse de las personas con sobrepeso?

Verdad #2: Proverbios 6:17 dice que Dios aborrece «los ojos que se enaltecen».

Preguntas: La Biblia dice que Dios aborrece los ojos que se enaltecen o la gente orgullosa. La gente gorda no aparece en la lista; ¿qué es peor a los ojos de Dios: ser gordo o burlarse de los que son gordos?

Momento de enseñanza oportuna #44: Los adolescentes

Catalizador: Escuchas a través de los medios de comunicación algo acerca de los problemas y la rebelión de los adolescentes.

Verdad: La Biblia no hace distinción entre los adolescentes y los niños o los adultos. No debes dejar que los demás te menosprecien porque eres joven. Existen las mismas normas para los adolescentes mayores que para los adultos. (1 Timoteo 4:12; Tito 2:6)

Preguntas: ¿Por qué crees que el mundo coloca a los adolescentes en una categoría aparte de los niños o los adultos? ¿Por qué los tribunales juzgan a los adolescentes mayores como a adultos, cuando hacen algo de extrema violencia? ¿La Biblia tiene normas de conducta menos severas para los adolescentes que para los adultos? Sí o no, ¿por qué?

Momento de enseñanza oportuna #45: El almacén

Catalizador: Están en una tienda estilo almacén y los abruma la cantidad de mercadería.

Verdad: Dios es tu proveedor y posee las riquezas del universo. (Levítico 26:5; Deuteronomio 30:9; Salmo 132:15; Isaías 30:23; Mateo 6:28-34)

Preguntas: ¿Alguna vez dudas que Dios pueda proveer para ti? ¿Confías en que Dios proveerá todo lo que necesites? Sí o no, ¿por qué?

Momento de enseñanza oportuna #46: La maldad no descansa

Catalizador: Lees en el periódico acerca de alguien que cometió crímenes múltiples.

Verdad: Los malvados no descansan; la maldad es un patrón que los perversos buscan con fervor. (Proverbios 1:16, 4:16, 6:18; Isaías 59:7; Romanos 3:15)

Preguntas: ¿Por qué se describe la maldad como un hábito? ¿Qué es lo único que puede romper esa mala racha? Las Escrituras nos dicen que no nos asociemos con los malvados. ¿Por qué?

Momento de enseñanza oportuna #47: Los entremetidos

Catalizador: Alguien está metiendo la nariz en los asuntos de otra persona.

Verdad: Dios no quiere que nos entremetamos con personas y problemas que no están dentro de nuestro círculo de responsabilidad. (1 Timoteo 5:13; 1 Pedro 4:15)

Preguntas: Si la gente tiene tiempo para involucrarse en cosas que no le concierne, ¿qué debería estar haciendo en cambio? ¿Por qué a Dios le desagradan los entremetidos? ¿Te gusta cuando alguien ajeno a la situación te da un consejo acerca de algo que no entiende? ¿Por qué podría causar problemas? ¿Qué puedes hacer para no ser entremetido?

Momento de enseñanza oportuna #48: El uniforme militar

Catalizador: Ves a alguien con un uniforme militar.

Verdad #1: Los cristianos tenemos el llamado a pelear una batalla espiritual de fe. (1 Timoteo 1:18-19, 6:12)

Preguntas: ¿Estamos reclutados en el ejército de Dios? ¿De qué manera? ¿Quién es nuestro jefe supremo? ¿Por qué se le llama una pelea?

Verdad #2: Los buenos soldados de Cristo no se involucran en asuntos civiles. (2 Timoteo 2:4)

Preguntas: ¿Por qué los cristianos no deben aferrarse a cosas o valores de este mundo? ¿Qué cosas te impiden servir a Dios?

Momento de enseñanza oportuna #49: La belleza puede ser engañosa

Catalizador: Alguien ajeno a tu familia recibe un cumplido por su belleza exterior.

Verdad: La belleza exterior no es un indicio de la belleza interior; a menudo, ser hermoso es una piedra de tropiezo. Por ejemplo, Absalón, uno de los hijos de David, era muy atractivo, pero también asesinó a su hermano e intentó robarle el trono a su padre a la fuerza. (1 Samuel 16:7; 2 Samuel 13:28-29, 14:25, 15:13-14, 18:9; Proverbios 31:30)

Preguntas: ¿Por qué crees que a la gente en general les atrae las personas atractivas? ¿Cuánto tiempo inviertes en tu apariencia? ¿A quién quieres agradar con tu apariencia? ¿Tener una buena apariencia es un objetivo que agrade a Dios? ¿Cómo eliges a tus amigos o tus citas?

Momento de enseñanza oportuna #50: Las películas de terror

Catalizador: Ven un anuncio de una película de terror o tus hijos comienzan a mirar una.

Verdad: Tu mente debería pensar en cosas buenas, no en cosas malvadas. (1 Samuel 12:24; Filipenses 4:8)

Preguntas: ¿Jesús miraría esa película? Sí o no, ¿por qué? ¿Crees que las imágenes de esa película son saludables? ¿Cuánto tiempo tendrá que pasar para que desaparezcan los malos pensamientos o imágenes? ¿Quieres orar para que Jesús quite las imágenes feas de tu mente?

Momento de enseñanza oportuna #51: El bloqueo de caminos

Catalizador: Te encuentras con un callejón sin salida, un lugar por el que está pasando un tren, un embotellamiento o algún otro obstáculo en la calle.

Verdad: A veces, el pecado bloquea la oración, de forma específica la falta de perdón, la desobediencia, el pecado oculto, la autocompasión o el trato irrespetuoso al cónyuge. (Deuteronomio 1:45; Salmo 66:18; Mateo 6:15; Santiago 4:3; 1 Pedro 3:7)

Preguntas: ¿Por qué Dios exige que perdonemos a nuestros enemigos? ¿Por qué Dios no contestaría una petición de mucho dinero? ¿Por qué es importante confesar nuestros pecados antes de que Dios nos escuche? ¿Puedes describir, desde el punto de vista de la relación, qué sucede cuando la oración está bloqueada? ¿Por qué Dios no escucha las oraciones de un hombre que trata a su esposa sin respeto? ¿Qué puedes hacer para reparar tu relación con Dios?

Momento de enseñanza oportuna #52: Lecciones de una mariposa

Catalizador: Una mariposa pasa volando.

Verdad: Así como la mariposa se transforma en una nueva creación, también Jesús nos hace nuevos por completo. (2 Corintios 5:17)

Preguntas: Una vez que aceptas a Cristo, ¿quedas nuevo y mejorado, como un líquido para lavar la ropa con cristales en contra de las manchas añadidos, o te transformas en algo diferente por completo? ¿De qué manera eres diferente? ¿Por qué crees que a veces te sientes como si fueras la misma persona de antes? Si un mundano es una persona buena y moral, ¿es lo mismo que ser una nueva criatura? Sí o no, ¿por qué?

Momento de enseñanza oportuna #53: El hilo del cometa

Catalizador: Ves pasar una cometa volando alto.

Verdad: La obediencia nos mantiene conectados a Dios y nos permite estar dentro de su voluntad. Aun Jesús tuvo que obedecer. (2 Crónicas 31:20; Isaías 1:19; Hebreos 5:8-9)

Preguntas: Asegúrate de que tus hijos entiendan que una cometa vuela debido al viento y al hilo. Pregúntales qué sucede si se corta el hilo de la cometa. (Cae). Nuestra obediencia es como el hilo que nos mantiene conectados a Dios; el viento es como el Espíritu Santo (Juan 3:8). Las cometas parecen volar por fuerza propia, pero el hilo es lo que las mantiene en lo alto. Si nos mantenemos conectados con Dios a través de la obediencia, ¿qué sucederá? Si le desobedecemos a Dios, ¿qué sucederá?

Momento de enseñanza oportuna #54: El recordatorio del arco iris

Catalizador: Ven un arco iris.

Verdad: Dios cumple sus promesas. El arco iris es el símbolo de Dios que significa que nunca más volverá a inundar toda la tierra. (Génesis 9.8-17; Deuteronomio 7:9; 1 Reyes 8:56; 1 Pedro 4:19)

Preguntas: ¿Durante cuánto tiempo Dios ha mantenido su promesa de no inundar toda la tierra? ¿Cumple todas sus promesas? Si es fiel, ¿por qué a veces es difícil confiar en Él? ¿En qué podemos concentrarnos cuando tenemos dudas? ¿Qué promesas ha cumplido para ti? (Habla con tu hijo acerca de alguna vez en la que Dios te fue fiel).

Momento de enseñanza oportuna #55: «Los tres cerditos»

Catalizador: Le cuentas o lees el cuento de «los tres cerditos» a tu hijo.

Verdad: El cuento de «los tres cerditos» se parece mucho a la parábola del hombre que construyó su casa en la roca. Debemos construir nuestras casas espirituales con cuidado, de modo que puedan soportar las pruebas de la vida. (Mateo 7:24-27)

Preguntas: ¿En qué debemos basar nuestra fe, nuestras casas espirituales? ¿Qué sucede cuando el viento (o el lobo) sopla contra la casa que no se construyó sobre la enseñanza de Jesús? ¿Quién construyó mal su casa? ¿Qué podemos hacer para asegurarnos que nuestras casas sean fuertes?

Momento de enseñanza oportuna #56: Símbolo de dulzura

Catalizador: Tu hijo recibe un bastoncito de caramelo.

Verdad #1: El bastoncito de caramelo tiene la forma del cayado del pastor y representa que Jesús es el Buen Pastor. (Salmo 23; Juan 10:11)

Preguntas: ¿En qué se parecen los cristianos a las ovejas? ¿Qué hace un pastor? Si una oveja se va del rebaño, ¿qué hace un buen pastor? (Hablen acerca de alguna vez en la que Jesús te guió a través de un tiempo difícil).

Verdad #2: El bastoncito de caramelo también tiene forma de *J*, para representar a Jesús. Ante su nombre, toda rodilla se doblará. (Filipenses 2:10)

Preguntas: ¿De qué manera el nombre de Jesús es diferente y poderoso? ¿Por qué la Biblia nos advierte que no tomemos el nombre de Dios en vano?

Verdad #3: Las rayas rojas representan la sangre de Jesús que se derramó por el perdón de nuestros pecados. (Romanos 3:25, 5:9; Hebreos 9:14)

Preguntas: ¿Por qué es tan importante la sangre? ¿Para ti tiene sentido? Sí o no, ¿por qué?

Verdad #4: Las rayas blancas representan la pureza de Jesús y su vida santa sin pecado o mancha. (Santiago 3:17; Hebreos 9:14; 1 Pedro 1:19, 2:22)

Preguntas: Si Jesús hubiera pecado, ¿habría alguna diferencia? Sí o no, ¿por qué? ¿Crees que Jesús nunca pecó? ¿Cómo te ve Dios? ¿También se te considera sin pecado? Sí o no, ¿por qué?

Momento de enseñanza oportuna # 57: Un pretzel torcido*

Catalizador: Están sentados en familia, mordisqueando los *pretzels* redondos que vienen con una cruz en el medio.

Verdad: Trasfondo: la palabra *pretzel* se deriva de la forma latina *bracellus*, que significa *pulsera* o *brazalete*. La tradición dice que los *pretzels* circulares originales se hacían con una cruz en el medio y eran algo especial que se les obsequiaba a los niños cuando hacían sus oraciones. Todos necesitan la oración, y a través de ella somos bendecidos. (Salmo 65:2, 91:15; Isaías 56:7; Lucas 11:9)

Preguntas: ¿Por qué la oración es importante? ¿Por qué necesitamos orar? ¿Cómo te sientes cuando no oras? ¿Cómo honra Dios la oración? ¿Quieres orar más? ¿Qué plan tienes para orar más a menudo?

Momento de enseñanza oportuna #58: El sol

Catalizador: Observan con tu hijo el brillo del sol.

Verdad: La vida del cristiano tiene que brillar como el sol radiante. (Job 11:17; Salmo 34:5; Eclesiastés 8:1; Daniel 12:3; Juan 5:35; Hechos 6:15; 2 Corintios 3:18)

Preguntas: ¿Recuerdas a alguna persona cuya vida brille con intensidad? ¿Recuerdas a alguien que sea hermoso por la presencia de Cristo en su vida? ¿Qué tendría que pasar para que tu vida brille con más intensidad? ¿Cuál es tu plan?

Momento de enseñanza oportuna #59: Una linterna

Catalizador: Están en un viaje de *camping*, o tu casa experimenta una falla de electricidad. Deben usar una linterna para iluminar su camino.

Verdad: La Palabra de Dios ilumina nuestro camino cuando no podemos ver lo que tenemos delante. Sin embargo, no nos muestra todo el futuro, solo el lugar hacia el que tenemos que dar los próximos pasos. (Salmo 119:105)

Preguntas: ¿Por qué a veces es difícil ir por el camino de Dios? ¿Por qué te tentaría dejarlo? ¿Cómo puedes estar seguro de que estás en el camino de Dios?

Momento de enseñanza oportuna #60: La vid

Catalizador: Observas una parra con uvas o alguna otra fruta deliciosa.

---

*Nota de la traductora: Un pretzel es una galleta salada, casi siempre en forma de ocho.

Verdad: Jesús es la vid y nosotros somos las ramas. (Juan 15:1-8)

Preguntas: ¿Qué fruto hay en tu vida? ¿Puedes llevar fruto sin estar en Dios? Cuando llevas fruto, ¿quién debería tener el mérito?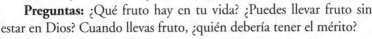

Momento de enseñanza oportuna #61: Los hechos al desnudo

Catalizador: Tu hijo ve una valla publicitaria, una cubierta de revista o una presentación de los medios de comunicación con un hombre o una mujer provocativos.

Verdad #1: Los cristianos, en especial las mujeres, deben vestirse con decencia para evitar tentar a los demás en lo sexual. (Romanos 14:13, 21; 1 Timoteo 2:8; 1 Pedro 3:3-4)

Preguntas: ¿Por qué está mal exhibir el cuerpo humano en público para la excitación sexual? ¿Qué es la vestimenta decente de acuerdo a las normas de hoy en día? ¿Es esa la norma de la Biblia? ¿Por qué una persona se viste (o desviste) en público? ¿La atención sexual es saludable fuera del matrimonio? ¿Cuáles son tus normas para la vestimenta decente?

Verdad #2: Cuando ves fotos como esta o algunas más explícitas, deberías seguir adelante y olvidarlas lo antes posible. Debemos «huir de la inmoralidad sexual» (Génesis 39:1-7; 1 Corintios 6:18; 2 Timoteo 2:22)

Preguntas: ¿Por qué debemos «huir» de las fotos o personas que son un estímulo sexual en lugar de «coquetear» con ellas? ¿La inmoralidad sexual es algo fácil de evitar? ¿Qué piensas hacer si estás con amigos que deciden mirar pornografía?

Verdad #3: En el mundo hay un dicho popular: «Se mira y no se toca». Esta no es la perspectiva bíblica. Jesús dijo que hasta considerar la relación sexual fuera del matrimonio es lo mismo que hacerlo. Dejar que tu mente se concentre en pensamientos lujuriosos está mal. (Mateo 5:27-30)

Preguntas: ¿Qué quiere decir Jesús cuando habla acerca de la lujuria? ¿Es lujuria pensar: «Vaya, qué hermosura»? ¿Cuáles son los límites entre la lujuria y el gusto? ¿Cómo puedes evitar acercarte a la línea de la lujuria? ¿Cómo actúa una persona lujuriosa cuando está en una relación romántica? ¿Cómo actúa una persona que ama cuando está en una relación romántica? ¿En qué circunstancias durante una cita puede surgir la lujuria? ¿Cómo puedes evitarlo?

Treinta y cinco lecciones objetivas de la Biblia

1. Un árbol grande que crece a la orilla de un río enseña que Dios se ocupa de los que se mantienen alejados de las personas malvadas y perversas: Salmo 1; Jeremías 17:7-8.

2. Una noche estrellada da testimonio de que existe un Creador, un Dios inteligente y poderoso: Salmo 19:1, 97:6; Romanos 1:20.

3. El viento es un ejemplo de cómo obra el Espíritu Santo en nuestras vidas: Juan 3:8.

4. La manera en que Dios se preocupa por los gorriones nos enseña que se preocupa por nosotros: Salmo 84:3; Mateo 10:29, 31.

5. Una colonia de hormigas representa la virtud de la diligencia: Proverbios 6:6-8, 30:24-25.

6. Un león representa al diablo que está a la espera para devorarnos si bajamos la guardia: 1 Pedro 5:8-9.

7. La fuerza de un águila es ejemplo de alguien que depende del Señor: Isaías 40:30-31.

8. El hecho de que los bebés anhelen la leche es un ejemplo de un nuevo cristiano, hambriento de comida pura: 1 Pedro 2:2.

9. El barro nos representa a nosotros en las manos de Dios, moldeables para sus propósitos: Isaías 64:8; Jeremías 18:6.

10. La miel se compara con las Escrituras; la miel es dulce al paladar y las Escrituras son dulces para el alma: Salmo 119:103.

11. El agua se usa a menudo para referirse a la vida o al bautismo espiritual: Juan 4:14; Hechos 10:47; Apocalipsis 22:1.

12. Jesús dijo que Él era la «luz»: Juan 8:12.

13. Jesús dice que sus seguidores son sal; las palabras amables y consideradas también se comparan con la sal: Mateo 5:13; Colosenses 4:6.

14. Jesús es el «Cordero de Dios»: Juan 1:29, 36.

15. El término agrícola *cosecha* se usa para describir a la gente que está lista para convertirse al cristianismo: Mateo 9:35-37; Lucas 10:2.

16. Jesús usó semillas para ejemplificar verdades y el reino de los cielos: Mateo 13:19-23, 31-32.

17. Los espinos representan la fe que no tiene valor: Hebreos 6:8.

18. El fuego se utiliza para describir la manera en que las palabras de una persona pueden ser hirientes: Santiago 3:5-6.

19. El fuego también se utiliza para describir el poder de la Palabra de Dios: Jeremías 5:14.

20. El anhelo de Dios de proteger a su pueblo se compara con una gallina que junta a sus polluelos debajo de sus alas: Lucas 13:34.

21. Se dice que las lagartijas son sabias porque a pesar de ser tan pequeñas, habitan en los palacios: Proverbios 30:28.

22. La Palabra de Dios es alimento para el alma: Deuteronomio 8:3.

23. La Palabra de Dios también es como una espada, que penetra el alma: Hebreos 4:12.

24. Una corona representa el don de la fe, la prueba de la fe duradera: Apocalipsis 2:17.

25. El agua turbulenta representa el sufrimiento de las pruebas: Salmo 73:10, RV-60, 69:1-2.

26. Dios es una roca, un lugar de refugio: Isaías 26:4.

27. Los hombres y las mujeres de fe son como una columna en el templo: Apocalipsis 3:12.

28. Dios es como una fortaleza: 2 Samuel 22:2, RV-60; Salmo 18:2, RV-60.

29. Una fuente y el agua que contiene son una metáfora de la salvación: Isaías 12:3.

30. A la levadura o al fermento (el polvo de hornear o el bicarbonato de sodio) se les compara con el pecado: 1 Corintios 5:6.

31. Un cerdo representa a alguien que no puede valorar las cosas espirituales: Proverbios 11:22; Mateo 7:6.

32. Una fosa es una metáfora de estar en problemas o de ser sorprendido en pecado: Salmo 7:5, 40:2, 103:4; Proverbios 23:27; Mateo 15:14.

33. Una viga o madero representa la ceguera a tus errores: Mateo 7:3; Lucas 6:41.

34. El fruto se usa como metáfora para indicar la madurez o prosperidad espiritual: Mateo 3:8-10, 7:16-20; Gálatas 5:22.

35. Los rebaños de ovejas representan a los cristianos: Mateo 25:32-33; Juan 10; 1 Pedro 5:2.

Cinco verdades que marcan un hito

Primer momento que marca un hito: El bautismo

El bautismo es una ceremonia pública en la que un cristiano confiesa su fe en la capacidad de Jesucristo para perdonar sus pecados y darle salvación. Es un acto de obediencia y satisface el deseo de los niños mayores de comprometerse a las enseñanzas de Cristo.

Catalizador: Tu hijo expresa el deseo de aceptar a Jesús como su Salvador, o no lo bautizaron cuando era bebé y quiere hacerlo ahora. Si el niño es muy pequeño, queda a criterio del padre decidir si el bautismo es adecuado, dependiendo de la madurez del niño para entender el compromiso y el costo de tal decisión. Cuando el bautismo es la respuesta, separa alrededor de una hora para hablar de las verdades asociadas con este hito espiritual. Si a tu hijo lo bautizaron de bebé y percibes que desea un foro para hacer pública su confesión, prepara un rito de pasaje o una ceremonia de bendición. (Para detalles, véase el capítulo 9).

Verdad #1: A Jesús lo bautizaron y deberíamos seguir su ejemplo. (Mateo 3:13-17)

Verdad #2: El bautismo responde a la pregunta interior: «¿Qué hago para demostrarle a Dios que creo?». (Hechos 2:14, 36-4)

Verdad #3: Muchas personas, luego de ser salvas, se bautizaban de inmediato. (Hechos 10, 16:11-15)

Verdad #4: El bautismo representa la limpieza de nuestra naturaleza pecaminosa y la renovación a través de la vida espiritual. Es una señal externa del arrepentimiento interno. (Romanos 6:3-7; 1 Pedro 3:21-22)

Preguntas: Dime lo que sabes acerca del bautismo. ¿Por qué quieres bautizarte? ¿Qué buenas razones hay para bautizarse? ¿Entiendes el simbolismo que rodea al bautismo? ¿Cómo quieres bautizarte?

Segundo momento que marca un hito: La Cena del Señor

Catalizador: Tu hijo demuestra un deseo de saber más acerca de la Cena del Señor; como padre, haces preguntas, y tu hijo revela que está listo para profundizar en el significado de este sacramento místico y maravilloso.

Verdad #1: El vino representa la sangre de Jesús, que fue derramada por el perdón de nuestros pecados. (Mateo 26:17-30)

Verdad #2: El pan representa el cuerpo de Jesús, que fue entregado para dar vida al mundo. Jesús es el pan de vida. (Juan 6:48-58)

Verdad #3: Cuando tomas la Cena, lo haces para recordar lo que Cristo hizo por ti. (1 Corintios 11:23-26)

Verdad #4: El examen personal es parte de la vida cristiana. Es necesario que revises tus motivaciones y confieses tus pecados con regularidad. (1 Corintios 11:27-29)

Preguntas: ¿Por qué los cristianos celebran la Cena del Señor? ¿Por qué es tan importante tomarla? ¿Qué simboliza el pan? ¿Qué simboliza el vino? ¿Por qué tomamos la Cena del Señor con regularidad? ¿No es suficiente una vez, como con el bautismo?

Tercer momento que marca un hito: La preparación para la adolescencia

Catalizador: Las hormonas. Esta es una de las veces en que actúas antes de que llegue el catalizador de la pubertad. En el caso de la mayoría de los niños, la principal época es entre los diez y los doce años de edad.

Verdad #1: La adolescencia es una época difícil, pero debes ayudar a evitar parte del dolor y la confusión. Dios y yo pondremos reglas para ayudarte, protegerte y enseñarte autodisciplina. El resultado es lo que queremos ambos: la independencia para ti. (Hebreos 12:11)

Preguntas: ¿Cuál crees que será la parte más difícil del crecimiento? A medida que crezcas, ¿será más fácil o más difícil obedecer a tus padres? ¿Qué harás cuando quieras hacer algo y yo diga que no? ¿Por qué crees que pongo reglas para que cumplas? ¿Por qué crees que Dios pone reglas para que todos cumplan?

Verdad #2: Los niños deben tener cuidado cuando eligen a sus amigos. (Proverbios 13:20, 18:24)

Preguntas: ¿Cómo eliges a tus amigos? ¿Cuáles son algunas de las cualidades que deberían tener los amigos? (Cuéntale a tu hijo acerca de algún amigo que te haya ayudado a ser un cristiano más fuerte).

Verdad #3: Los valores de Dios y los del mundo son diferentes. Como cristianos, debemos aferrarnos a los valores de Dios y rechazar los valores del mundo. (Romanos 12:2; 1 Samuel 16:7)

Preguntas: ¿Qué valores tienes que sean diferentes a los de tus amigos no cristianos? ¿En que se basan los valores de Dios? ¿En que se basan los valores del mundo? ¿Cuáles son más difíciles de cumplir? ¿Por qué? ¿Qué conjunto de valores producirá vida eterna? ¿Qué conjunto de valores producirá gozo y paz en tu vida ahora? ¿Cuál de las normas o valores de Dios te resulta más difíciles de entender?

Verdad #4: No se puede confiar en los sentimientos para que nos dirijan de manera que agrade a Dios. (Proverbios 3:5-6; Salmo 94:17-22)

Preguntas: ¿De qué manera son buenos los sentimientos? ¿Qué sentimientos facilitan cumplir las leyes de Dios? ¿Qué sentimientos a veces nos hacen descarriarnos en nuestra forma de pensar o autodisciplina? ¿Qué sentimientos te resultan más difíciles de controlar?

Verdad #5: Dios te ha dado ciertos dones. Debes descubrir cuáles son y cómo usarlos. (Romanos 12:4-8; 1 Corintios 12)

Preguntas: ¿Qué dones te parece que tienes? ¿Has tenido alguna evidencia? ¿Qué te gustaría hacer para Dios? ¿Crees que te dará lo que necesitas para hacerlo? ¿Cuál fue el mejor momento que pasaste sirviendo a alguien?

Verdad #6: Jesús también creció de manera física. Tu cuerpo cambiará mientras se prepara para la adultez. (Lucas 2:52)

Preguntas: ¿Qué piensas acerca de los cambios que se producirán en tu cuerpo? ¿Cómo te hace sentir saber que pronto te transformarás en un hombre o en una mujer? ¿Qué te gustaría que suceda cuando seas adulto? ¿Te preocupa algo en cuanto a crecer?

Cuarto momento que marca un hito: La pureza

Catalizador: Tu hijo cumple trece años y cada vez se interesa más en el sexo opuesto.

Verdad #1: No eres dueño de tu cuerpo. Cristo es el dueño. Él te ayudará a mantenerlo en santidad. Mantenerte en pureza sexual al enfrentar la tentación es un objetivo que agrada a Dios. Es posible que tus amigos te tienten a mirar pornografía en las revistas, en películas o por Internet. El uso de la pornografía nunca agrada a Dios. También es posible que te alienten a tener contacto sexual, o alguien puede intentar tocarte en partes privadas. Fuera del matrimonio, esas acciones desagradan a Dios. (1 Corintios 6:13-20; Hebreos 4:14-16)

Preguntas: ¿Qué enseñan estos versículos acerca de nuestros cuerpos? ¿Cómo nos ayudará Jesús?

Verdad #2: Que alguien sea virgen no quiere decir que sea puro en lo sexual. Es necesario que mantengas tu mente pura, al igual que tu cuerpo. (Mateo 5:27-30)

Preguntas: ¿Cómo lo hacemos? ¿Qué te tienta a pensar en la relación sexual? ¿Tienes algún plan para mantener tu mente pura? ¿Cuál es?

(Véanse también los momentos de enseñanza oportuna #3, #16, #18 y #61).

Quinto momento que marca un hito: El rito del pasaje

Catalizador: La época en que tu hijo realiza el pasaje hacia la adultez, a partir de los quince años.

(Hay muchas más verdades que puedes abarcar en este momento que marca un hito. Si necesitas más información, consulta *Spiritual Milestones*, por J. Otis y Gail Ledbetter y Jim y Janet Weidmann).

Verdad #1: Nuestra mayor prioridad es buscar a Dios. (Mateo 22:34-40)

Preguntas: ¿Por qué la Biblia dice eso? ¿Cómo es que este mandamiento establece prioridades para el resto de la vida? ¿Qué cosas en tu vida pueden interponerse en el camino de buscar a Dios? ¿Siempre es conveniente buscar primero a Dios? ¿Qué haces cuando hay un precio que pagar para buscar a Dios?

Verdad #2: Hay muchas cosas que intentan desviar nuestra atención de Dios. (Mateo 6:31-33)

Preguntas: ¿Tienes algún plan para mantener tus objetivos espirituales como prioridades principales? ¿Cuál es? ¿Cómo ha marchado? ¿Qué te resulta más difícil de hacer? ¿Cómo te ayudará Dios? ¿A Dios le interesan más las relaciones que las cosas? ¿En qué inviertes el tiempo? ¿Es esa la manera en que Dios quiere que lo inviertas? (Hablen acerca de alguna vez en que mantuviste tu concentración en Dios y Él te premió, o acerca de alguna vez en que no lo hiciste y tuviste que pagar las consecuencias).

Verdad #3: Debes prepararte para vivir una vida agradable a Dios. (1 Corintios 9:25-27)

Preguntas: ¿Para qué te preparas? ¿Cómo se prepara un cristiano? ¿De qué formas te has preparado para intereses no espirituales? ¿En qué se parece o se diferencia de la preparación espiritual?

Verdad #4: El Espíritu Santo mantiene viva nuestra relación con el Padre celestial; el Espíritu Santo nos permite conocer a Dios. (1 Corintios 2:6-16; Gálatas 5:22-23)

Preguntas: ¿Qué significa esto para ti? ¿Cómo marcha esto en tu vida? ¿En qué esferas quisieras conocer mejor a Dios?

Diez recursos para el éxito de la enseñanza oportuna

Bedtime Blessings, por el Dr. John Trent (Tyndale / Enfoque a la Familia, Wheaton, IL, 2000). Está diseñado para usar con niños menores de siete años. *Bedtime Blessings* te ayudará a afirmar el maravilloso amor y valor que Dios y tú tienen por tu hijo, y ayudará a que cada una de las noches que pasen juntos estén repletas de momentos preciados.

«**Family Night Tool Chest**», serie de Jim Weidmann y Kurt Bruner, con Mike y Amy Nappa y otros (Cook Communications, Colorado Spring, CO, 1997-1998). *Introducción, Cualidades cristianas de carácter* y *Creencias cristianas básicas.* Cada volumen ofrece docenas de catalizadores para momentos planeados de enseñanza oportuna. Tu familia nunca olvidará las lecciones alocadas y divertidas diseñadas por padres como tú que quieren que el aprendizaje sea emocionante y accesible.

Focus on the Family Clubhouse Family Activity Book, editado por Marianne Hering (Tyndale / Enfoque a la Familia, Wheaton, IL, 2001). Este libro ofrece actividades familiares divertidas para estructurar el tiempo invertido en la relación y para introducir nuevos pasatiempos. También tiene ayudas para momentos de enseñanza oportuna que te permitirán extraer verdades espirituales de juegos dinámicos, manualidades, recetas y actividades.

Mealtime Moments: 164 Faith-Filled Entrees to Stir Family Discussions, compilado por Elaine Osborne (Tyndale / Enfoque a la Familia, Wheaton, IL, 2000). *Mealtime Moments* provee maravillosos iniciadores de debates y actividades para enseñarles a tus hijos acerca de tu fe. (No solo tienes que usarlos a la hora de la cena; guarda el libro en la guantera del auto para algunos momentos espontáneos de enseñanza oportuna).

Movie Nights: 25 Movies to Spark Spiritual Discussions with Your Teen, editado por Bob Smithouser (Tyndale / Enfoque a la Familia, Wheaton, IL, 2002). *Movie Nights* transforma veinticinco películas entretenidas y para reflexionar en oportunidades dinámicas para momentos de enseñanza oportuna. Las lecciones ayudarán a tus adolescentes a realizar una evaluación crítica de los medios de comunicación a los que se exponen. Cada capítulo trae preguntas para debate, actividades y versículos relacionados.

Parents' Guide to the Spiritual Mentoring of Teens, editado por Joe White y Jim Weidmann (Tyndale / Enfoque a la Familia, Wheaton, IL, 2001). Aprende a caminar al lado de tu adolescente a medida que tu función en la crianza cambia de maestro a mentor. Entérate de cómo hacer para que la relación entre padre y adolescente se mantenga sólida como una roca. Inflama en tus adolescentes la pasión de ser discípulos incondicionales.

Parents' Guide to the Spiritual Growth of Children, editado por el Dr. John Trent, Rick Osborne y Kurt Bruner (Tyndale / Enfoque a la Familia, Wheaton, IL, 2000). Este útil manual proporciona consejos para entablar relaciones y un bosquejo de desarrollo espiritual para niños, desde recién nacidos hasta niños de doce años de edad. Te ayudará a expresar el contenido de tus momentos de enseñanza oportuna durante los años en los que tus niños están más dispuestos a aprender de los padres.

La crianza de un caballero moderno, por Robert Lewis (Editorial Unilit / Enfoque a la Familia, Miami, FL, 2009). Los padres que quieren ideas para una relación maravillosa y un modelo para momentos eficaces de enseñanza oportuna no querrán perderse este clásico manual para criar hijos temerosos de Dios.

Spiritual Milestones, por Jim y Janet Weidmann y J. Otis y Gail Ledbetter (Cook Communications, Colorado Spring, CO, 2002). Esta guía exhaustiva y práctica para padres te ayudará a crear un plan personal e intencional para celebrar el crecimiento espiritual de tus hijos. Te ayudará a diseñar momentos especiales de enseñanza oportuna que utilizan la ceremonia para consolidar los recuerdos.

801 Questions Kids Ask About God With Answers from the Bible, compilado por Alisa Baker (Tyndale / Enfoque a la Familia, Wheaton, IL, 2000). ¿Necesitas ayuda a fin de encontrar la verdad adecuada para enseñarles a tus hijos? Aquí tienes una lista con respuestas bíblicas que llegan al centro de lo que los niños necesitan, y quieren, saber acerca de Dios.

Acerca de los autores

Jim Weidmann sirve en Enfoque a la Familia como director ejecutivo del ministerio *Heritage Builders*. También sirve como vicepresidente del *National Day of Prayer Task Force*. Es coautor de *Family Night Tool Chest*, que les muestra a los padres cómo impartir verdades bíblicas a sus hijos en formas divertidas e imaginativas. Ex piloto de la Fuerza Aérea, Jim está casado con su esposa, Janet, hace más de veinte años. Tienen cuatro hijos.

Marianne Hering, ex editora de la revista *Clubhouse* de Enfoque a la Familia, ha escrito cientos de artículos para revistas y numerosos libros de ficción para niños. En la actualidad, es una escritora por cuenta propia que vive en Colorado Springs con su esposo, Doug, y sus tres hijos.